中国人才研究会指导
山东省高等教育人才研究会 编

民办高校人才发展研究

刘翠兰 杨淑平
征艳珂 樊亚男
著

中国社会科学出版社

图书在版编目（CIP）数据

民办高校人才发展研究／刘翠兰等著．—北京：中国社会科学出版社，2020．8

（人才发展研究丛书）

ISBN 978-7-5203-6609-0

Ⅰ．①民…　Ⅱ．①刘…　Ⅲ．①民办高校—人才培养—研究—中国　Ⅳ．①G648．7

中国版本图书馆 CIP 数据核字（2020）第 095061 号

出 版 人　赵剑英
责任编辑　安　芳
责任校对　张爱华
责任印制　李寡寡

出　　版　中国社会科学出版社
社　　址　北京鼓楼西大街甲 158 号
邮　　编　100720
网　　址　http://www.csspw.cn
发 行 部　010-84083685
门 市 部　010-84029450
经　　销　新华书店及其他书店

印　　刷　北京君升印刷有限公司
装　　订　廊坊市广阳区广增装订厂
版　　次　2020 年 8 月第 1 版
印　　次　2020 年 8 月第 1 次印刷

开　　本　710×1000　1/16
印　　张　21
插　　页　2
字　　数　345 千字
定　　价　118.00 元

《人才发展研究丛书》
编委会

总　序

办好中国的事情，关键在党，关键在人，关键在人才。人才是我国经济社会发展的第一资源，也是促进人类社会发展进步、增强人民富裕幸福和国家繁荣昌盛的重要推动力量。党和国家高度重视人才工作，特别是党的十八大以来，大力推动实施人才强国战略，陆续制定出台了一系列加强人才工作的政策措施，在人才培养、人才发现、人才任用、人尽其才、人才评价、薪酬激励等诸多方面，营造了良好的人才环境。

当今世界正处在大发展、大变革和大调整时期，我国正处在改革发展的关键阶段，新的形势和任务更加凸显了人才的重要性。从未来的发展看，加快人才发展是我们在激烈的国际竞争中赢得主动的重大战略选择。站在世界宏观的大格局下，我们必须清醒地看到，当前我国人才发展的总体水平与世界发达国家相比仍存在较大差距，与我国经济社会发展需要相比还有许多不适应的地方，高层次创新型人才匮乏，人才创新创业能力不强，人才结构和布局不尽合理，人才发展体制机制障碍尚未消除，人才资源开发投入不足，等等。

习近平总书记在党的十九大报告中强调指出："人才是实现民族振兴、赢得国际竞争主动的战略资源。要坚持党管人才原则，聚天下英才而用之，加快建设人才强国。实行更加积极、更加开放、更加有效的人才政策，以识才的慧眼、爱才的诚意、用才的胆识、容才的雅量、聚才的良方，把党内和党外、国内和国外各方面优秀人才集聚到党和人民的伟大奋斗中来，鼓励引导人才向边远贫困地区、边疆民族地区、革命老区和基层一线流动，努力形成人人渴望成才、人人努力成才、人人皆可成才、人人尽展其才的良好局面，让各类人才的创造活力竞相迸发、聪明才智充分涌流。"我们要认真贯彻落实习近平总书记的重要指示和十九大精神，按照中央《关于深化人才发展体制机制改革的意见》提出的要求，坚决破除束缚人才发展的思想观念和体制机制障碍，最大限度激发人才创新创造创业活力，把各方面优秀人才集聚到党和国家事业中来，构建科学规范、开放包容、运行高效的人才发展治理体系，形成具有国际竞争力的人才制度优势。

人才理论研究对人才发展和人才制度建设等至关重要。长期以来，中国人才研究会高度重视人才理论研究，致力于各种类型的人才研究活动。近年来组织人才强国研究出版工程，大力开展各种人才学术研讨，推出一大批优秀学术成果，为形成中国特色的人才理论体系做出了积极贡献，也为党和国家人才工作方针政策的落实以及地方人才工作的开展发挥了重要作用。近几年来，中国人才研究会加大了对地方人才研究会工作的指导力度，积极推动地方人才研究机构紧密结合社会现实问题，开展学术和应用研究，收到了很好的效果，山东省高等教育人才研究会即是其中的杰出代表。该会在中国人才研究会的具体指导下，每年围绕人才发展战略和人才学科建设等议题召开学术会议，为地方人才战略的实施和人才学科建设出计献策；坚持每年出版《人才研究》辑刊，发表国内人才研究的最新成果；举办人才研究培训班，邀请王通讯、叶忠海等国内著名人才专家做学术报告，培养人才研究后备人才；组织人才研究专家开展课题研究，多种方式进行成果交流等，积极发挥人才研究的社会作用，受到了各方面的好评。由中国人才研究会指导，山东省高等教育人才研究会组织撰写，中国社会科学出版社出版的《人才发展研究丛书》，即是近期倾力打造的人才理论研究精品，是我国人才理论研究的最新成果，可喜可贺。

该丛书的作者都是我国人才研究领域的骨干，集中了中国人才研究会原副会长、人才学专委会原理事长郑其绪，中国人才研究会常务理事、人才学专委会副理事长齐秀生、薛永武、司江伟等老中青三代人才研究专家，体现了人才研究队伍的传承发展。该丛书主题鲜明，立意新颖，视角多元，视野开阔，内容丰富。作者运用哲学、社会学、管理学、心理学和人才资源管理等多种研究方法，围绕实施人才强国战略、人才发展的特点和规律等，从多个角度出发，进行了多维视角的研究，探索了人才发展的一般规律和特殊规律，体现了人才研究的丰硕成果和创新突破。其中，郑其绪的《人才发展定力与活力》以特殊英才或者英才群体的成才之路为背景，对人才发展进行了探索、总结和升华，指出了人才发展定力与活力的要素、地位、作用与培养，告诉人们成才的必然规律和必由之路，启迪与引导人们尊重规律缩短成才周期；齐秀生的《人才发展的组织环境》系统论述环境对人才发展的重要作用，紧紧围绕坚持党对高校的领导、全面贯彻党的教育方针、落实立德树人根本任务，突出时代主题，突出人才发展的重点难点问题，深入系统研究了社会需求、大学教育、规划布局、基层党建、干部教育、宣教工作、思政工作、通识教育、学习教育、人才研究等内容，提出了人才发展的创新思路和措施；薛永武的《人才发展的主体性因素》运用哲学、社会学、心理学、脑科学和美学等多种研究方法，从主体性觉醒、精神个性、多元情商和创新思维等多种角度，对影响人才发展的主体因素进行跨学科和多角度的理论研究；司江伟的《人才发展的理论与实践思索》从知识经济与人才开发、人才国际化能力开发、人才发展环境评价、人才发展制度环境等多种角度，系统研究了人才培养与开发研究、人才引进与使用研究、人才评价与考核研究、人才激励与保障研究等内容；刘翠兰的《民办高校人才发展研究》在对民办高校人才队伍建设开展实证研究的基础上，比较系统地研究了民办高校管理干部发展研究、民办高校教师能力建设研究，揭示了民办高校干部队伍建设与教师队伍建设的特殊规律和一般规律；周安忠的《自我管理与人才发展》从自我管理促进人才发展的四维架构出发，系统分析人的发展、自我管理和人才的管理与发展等问题，阐明自我管理与人才发展的内在关系和外在联系，探索了新时代自我管理与人才发展的趋势与基本规律；赵霞的《科技人才引进发展的比较研究》以宏观与微观相结合的视域，从省际、城际比较的维度，对我国科技人才引进发展中的一系列理论与实践问题进行了比较深入的探讨，提出了有针对性的科技人才引进发展对策。

希望丛书的出版发行，对深入学习贯彻党的十九大精神，践行习近平总书记关于人才工作的重要论述，完善人才发展体制机制，实施人才强国战略，推动人才研究工作的开展，发挥积极的促进作用。

中国人才研究会会长　何宪

2020年5月29日

目　录

下篇 民办高校教师能力建设研究

引　言

2010年6月，中共中央、国务院颁布的《国家中长期人才发展规划纲要（2010—2020年）》指出：人才是我国经济社会发展的第一资源。在人类社会发展进程中，人才是社会文明进步、人民富裕幸福、国家繁荣昌盛的重要推动力量。人才强国战略已经成为国家发展战略的重要组成部分。随着经济全球化的深入发展，科技进步日新月异，知识经济方兴未艾，加快人才发展是在激烈的国际竞争中赢得主动的重大战略选择。我国正处在改革发展的攻坚阶段，深入贯彻落实科学发展观，全面推进经济建设、政治建设、文化建设、社会建设以及生态文明建设，推动工业化、信息化、城镇化、市场化、国际化深入发展，全面建成小康社会，实现中华民族伟大复兴，必须大力提高国民素质，在继续发挥我国人力资源优势的同时，加快形成我国人才竞争比较优势，逐步实现由人力资源大国向人才强国的转变。[①] 国家召开了人才工作会议，部署了我国人才队伍建设与发展的目标任务，并提出了重要措施。习近平总书记高度重视人才工作，多次对人才强国作出重要论述，他说，“更好地实施人才强国战略，努力建设一支能够站在世界科技前沿、勇于开拓创新的高素质人才队伍”，将人才队伍建设与实现中华民族伟大复兴的中国梦紧密结合起来。习近平总书记还强调：“建设人才强国，正是中央基于对国内外形势的深刻认识和我国人才发展现状的清醒估计作出的重大战略决策，体现了我们党和国家在人才领域进一步发挥社会主义制度优越性、更好地实现各项事业科学发展的决心和信心。”[②]

---

① 中共中央、国务院：《国家中长期人才发展规划纲要（2010—2020年）》，2010年6月。

② 沈荣华：《习近平人才观的核心：聚天下英才而用之》，2017年6月，人民网（http://theory.people.com.cn/n1/2017/0629/c40531—29370538.html）。

纵观国际国内现实情况，经济社会发展主要靠人才，人才建设与发展主要靠教育。

2010 年 7 月，中共中央、国务院颁布的《国家中长期教育改革和发展规划纲要（2010—2020 年）》指出：教育是国家发展的基石。当今世界，知识成为提高综合国力和国际竞争力的决定性因素，人力资源成为推动经济社会发展的战略性资源，人才培养与储备成为各国在竞争与合作中占据制高点的重要手段。我国是人口大国，教育振兴直接关系国民素质的提高和国家振兴。只有一流的教育，才有一流的国家实力，才能建设一流国家。纲要提出，“要大力发展职业教育，到 2020 年，形成适应经济发展方式转变和产业结构调整要求，体现终身教育理念，中等和高等职业教育协调发展的现代职业教育体系，满足人民群众接受职业教育的需求，满足经济社会对高素质劳动者和技能型人才的需要”[①]。各地都在研究出台有关政策，到 2020 年，基本形成体现终身教育理念，以包括技工教育在内的中等职业教育、高等职业教育、应用型本科教育和专业学位研究生教育为主体，相互衔接、协调发展、开放兼容的现代职业教育体系，满足人民群众对教育的多样化需求，满足经济发展和社会进步对高素质劳动者的多样化需求。国家为高等教育转型发展，构建现代职业教育体系，搭建了政策框架，民办高等教育自诞生以来，紧紧围绕市场对人才的需求办学，为经济社会发展提供了有用人才，作出了重要贡献。

改革开放 40 余年，民办高等教育的发展经过了四个阶段，即萌芽阶段、快速发展阶段、规范管理阶段和特色发展与品牌建设阶段。民办高等教育也由高等教育的边缘逐渐走向了中心，成为高等教育的重要组成部分。根据教育部 2019 年 2 月底公布的《2018 年全国教育事业发展基本情况年度发布》，截至 2018 年，全国共有普通高校 2663 所，研究生培养单位 815 个，各种形式的高等教育在学总规模 3833 万人。全国普通本专科共招生 790. 99 万人，比上年增长 3. 87%。招收研究生 85. 80 万人，比上年增长 6. 43%。其中，招收博士生 9. 55 万人，硕士生 76. 25 万人；招收成人本专科 273. 31 万人，比上年增长 25. 64%；招收网络本专科 320. 91

① 中共中央、国务院：《国家中长期教育改革和发展规划纲要（2010—2020 年）》，2010 年 7 月。

万人，比上年增长 12.16%。其中，民办普通高校 749 所（含独立学院 265 所），比上年增加 3 所，占全国比例 28.13%；普通本专科在校生 649.60 万人，比上年增长 3.36%，占全国比例 22.95%；硕士研究生在学 1490 人。按照民办高校的定位与办学实践，已经成为职业教育体系的重要组成部分。

在此背景下，民办高校面临着向应用技术类型高校转型发展的良好机遇和严峻挑战。这也对民办高校人才队伍建设与发展提出了新的要求。目前，民办高校的人才队伍结构发生了重要变化，管理队伍从无到有，从兼职到专职，逐渐形成一支年轻化、知识化且相对稳定的自有队伍；教师队伍由原来以公办高校退休教师和兼职教师为主，转变为以本校专职教师为主，其中青年教师是主体。民办高校教师能力、管理干部能力对学校办学水平和人才培养质量有重要影响，同时会影响民办高校对职业教育发展的贡献度。因此，结合学校办学定位和发展目标，做好人才队伍长期建设具有重要意义。

本书的研究者们长期从事民办高等教育人力资源管理工作，经过 20 多年的探索与实践，将民办高校的人力资源队伍分成了六大系列：管理干部系列、教师系列、辅导员系列、职员系列、其他专业技术系列，以及工勤技能系列，其中，管理干部和教师队伍成为民办高校重要的人才资源。作为我国高等教育的重要组成部分，民办高校与公办高校相比，存在发展历史短，办学条件相对薄弱，社会认可度相对偏低等劣势。民办高校人才吸引力不足成为长期需要面对的现实问题，需要从社会各界广泛延揽人才，且绝大部分进入民办高校工作的管理人才和师资相对缺乏高校教学、科研、管理、社会服务等经历和经验。由此，民办高校人才队伍建设工作极其重要，需要从理论和实践两个方面加以研究与探索。

民办高校管理干部队伍走过了由退休校长 + 社会各界企业管理人才共同创业、发展的道路。两路人才秉承“尊重教育规律、尊重市场规律”的理念，兼收并蓄，借鉴企业战略管理、全面质量管理、目标管理、人力资源管理等现代管理思想和方法，经过高校人才培养水平评估、德育评估、升本评估、教学评估等一系列以评促建工作，不断更新管理理念，提高管理能力，造就了一支思想政治素质过硬、懂教育善管理的干部队伍。

民办高校教师队伍建设走过了从兼职为主到专职为主的发展路径。兼职教师主要由退休教授、公办高校在职教师、企事业单位专业技术人员以及专家组成；专职教师主要是刚出校门的应届毕业生，经过几年培养锻炼刚刚成长起来，他们多属于成长型和成熟型教师。经过初期阶段的经验积累，学校逐渐走向成熟发展之后，面临如何更好地培养激励优秀中青年教师脱颖而出的问题。适逢国家实行人才强国战略，民办高校也适时推出人才强校战略，多措并举，揽高才、助英才、育新才，通过专业建设、课程建设、人才培养模式改革、现代教育技术应用、应用研究与服务等工作，成就高素质高水平创新型师资队伍，成为民办高校管理者研究的问题。

本书主要对民办高校中层管理干部队伍、师资队伍建设，能力提升方面进行了探索与研究，将形成的理论成果与实践经验与业界同行分享，以便为民办高校持续发展提供借鉴。

上篇　民办高校管理干部发展研究

第一章　概念界定、研究设计与研究方法

本章基于对民办高校、人才、人才发展、执行力等基础概念的界定，结合问卷调研、数据分析等研究方法，形成民办高校管理干部发展研究的主要思路及主要研究内容。

第一节　概念界定

一　民办高校

《民办教育促进法》[①] 第二条规定：国家机关以外的社会组织或者个人，利用非国家财政性经费，依照本法面向社会举办学校以及其他教育机构的活动。所以民办高校是国家机构以外的社会组织或者个人利用非国家财政性经费面向社会举办的高校称为民办高校，按照本法第三条规定：民办教育事业属于公益性事业，是社会主义教育事业的重要组成部分，民办高校同样也是高等教育的重要组成部分，明确了民办高校的属性。

二　人才

2010 年 6 月，中共中央、国务院印发的《国家中长期人才发展规划纲要（2010—2020 年）》指出："人才是指具有一定的专业知识或专门技能，进行创造性劳动并对社会作出贡献的人，是人力资源中能力和素质较高的劳动者。"高等学校是一个知识密集型人才集中的地方，根据《普通高等学校设置暂行条例》，设置普通高等学校，应当配备具有较高政治素

① 《全国人民代表大会常务委员会关于修改〈中华人民共和国民办教育促进法〉的决定》，2016 年 11 月 7 日公布，2017 年 9 月 1 日起施行。

质和管理高等教育工作的能力、达到大学本科毕业文化水平的专职校（院）长和副校（院）长。同时，还应当配备专职思想政治工作和系科、专业的负责人，以及与学校的专业设置、学生人数相适应的合格教师。人才在普通高校设置标准中，居于土地、校舍、图书、仪器设备、资金等诸要素之首。而对于民办高校来说，人才不仅是办学兴校的第一资源，是民办高校从无到有、从小到大、从弱到强的重要推动力量，也是决定民办高校生存发展的重要因素。

三 人才发展

民办高校自诞生起，就面临着人才发展的挑战。民办高校人才发展不仅包括从人才市场选聘适用人才，还包括通过使用、管理和培养，使社会人才成为民办高等教育的行家和专家；不仅包括使人才个体素质结构不断提升，也包括使人才群体结构不断优化，使组织内各类人才的性别结构、年龄结构、知识结构、能力结构、专业结构、素质结构等亚结构按一定的层次、序列和比例相互组合构成。

根据高等学校岗位设置结构比例指导标准，高等学校岗位分为管理岗位、专业技术岗位、工勤技能岗位三种类别，以此为依据，将民办高校人才分为管理人才、专业技术人才、工勤技能人才。其中，管理人才根据权责不同分为高层领导、中层管理干部、普通管理人员即职员，专业技术人才分为教师、辅导员和其他系列专业技术人员。本书主要分析研究民办高校中层管理干部队伍和教师队伍发展问题。

民办高校管理干部是指从事高等教育事业的民办高校管理者，本部分的研究对象主要以中层干部为主，既包括党务行政管理干部，也包括教学科研业务干部。民办高校教师是指承担教育教学职责和任务的人员，既包括专任教师，也包括校内“双肩挑”教师。

四 执行力

执行力，通俗讲，即贯彻力，是从管理理论派生出来的，是执行政策和策略的实际表现能力，指通过决策、命令，从上至下的执行行为，为实现目标而进行的战略设计与构想、过程展开和创新方法、过程的管理与评价，以及最终的结果。

执行力可以从两个不同层次去理解：一是个人执行力；二是组织执行力。

一项工作的出色完成，首先需要决策层面正确确立工作目标，形成科学有效的战略，这是成功的第一步，但目标的确立并不等于结果的获取，工作能否达到预期目标，很大程度上取决于执行层面的执行力状况。发展战略从宏观层面描绘了一幅有强大吸引力的蓝图，只要按照战略程式进行，就能达到理想的目标，但现实中更常见的问题是，行动者不能按照战略程式开展工作，因此，不能实现预期效果。究其原因，主要有两个：一是组织或个人的执行力不足；二是组织或个人的执行意愿不足。从大概念上来看，归根结底是执行力存在问题。

（一）个人执行力

个人执行力整体上表现为个人“执行并完成任务”的能力。对于组织中不同的人要完成不同的任务需要不同的具体能力，严格说来它包含了战略分解力、时间规划力、标准设定力、岗位行动力、过程控制力与结果评估力，是一种合成力，这六种“力”实际上是六种执行（做事）技能，组织中处于不同位置的个体所需要的技能并不完全一致。

现代管理理论之父法约尔将各种管理职能划分为：计划、组织、指挥、协调和控制，并且认为，管理不是专家或领导独有的特权和责任，而是全体员工的共同职责，只是职位越高，管理责任越大。他的观点和管理原则具有普遍意义，适用于任何组织。一个典型的科层组织，其组织结构一般分为三个管理层次：决策层（高层）、执行层（中层）、操作层（基层）。[①]

一个组织有效运行，要求各层管理者应具备的能力不同，这种差异是由于他在组织中的位置和角色不同引起的。如对高层管理者，要求其具有较强的决策能力；基层管理者要求其具有较强的操作能力，而对于决策能力没有较高要求；中层管理者要求其既具有较强决策能力，又有较强操作能力。

（二）组织执行力

组织执行力是指一个组织执行战略，实现战略目标的能力。组织成员

① ［法］亨利·法约尔：《工业管理与一般管理》，迟力耕、张璇译，机械工业出版社 2013 年版，第 2—5 页。

具备很强的执行力，并不意味着整个组织具备很强的执行力，组织执行力不等于个人执行力的累加，因为组织行为还受到诸多因素的影响，如信息沟通与传递、协调分工等。因此，组织的执行力被认为是一个笼统的概念，涉及组织管理的各个层面。

第二节 研究内容

民办高校正在进入特色发展和品牌提升阶段，有教育情怀的投资人、管理者非常关注学校的可持续发展，经过长期的探索与实践，民办高校的定位逐渐清晰，大多数院校会将自身发展与经济社会发展密切结合起来，将为地方经济发展培养应用型高素质人才作为办学目标任务。学校的发展逐渐聚焦到人力资源队伍的建设与发展，管理干部队伍成为不可或缺的重要力量。本研究主要关注以下问题。

一 理清民办高校管理队伍建设的现状和存在的问题

民办高校自建校之日起，管理队伍是从公办高校、社会企事业单位寻求兼职来完成学校对学生的教育教学、管理与服务等工作，随着学校的发展，国家对民办高校的管理、教学评估等各项合法合规性监管步入常态，使得民办高校自身管理队伍的组成出现多元结构，对管理队伍的建设与发展提出了新的要求，需要进一步明确民办高校的组织特征和人才队伍的基本特征，为队伍建设与发展奠定基础。

二 识别影响民办高校中层管理队伍建设的因素

民办高校中层管理队伍组成有专职、兼职；全日制、非全日制；正式工和临时工等多种类型，在队伍建设与管理方面存在多种因素的影响，通过研究明确队伍建设与发展中存在的影响因素是什么，从而进一步提升民办高校管理人才队伍建设、使用、管理能力与水平，保障人才培养质量。

三 聚焦民办高校管理队伍能力提升的关键要素

随着管理科学的发展，不仅管理理念影响着每一个组织的生存与发展，管理工具、管理方法广泛渗透到各级各类组织中。因为民办高校自身组织特征，为了提高教育教学质量，将企业管理、考核的方法引入学校，这就需要民办高校对人才队伍能力提升进行系统研究，找出需要重点关注的关键要素，从而实现通过出台有效措施并加以落实，起到有效提升民办高校中层管理干部能力的作用。通过研究理清影响民办高校管理队伍建设的关键要素，从而为构建适应民办高校实际的体制机制提供理论依据。

四 明确民办高校管理队伍建设路径

民办高校从建校初期，就存在体制机制建设的问题，在学校发展的不同阶段、不同类型学校均有不同的情况，这个问题确实是影响民办高校管理队伍建设的关键问题。本书通过对民办高校进行个案研究分析，纵观民办高校管理队伍建设体制机制发展情况，从而为优化民办高校人才发展内环境找到切实可行的路径。通过总结民办高校队伍建设的经验，分享民办高校队伍建设的典型案例，促进民办学校之间的经验交流，共同提高管理干部队伍建设的水平。

第三节 研究设计

一 数据来源

本书选择三所民办高校中层管理干部作为研究对象，在A学院、B学院、C学院通过问卷调查收集管理干部发展数据进行研究。这三所民办高校涵盖了两种投资形式，即集团投资办学和个人滚动积累资金办学；学科包括综合类院校、医学专门院校，两个办学层次即本科、专科学历教育。学校办学水平包括在中国校友网排名连续前三位的学校、中等水平、中等偏下三个层次，对研究民办高校中层管理干部发展有一定的代表性。

二 样本说明

（一）预研究取样

在A学院管理干部名册中，随机抽取37人为预调查的被试取样。通过发放网络问卷调查，共收回37份有效问卷。其中男性20人，女性17人；年龄在31—40岁的25人，在41—50岁的7人，在51岁以上的5人；具有博士学位的4人，具有硕士学位的21人，具有学士学位的12

人；专业技术职务为初级的 1 人，中级的 14 人，副高级的 15 人，正高级的 7 人；任中层正职的 7 人，任副职的 30 人；任职年限在 3 年以下的 7 人，在 3—6 年的 15 人，在 6 年以上的 15 人。

（二）正式研究取样

选择在三所民办高校任职的中层管理干部进行问卷调查，通过网络发放调查问卷，收回有效问卷 180 份。中层管理干部的具体分布为：男性 94 人，女性 86 人；年龄在 30 岁以下的 34 人，在 31—40 岁的 92 人，在 41—50 岁的 45 人，在 51 岁以上的 9 人；具有博士学位的 4 人，硕士学位的 102 人，学士学位的 74 人；专业技术职务为初级的 49 人，中级的 61 人，副高级的 63 人，正高级的 7 人；任中层正职的 62 人，任副职的 118 人；任职年限在 3 年以下的 66 人，在 3—6 年的 27 人，在 6 年以上的 87 人。

三 研究思路

本研究是一个关于民办高校管理干部发展的研究课题，采取的研究思路分为以下五个步骤。

（一）理清宏观政策，明确民办高校的组织发展现状。通过对国家鼓励发展民办教育的政策梳理，进一步明确民办高校各个阶段学校发展情况，找出其中层干部队伍建设的基本特点。

（二）通过理论研究，进一步清理支撑民办高校发展以及队伍建设的理论基础，从而更好地应用理论指导民办高校教育教学管理实践；通过文献研究，吸收同等同类高校在干部队伍建设方面的经验与贡献，作为本课题研究的基础。

（三）通过调查研究，明确民办高校中层管理干部队伍现状以及存在的问题；通过对民办高校中层管理干部所处的组织外环境、组织内环境进行分析，得出制约因素，分析其原因，从而研究对策，为民办高校中层管理干部队伍建设提供可以借鉴的经验。

（四）通过对调查样本进行个体特征与中层管理干部专项能力进行相关性分析，从而发现不同个体特征的干部在各项能力发展方面的差异，进一步分析影响民办高校中层管理干部能力提升的因素，为构建提升机制提供依据。

（五）通过深度访谈和案例分析，为民办高校提升中层管理干部能力分享经验、提出建议。

研究设计基本思路如图 1－1 所示：

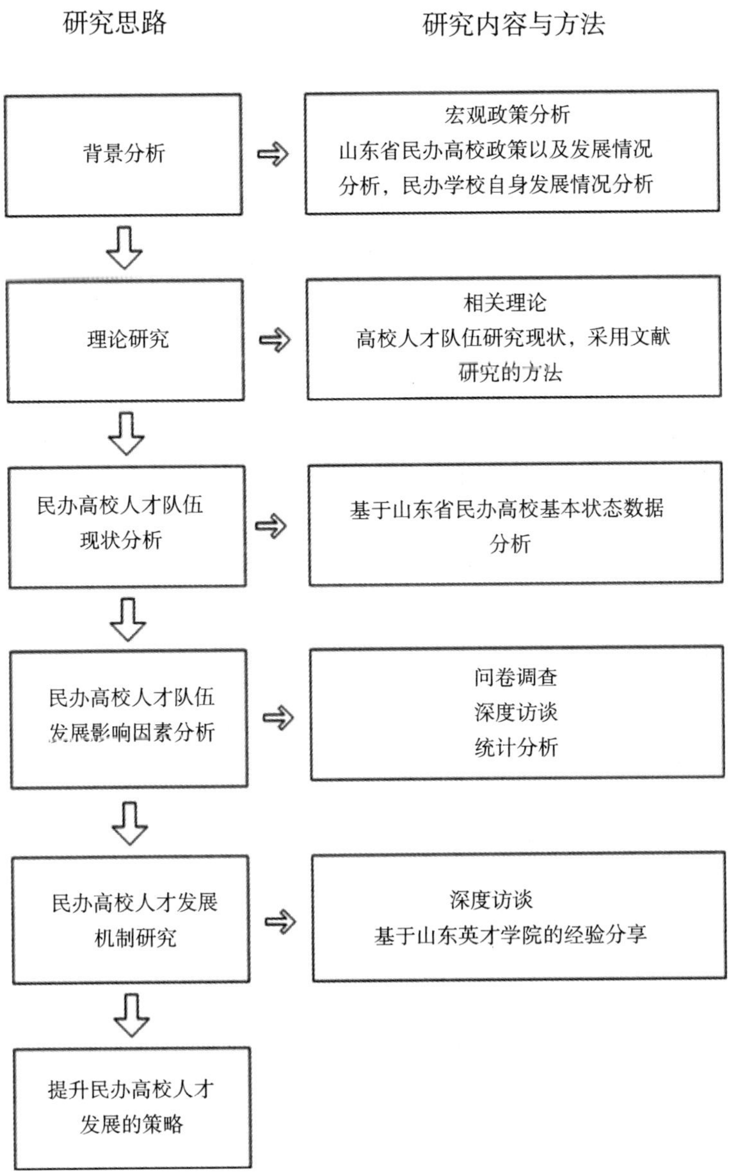

研究思路		研究内容与方法
背景分析	⇨	宏观政策分析 山东省民办高校政策以及发展情况分析，民办学校自身发展情况分析
⇩		
理论研究	⇨	相关理论 高校人才队伍研究现状，采用文献研究的方法
⇩		
民办高校人才队伍现状分析	⇨	基于山东省民办高校基本状态数据分析
⇩		
民办高校人才队伍发展影响因素分析	⇨	问卷调查 深度访谈 统计分析
⇩		
民办高校人才发展机制研究	⇨	深度访谈 基于山东英才学院的经验分享
⇩		
提升民办高校人才发展的策略		

图 1－1　研究设计框架

第四节 研究方法

本部分研究采用案例研究、调查研究、统计分析的方法，具体情况如下。

一 案例研究

在管理学、社会学等研究领域，比较多的使用案例研究的方法，案例研究通过详细的解剖一个实例来剖析这一实例所属的整类个体的情况。其可以是实证的、定性或者定量的，其研究结论属于案例的结论。本书属于案例研究中的多案例研究，通过对其进行实证分析，以期待获得一般性的理论。

本研究选取了三所民办本科院校作为研究对象，通过发放结构性问卷、深度访谈，对民办高校中层管理干部队伍情况有一个总体把握。在案例选择时考虑了案例的代表性：一是办学时间相对较长，在20—30年之间；二是学科布局和专业结构特征的代表性，既考虑综合性院校，也考虑了单科性专门院校；三是考虑到企业投资，也考虑到自然人投资办学；四是考虑了学校办学水平不同等因素。

所选的三所学校的概况如下：

A学院是由上市集团公司投资创办的，创建于1995年，于2008年升格为普通本科高校，同年改建为国有民办高校，学校设置专业主要是医学类、医学相关类，中国校友网排名在中间位置。B学院基本属于自然人投资办学，成立于1998年，2008年改建为普通本科高校，学校发展迅速，中国校友网在全国民办高校中连续七年排名前三位，是国内在同行中具有重要影响力的高校。C学院也是由上市公司投资创办的，于2000年被教育部批准招收高职专科学历教育学生，2005年改建为本科高校，同年招收本科学历教育学生，在中国校友网排名中间偏下。

二 调查研究

本研究使用的调查法包括问卷调查和深度访谈两种方法。

（一）深度访谈对象

选取在民办高校任职的董事长、校长、校长助理、处长 17 人，具体深度访谈对象见表 1－1。针对文献研究梳理出的民办高校中层管理干部能力结构初步框架进行访谈，通过访谈将民办高校中层干部能力聚焦到四个方面，即大局研判能力、工作执行能力、自我约束能力、持续创新能力。每一种能力根据文献研究整理出几项重要构成内容，如大局研判能力由四项内容组成，依次排序为政治研判能力、政策理解能力、战略理解能力、统筹规划能力；工作执行能力依次为工作推动能力、组织协调能力、团队管理能力；自我约束能力依次为自律能力、自省能力；持续创新能力依次为学习发展能力、创新改进能力、研究发现问题能力。

表 1－1　深度访谈对象统计表

统计项目		A 学院	B 学院	C 学院
性别	男性	1	8	1
	女性	1	5	1
年龄	31—40 岁	1	2	0
	41—50 岁	1	2	1
	51 岁及以上	0	9	1
学历学位	本科	0	5	1
	硕士	2	5	0
	博士	0	3	1
职称	正高	1	5	1
	副高	1	3	0
	中级	0	5	1
	初级	0	0	0

（二）调查对象

选择三所民办本科院校——A 学院、B 学院、C 学院的中层管理干部，共计 180 名作为调查对象，具体情况详见表 1－2。

表 1－2 问卷调查对象情况简表

统计项目		被调查人数分布情况（人数）
性别	男性	94
	女性	86
年龄	30 岁以下	34
	31—40 岁	92
	41—50 岁	45
	51 岁及以上	09
学历学位	本科	74
	硕士	102
	博士	4
职称	正高	7
	副高	63
	中级	61
	初级	49

（三）调查工具

对于民办高校中层管理干部能力的研究，采用了问卷《民办高校中层管理干部能力提升调查问卷》，为保证问卷全面、真实、准确，对问卷进行了二次修订，对每一个问题进行了认真的推敲。第一次修订将需要调查的体现民办高校管理干部队伍能力四大方面，十二项专项能力进行了细分，对调查问题设置了情景问答、多选题、单选题，对每一个问题设置了3—4 个调查问题点，对每一个单选题的度量从四点量表修正为五点量表，形成 40 个问题组成问卷初稿；第二次修订，通过发放预研究调查问卷 37 份，通过回收问卷分析，对于部分开放式多选题进行了调整，去除一些不切实际的问题，并增加了部分关于学校支持中层干部强化自身建设、提高自身能力政策方面的问题，最终确定的问卷总共 37 个问题。

（四）问卷的信度与效度分析

1. 项目分析

对《民办高校中层管理干部能力提升调查问卷》中的 37 个项目进行

分析。

用任职年限将中层管理干部分为初任职干部：任职 3 年及以下；成长型干部：任职 3—6 年；成熟型干部：任职 6 年以上三种类型。问卷中 1—9 项体现中层管理干部个体特征，整合为干部类型指标。经过项目分析，问卷中的题项均具有鉴别度，所有题项均能鉴别出不同受试者的反应程度，可以做因素分析，以检验量表的结构效度。

2. 探索性因素分析

使用 spss20.0 软件对预调查结果进行统计分析，经信度检验，Cronbach's Alpha 值为 0.851，表明《民办高校中层管理干部能力提升调查问卷》有较高的信度。采用具有 Kaiser 标准化的正交旋转法进行因子分析，抽取特征值大于 1 的因子，最终得到 8 个公共因子，累计贡献率为 63.388%，详见表 1-3。表明这 8 个公共因子可以较好地解释其自变量，每个因子的内涵意义与之前问卷设计时的 8 个维度基本相一致。该调查分析结果表明了本研究初步形成的民办高校中层管理干部能力结构具有一定合理性。

表 1-3　　初始特征值与方差解释

因子	初始特征值	方差解释量（%）	累计方差解释量（%）
1	7.396	21.754	21.754
2	2.716	7.987	29.742
3	2.067	6.079	35.821
4	1.828	5.378	41.199
5	1.488	4.377	45.576
6	1.368	4.023	49.599
7	1.283	3.773	53.372
8	1.042	3.063	63.388

经过 KMO 检验，《民办高校中层管理干部能力提升调查问卷》的 KMO 值为 0.851，适合作多因素分析。采用主成分分析法，对问卷中的 33 个问题项目进行分析，经过适当调整，选择影响大局研判能力两个主要因素，即政策理解能力、战略规划能力；影响工作执行力的两个主要因

素，即工作推动能力、组织协调能力；影响自我约束能力的两个主要因素，即自律能力、自省能力；影响持续创新能力的两个主要因素，即学习发展能力、创新改进能力，这8个因素的累积贡献度为63.388%，表明该问卷有较好的结构效度，各个项目的因素载荷量见表1-4。

表1-4 因子载荷量表

因子编号	1	2	3	4	5	6	7	8
9	0.553							
12	0.297							
14		0.366						
15		0.347						
17			0.735					
18			0.754					
19				-0.484				
20				0.651				
21				0.620				
22				0.240				
23					0.313			
24						0.592		
25					0.253			
26						0.410		
27							-0.506	
28							-0.534	
29								0.159
30								-0.364
31							0.657	
32							0.590	

注：因子1：政策理解能力；因子2：战略规划能力；因子3：工作推动能力；因子4：组织协调能力；因子5：自律能力；因子6：自省能力；因子7：学习发展能力；因子8：创新改进能力。

（五）一般变量定义

本研究基本信息体现了中层管理干部个体特征包括性别、年龄、政治面貌、任职年限、专业技术职务、职位、学历学位七个部分。其中，政治面貌包括党员、民主党派、共青团员、群众；专业技术职务包括正高职称、副高职称、中级职称、初级职称四个职级；职位包括正职、副职；学位包括博士、硕士、学士三个层次；按年龄将中层干部划分为四个年龄段：第一，小于31岁（用N1表示），第二，31—40岁（用N2表示），第三，41—50岁以上（用N3表示），第四，51岁以上（用N4表示）；按任职年限划分为三种类型：第一，0—3年（初任职干部，用J1表示），4—6年（成长型干部，用J2表示），6年以上（成熟型干部，用J3表示）。

1. 本研究所用调查问卷的量表通过里克特五点量表的设计方法，由1—5分别赋值为：5 = 非常满意，4 = 比较满意，3 = 满意，2 = 比较不满意，1 = 非常不满意。

2. 统计分析方法

根据数据特点采用方差分析或者齐性检验、多元回归分析等方法进行研究。

3. 多元回归模型中变量的说明

由于本研究代表中层管理干部个体特征的7个变量中，5个是非数值型变量，采用引入虚拟变量的形式建立回归模型。

第一，为了表示不同的性别，定义：

$$Q_1 = \begin{cases} 0，\text{男性} \\ 1，\text{女性} \end{cases}$$

第二，为了表示不同的政治面貌，定义：

$$Q_{2-1} = \begin{cases} 1，\text{党员} \\ 0，\text{其他} \end{cases} \quad Q_{2-2} = \begin{cases} 1，\text{民主党派} \\ 0，\text{其他} \end{cases} \quad Q_{2-3} = \begin{cases} 1，\text{共青团员} \\ 0，\text{其他} \end{cases}$$

$$Q_{2-4} = \begin{cases} 1，\text{群众} \\ 0，\text{其他} \end{cases}$$

第三，为了表示不同的专业技术职务，定义：

$$Q_{3-1} = \begin{cases} 1，\text{正高} \\ 0，\text{其他} \end{cases} \quad Q_{3-2} = \begin{cases} 1，\text{副高} \\ 0，\text{其他} \end{cases} \quad Q_{3-3} = \begin{cases} 1，\text{中级} \\ 0，\text{其他} \end{cases}$$

$$Q_{3-4}=\begin{cases}1，初级\\0，其他\end{cases}$$

第四，为了表示不同职位的定义：

$$Q_4=\begin{cases}1，正职\\0，副职\end{cases}$$

第五，为了表示不同的学位，定义：

$$Q_{5-1}=\begin{cases}1，博士\\0，其他\end{cases}\quad Q_{5-2}=\begin{cases}1，硕士\\0，其他\end{cases}\quad Q_{5-3}=\begin{cases}1，学士\\0，其他\end{cases}$$

为了建立回归模型，首先将政策理解能力、战略规划能力、工作推动能力、组织协调能力、自律能力、自省能力、学习发展能力、创新改进能力 8 项中层管理干部专项能力作为因变量与教师个体特征进行了回归分析。回归方程如下。

$$Y=C+k_1x_1+k_2x_2+\cdots+k_nx_n+\mu$$

其次将中层管理干部对应大局研判能力、工作执行能力、自我约束能力、持续创新能力四个方面的能力进行分析讨论，得出结论。

4. 变量间的逻辑关系

本研究通过设计调查问卷，首先，将中层管理干部个体特征与政策理解能力、战略规划能力、工作推动能力、组织协调能力、自律能力、自省能力、学习发展能力、创新改进能力进行多元回归分析，考察管理干部个体特征对管理干部专项能力的影响。其次，选择不同年龄、不同任职年限的管理干部，对其专项能力进行比较分析，考察不同年龄、不同任职年限的中层管理干部能力的差异。从而揭示民办高校中层管理干部能力影响因素。

第二章　民办高校中层管理干部队伍发展的理论研究

民办高校与公办高校同样属于高等教育的重要组成部分，但由于体制不同、投资渠道不同、国家给予的政策不同，在人才队伍建设特别是干部队伍建设上，从岗位设置、选聘人员标准、选聘程序、职责要求、任职目标考核等方面，均存在一定差异。所以，民办高校人才队伍建设既有共性又有特性，需要一定的理论指导，以下将有关理论进行梳理，以期为民办高校管理干部队伍建设提供指导。

第一节　相关理论

民办高校自诞生之日起就具有企业属性和独特的运行特征，在资源整合过程中始终遵循市场规律，按照市场进行资源配置。人力资源是民办高校最重要的资源，在配置、使用、管理、发展各个方面均体现出市场特性，所以在民办高校人才队伍建设发展过程中，需要理论指导，实行科学管理，发挥人才资源的最大效用。下面就民办高校在人才队伍建设中常用的基本理论进行系统梳理。

一　经济学的视角

（一）理论概述

在20世纪80年代末，爱德华·拉齐尔创立了人事管理经济学，他曾经说：“个人和他们的行动共同缔造了创新、更高的经济增长、更多的就业机会、更好的产品，而这一过程正是现代经济和企业发展的秘密所在。”[①] 该理论阐述了人力资源管理实践逐渐受到关注的主要原因。拉齐尔的《人事管理经济学》论述了人力资源管理的所有重要问题和各个关键环节。它运用经济学来理解组织内部管理和运作方式，特别是采用经济学的方法，更加严格、更加准确、更加有效实际的人事有关制度，成为现代人力资源管理的理论依据。随着该理论的发展，在组织的内部激励、员工匹配、薪酬、专业发展、有组织的工作等方面取得了一系列研究成果。经济学假定人是经济人、理性人，个人的行为决策从自己的经济利益出发，通过收益与成本的比较使其净收益最大化。[②] 而人事管理经济学解决了从人事管理向人力资源管理的转变，在更加关注人的成长角度出发谋求组织的长远发展。在人力资源管理中，对人才资源的匹配和人才激励等问题也是经济学所关心的核心问题，所以，在队伍建设、发展方面，经济学的理论基础和分析问题的方法有益于组织更加有效地进行人才资源的配置，有益于构建激励机制。由于组织与员工之间存在信息不对称的问题，在高校这样的知识密集型组织，人力资源管理更加关注知识管理系统的建立和人员能力提升问题。

契约理论由科斯开创，之后有众多经济学家研究发展了该理论，其中该理论最重要的一个分支是委托—代理理论。委托—代理理论通常用于企业内部结构与代理关系，其中委托—代理理论是契约理论最重要的发展。委托—代理理论是产业经济学中关于激励的理论，即公司会设计出一套完整有效的机制来激励代理人努力工作，实现组织目标。经济学的核心问题是激励问题，激励是委托方给予代理方一定的物质或精神激励，使后者按照前者的目标行为，这是经济学中的基本思想。[③] 米尔格罗姆和罗伯兹在一个统一的理论框架下提出了一系列原则。一是有效激励的原则：委托方在设计合同给予代理方激励的时候，应该选择那些有效信息的指标，这些指标产生误差的可能性越小越好。二是激励强度原则：在什么条件下我们应该提高或减弱激励强度。三是监督强度的原则：在委托代理关系中，组织目标与员工的不一致问题，监督与激励是常采用的两个机制，监督对激

---

① ［美］爱德华·拉齐尔：《人事管理经济学》，刘昕译，生活·读书·新知三联书店 2000 年版，第 51 页。

② 杨国伟：《人事管理经济学》，中国人民大学出版社 2012 年版，第 46 页。

③ 周雪光：《组织社会学十讲》，社会科学文献出版社 2003 年版，第 194 页。

励有直接的影响。四是平衡激励的原则：如果我们要求员工对几件事情给予同样的注意力，那么在这几件事情上的激励强度必须是一样的。[①]

（二）对民办高校人才队伍建设的启示

随着企业的发展，生产社会化程度逐步提高，企业规模逐渐扩大，所有权与经营权逐步分离，从而出现了一批职业经理人来专门从事企业的经营管理活动，成为企业所有者的代理人，产生了委托—代理关系。民办高校具有企业属性，在民办高校的经营管理中更多的体现契约精神，在管理、激励各级各类岗位人员有效完成工作方面，更多的使用委托—代理理论来规范民办高校的组织管理行为。委托—代理关系的目的是追求分工效果和规模效果，而民办高校诞生之初，由创办者自行经营管理，随着规模扩大，逐渐聘请更多的教学管理者与教师组成团队，承担对学生的教育教学任务。随之而来的是复杂的管理活动和专业性较强的教育教学业务活动，利用委托—代理理论指导，在民办高校与教职员工中订立契约，规范责权利关系，建立有效激励机制，从而调动教职员工的积极性，高效完成教育教学工作。

二　管理学的视角

（一）理论概述

管理学是主要研究各种管理活动的科学，从管理学视角考虑高校人才发展问题，主要是对于人才资源的开发与使用。罗伯特·卡兹提出管理人员需要具备以下技能，即专业技能，是指在生产管理活动中涉及方法、工艺和过程等所需的知识和水平；人际交往技能，是指与他人一起工作的能力、协作精神和团队精神，并能够创造出一种良好的氛围，以使员工们能够自由地无顾忌地表达个人观点的能力；理性技能，即能够总览全局、判断出重要因素并能够了解这些因素之间关系的能力；设计技能，是指以有利于企业利益的各种方式解决问题的能力，特别是在高层组织中，管理人员不仅仅是能够发现问题，不只是看到问题的人，管理人员必须具备依据面临的问题能够找出解决问题方法的能力。[②] 哈罗德·孔茨、海因茨·韦

---

① 周雪光：《组织社会学十讲》，社会科学文献出版社 2003 年版，第 194 页。

② Katz, R. L., "Skills of an Effective Administrator", *Harvard Business Review*, 1993, pp. 52, 90—102.

里克的《管理学》中，在描述管理人员和企事业单位目标时有这样一句话：管理人员切合实际而又符合众望的目标就是要创造盈余，因此，管理人员必须创造一种良好的环境，使人们能够以最短的时间、最少的资金和原材料以及最大的个人满意度来实现群体目标，或使人们能够利用现有的资源，尽可能地达到预期的目标。① 如民办高校也是一种非企业机构，对于管理人员也有类似的能力要求。高级管理人员都说人力资源是组织最重要的资产，但人力资源又从未进入资产负债表，而且人力资源的建设与开发会花掉大量的资金，因此，已故的伦西斯·利克特和他的同事提出要建立一个有价值的人力资产的账户。所以，人才队伍建设与开发确实需要高层管理者提高认识，加大投入。影响人才成长的因素很多，如外部环境：包括接受教育环境、社会文化环境、国家政策环境、经济环境、行业竞争环境等；还有组织的内部环境：组织文化环境、制度环境、经营环境、经济条件等；人才自身个体特征因素也是影响人才队伍建设与开发的重要因素。

管理学的激励理论主要研究组织对员工激励的问题。按照管理学的激励理论发展沿革和研究角度的不同，将激励理论分成内容型激励、过程型激励、行为改造型激励以及综合激励理论四个部分。②

第一，内容型激励理论。

内容型激励理论主要研究人的需要以及如何满足需要，故而又被称为需要理论。

莫瑞的人类人格理论认为，人们对动态变化的环境是自适应的，人类行为是目标导向的，并且有一定的目的性，内在需求和外部环境的共同作用支配着人们的行为。内在需求包括生理需求（physical needs）和心理需求（psychological needs）两种，生理需求关注人体基本生理过程的满足感，心理需求则关注人情绪和精神上的满足。这一理论是以后的各种需求理论的发端。③

马斯洛把人的需求分为五个层次，即生理需求、安全需求、社交需

① ［美］哈罗德·孔茨、海因茨·韦里克：《管理学》，马春光译，中国人民大学出版社2014年版，第75页。

② 童毅华：《西方管理激励理论述评》，《理论观察》2004年第4期。

③ 王雅楠：《激励理论综述及启示》，《科技情报开发与经济》2007年第17卷第3期。

求、尊重需求和自我实现需求，在各种需求之中只有一种占据主导地位，更高层次的需求得到满足前，人们必须首先满足较低层次的需求，而尚未满足的需求就是行为的一种潜在的激励因素。[①]

弗雷德里克·赫茨伯格（Frederick Herzberg）的双因素理论。[②] 所谓的双因素即激励因素和保健因素，促进员工满意感的因素（工作成就、对员工的认可和工作本身等）称为激励因素，消除员工不满意的因素（如组织政策与行政管理、工资、工作条件、与同事关系、安全、工作保障、监督等）称为保健因素。如果要减少不满意就要通过改变保健因素来实现，但是不会使员工变得更加满意；如果要提升员工的满意度就要改变激励因素。

赫茨伯格的双因素理论比马斯洛的需要层次理论更进了一步，管理人员通过了解这些理论，在管理中学会使用这些理论，在制定制度、出台政策时才能够更好地激发员工的职业动机和工作积极性。

克雷顿·奥尔德弗（Clayton Alderfer）在马斯洛需要层次理论的基础上提出了一种新的需要理论，这一理论被称为"ERG"理论。[③] 他认为人们共存在三种核心的需要，即生存（Existence）需要、相互关系（Relationship）的需要和成长发展（Growth）的需要[④]，该理论与马斯洛需要层次理论的区别在于，ERG 理论不仅以马斯洛的需要层次的"满足—上升趋势"为基础，而且也提出了"挫折—倒退模式"，即一旦一个层次的需要得不到满足，那么他会寻求较低层次的需求满足感。同时，他认为人的需要可能同时存在多种，并能越级得到满足而并非一成不变的由低到高逐级上升。

戴维·麦克利兰（David McClelland）提出了"三种需要理论"，即成就需要、权力需要和亲和需要，个人行为则主要决定于其中被环境激活的

---

① ［美］亚伯拉罕·马斯洛：《动机与人格》，许金声译，中国人民大学出版社 2012 年版，第 9 页。

② Herzberg, Frederick, "One More Time: How Do You Motivate Employees?", *Harvard Business Review*. Vol. 65, No. 5, 1987.

③ Clayton P. Alderfer, "An Empirical Test of A New Theory of Human Needs", *Organizational Behavior*, Vol. 4, No. 2, 1969.

④ 樱子：《ERG 需要理论的创始人——克雷顿·奥尔德弗》，《现代班组》2009 年第 12 期。

需要，他的研究强调环境的重要性。①

第二，过程型激励理论。

过程型激励理论关注动机的产生。主要包括期望理论、公平理论、目标设置理论。

美国心理学家弗鲁姆（Victor Vroom）提出的期望理论（expectancy theory），阐明了个人目标以及努力与工作绩效、绩效与奖励、奖励与个人目标满足之间的关系。用函数公式可以表示为：M（激励力量）=V（目标效价）×E（期望值）。②

美国行为科学家史坦斯·亚当斯（J. Stancy Adams）提出来的公平理论侧重于研究工资报酬分配的相对合理性、相对公平性及其对职工生产积极性的影响。当一个人做出了成绩并取得了报酬以后，他不仅关心自己所得报酬的绝对量，而且关心自己所得报酬的相对量，通过比较来确定自己所获报酬的合理与否，这又直接影响其日后工作的积极性。③

埃德温·A. 洛克（Edwin A. Locke）及其同事经过大量研究于20世纪60年代末提出的目标设置理论指出，明确的工作目标是工作效率的主要源泉，一个有难度的但却可以实现的目标通常比一个容易的目标能得到更好的绩效，反馈比没有反馈更能提高绩效。该理论同时提出了一个设置目标的具体步骤以获得明确的目标。④

第三，行为改造型激励理论。

行为改造型激励理论主要有归因理论、挫折理论和强化理论。

哈罗德·凯利（Harold Harding Kelley）⑤的归因理论是由行为的结果来推断行为的原因从而找出最佳激励的途径。一种行为的发生可以归因于外因或者内因，外因包括任务难度、机遇与运气；内因包括能力、努力。不同的归因会直接影响人的工作态度、积极性和工作绩效。

---

① ［美］戴维·麦克利兰：《渴求成就》，转引自孙耀君主编《新房管理学名著提要》，江西人民出版社1995年版，第159—163页。

② 邵冲：《管理学概论》，中山大学出版社2002年版，第228页。

③ 芮明杰：《管理学：现代的观点》，上海人民出版社2002年版，第163页。

④ Edwin. A. Locke, "Toward a Theory of Task Motivation and Incentives", *Organizational Behavior and Human Performance*, Vol. 3, No. 2, 1969.

⑤ Harold Harding Kelley, "Attribution Theory in Social Psychology", *Nebraska Symposium on Motivation*, Vol. 15, 1967.

挫折理论主要关注由各种原因引起的个体挫折感对其日后行为的影响，而这又因人的个体差异有所不同。因此，作为管理者应尽量形成促使员工积极主动而非受到挫折感的环境；同时采取必要的措施，尽量减少因挫折带来的不良影响，使其因挫折感而产生的消极行为变为积极行为。

斯金纳（Burrhus Frederic Skinner）的强化理论认为，人的行为是对其以往所带来的后果进行学习的结果，可以通过外界因素加以强化塑造。受到正强化（如奖励）的某种行为很可能会得到重复，被漠视的行为不太可能再发生，而受到负强化（如惩罚）的某种行为则会立刻停止，但并不能保证不受欢迎的行为将彻底消失。强化理论为分析控制人的行为的相关因素提供了依据，但忽视了对人的行为产生影响的中间变量，如人的精神状态以及情感态度等。[①]

第四，综合型激励理论。

德国心理学家勒温（Lewin）的场动力理论提出：个人行为的强度取决于环境刺激和个人内部动力的乘积，表明任何外部刺激只有结合内部动力的强度才能成为激励因素。[②]

波特（Porter）和劳勒（Lawler）于1968年提出的综合激励模式的具体内容是，一个人在作出了成绩后，得到两类报酬。一是外在报酬（如工资、地位、提升、安全感等），一是内在报酬（如自我满足感、自我肯定等）。[③] 这一理论提醒我们，不要以为设置了激励目标、采取了激励手段就一定能获得所需的行动和努力，并使员工满意。要形成激励→努力→绩效→奖励→满足并从满足回馈努力这样的良性循环，这取决于一系列激励制度的完善，包括奖励内容、奖惩制度、组织分工、目标导向行动的设置、管理水平、考核的公正性、领导作风及个人心理期望等多种综合性因素。

（二）对民办高校人才队伍建设的启示

民办高校创办初期，主要通过整合剩余人才资源完成学校管理以及育

① 董思萱：《斯金纳强化理论思想探析》，《科教导刊》（上旬刊）2018年第3期。

② 马跃如：《高等学校教师激励研究》，《中南大学管理科学与工程》2006年第26期。

③ 乔忠：《管理学》，机械工业出版社2012年版，第126页。

人工作，随着学校在校生规模扩大，教育教学活动工作量大增，主要靠聘请社会退休干部和教师已经不能完成学校管理与育人工作，开始重视自身队伍的建设。管理学理论从计划、组织、领导、控制以及协调等环节提供理论指导，人力资源管理理论从体制机制建设、组织机构设计、岗位设置、岗位分析、岗位说明书的形成、适岗人员选聘、岗位人员能力考核与评价等提供操作指南。

管理学的激励理论从如何揭示人才共存的需求，采取有效的激励措施，激活员工活力。如马斯洛的需求层次理论，期望理论阐述的“个人努力—个人绩效—组织奖励—个人目标”模型是激励的基本模式。目标引导行为，民办高校应当根据岗位职责合理配置人才的工作目标，激励人才为完成既定目标而努力；民办高校在构建内部激励机制时，既要考虑到经济回报的激励，也要考虑到个人发展提升机会的激励，包括薪酬内容、晋级条件、培养培训、评先推优、项目推荐等，都要发挥明确的导向和激励功能；要注重测量和评价人才动机体系的特征，激发和提高人才的成就动机，突出办学的公益性、淡化营利性，选聘人才时要注重考查选拔高成就需要人才。

三 社会学的视角

（一）理论概述

社会学的人才观，是通过人才培养将自然人变成社会人，这个观点认为不论是涂尔干的实证主义，还是韦伯开创的反实证主义，都认为个人是社会的存在物。社会学是从社会整体出发来研究社会的结构、功能、发生、发展规律的综合性学科，将人作为社会组织系统中的成员来看待。社会学的研究包括宏观结构和微观行为，如种族、民族、阶级、性别、家庭结构、社会关系等，通过研究预见社会发展变迁的模式。

社会心理学家艾森伯格（Robert Eisenberger）的组织支持感理论提出，认为当员工对组织方面的支持产生积极的认知体验时，他们对组织本身也会产生比较正向的看法和信念。这种正向的信念会使员工在自己的贡献与组织的支持之间比较容易找到平衡点，进而提高对组织的各种制度和政策的满意程度，同时提升员工对组织的忠诚度。相反，如果员工感到组织轻视自己的贡献和福利，员工对组织责任的认知会相应减少，从而产生离职的意愿和行为。[1]

组织公正感对于个人的绩效和组织的效率也会有很大的影响。提高组织的公正，有利于提高员工的集体意识、工作满足感，有利于激励员工更好地为组织作出贡献。这就是组织公正理论的现实意义。组织公正理论阐述的是员工对与工作有关的事件的公正性的知觉。根据现有的研究成果，组织公正理论主要经过了三个阶段的发展：结果公正、程序公正和互动公正。[2]

亚当斯（J. Stacy Adams）在其具有深远意义的论文《社会交换中的不公平》中提出了公平理论，对分配公正问题的开创性研究，被称为结果公正。[3] 约翰·蒂伯（John Thibaut）和劳伦斯·沃克（Laurens Walker）[4] 提出了程序公正理论。他们认为，对于一个决策的公正性认知不仅仅与结果有关，而且与决策的形成过程有关。程序公正主要指人们对组织的决策过程产生的主观感受，程序公正承认员工的地位和自身的价值，发挥员工的主人翁精神是重要的理论基础。格林伯格（Greenberg J.）将互动公正分为人际公正和信息公正两个部分。人际公正反映的是员工被决策执行者尊重的程度，是员工对来自上级或权威的对自己的公平对待的感知，如真诚、礼貌、对个人权利的尊重，对组织形成的决策及其依据能够向员工作出必要的解释，使员工感觉到平等地对待。[5] 信息公正反映的是在向员工传递信息的过程，员工所得到的信息的准确性。

（二）对民办高校人才发展的启示

组织支持与组织公正是激励机制发挥作用的组织背景。民办高校人才比公办高校人才更加关注组织环境。因为高校人才多为知识型员工，由于民办高校的办学条件、办学声誉远不如公办高校，且工作任务重、压力大、工作稳定性差，目前给予这些人才的薪酬待遇又不高，民办高校又要

---

① Eisenberger R., Huntington R., Hutchison S., Sowa D., "Perceived Organizational Support", *Journal of Applied Psychology*, Vol. 71, 1986.

② 曾红燕：《组织公正理论的研究与应用》，《科技情报开发与经济》2005 年第 13 期。

③ 《公平理论的创始人——斯塔西·亚当斯》，《现代班组》2011 年第 6 期。

④ Thibaut, John W. & Walker, Laurens, "Procedural Justice: A Psychological Analysis", *The Journal of Criminal Law and Criminology*, 1975.

⑤ ［美］斯蒂芬·P. 罗宾斯等：《组织行为学》，清华大学出版社 2017 年版，第 103 页。

留住人才、激励人才，特别要重视建设以人为本的组织文化，构筑组织与人才共同发展、共享发展成果的和谐关系，构筑尊重知识、尊重人才、公平公正对待人才的管理氛围，以增强人才对组织的信赖和忠诚。

四 胜任特征理论

（一）理论概述

胜任特征理论一直是人力资源管理与管理心理学研究与应用关注的一个焦点。提高人员工作效率的理论前提就是通过优化人岗匹配，达到人事相宜，人适其事，事得其人，而优化人岗匹配的基础是明确该岗位职责任务是什么，为了有效完成这些职责任务，对任职人员有什么要求等。[①] 管理胜任力特征分析最早是由美国心理学家麦克利 1973 年在他的一篇名为 "Testing Competence Rather Than Intelligence" 的文章中首次提出，决定一个人在工作上能否取得好的成就，除了拥有工作所必需的知识、技能外，更重要的取决于其深藏在大脑中的人格特质、动机及价值观等。[②] 与传统素质模型不同，胜任力具备了行为描述、情境影响和绩效预测等特征。很多学者从不同角度对胜任力进行了研究，接受程度比较高的是斯宾塞（Spencer，1993）的定义：胜任力是动机、特质、自我形象、态度或价值观、特定知识、认知和行为技能等任何可以被准确测量或计数的并且能显著区分高绩效与一般绩效的个体特征集合。[③] 可见，并不是所有的知识、技能、个人特征都被认为是胜任力，只有满足以下三个重要特征才能被认为是胜任力：绩效关联，可以预测员工未来的工作绩效；动态特征，与任务情景相联系；显著性，能够区分业绩优秀者与一般员工。以胜任力为基础的管理理论和实践得到广泛应用，建立胜任力模型可以区分并找出导致业绩差异的关键因素，有助于确定员工高效完成工作任务所需要的资格条件，这些因素通常可用于某一特定任务角色人选的选拔、招聘、培训、考

---

① 林日团、莫雷、王瑞明、李锦萍：《高校中层管理干部胜任力模型的初步建构》，《心理科学》2007 年第 6 期。

② David C. McClelland, "Testing Competence Rather Than Intelligence", *American Psychologist*, Vol. 28, 1973.

③ 王重鸣、陈民科：《管理胜任力特征分析：结构方程模型检验》，《心理科学》2002 年第 5 期。

核及其职业发展指导，能够最大限度地发挥员工潜在特质。

（二）对民办高校人才发展的启示

高校具有人才培养、知识创新、社会服务、文化传承职能，这就要求高校不仅要有一支高素质的教学科研队伍，还要有一支高水平的管理干部队伍。不同人才因工作职责和工作特点不同，要求他们具备不同的能力素质。民办高校人才发展贯穿人才从初入、成长、成熟到退出的全过程管理，针对人才能力素质状况，进行人才选拔、培养、监督、考核、退出，构建以“选—育—用”为核心的动态闭环体系，实现对民办高校人才的全生命周期培养管理。

第二节　国内外研究现状

一　国外研究现状

近期国外发表的针对高校管理人员能力结构与建设方面进行全面研究的文献较少，这与发达国家高等教育发展状况有关，高校人员应具备的能力素质要求方面研究已经比较成熟，在准入资格设置和后续培训方面均建立了相对完善的制度，因此近期有关研究不是很多，多数研究发表较早。

大卫（David Warren Piper）以 18 年的高校师资队伍建设经验为基础，探讨了对高校师资队伍建设的看法，将其与高校教师的“专业化”理念联系起来，也就是关于高校管理队伍专业化建设的理念。他描述了一个为期两年的高等教育教师在职课程，作为专业培训可能采取的一种形式，并提出了充分考虑原则和理论的情况下的培训理由。他认为改变态度和观念或许比学习课堂技能或管理技巧更重要，培训应以研究为依据，充分论述了开设高校职员学院的必要性以及如何开设。[①]

海伦（Helen Brown）通过研究认为，组织发展和个人发展二者之间有关联，管理人员和专业教师之间关系的重新谈判、企业战略的作用以及发展宽容而有目的性的组织文化，对高校管理人员发展均有影响。总结了

---

① David Warren Piper, "Staff Development in Universities: Should There be a Staff College?", *Higher Education Quarterly*, Volume 42, Issue 3, June 1988.

增强组织学习能力的员工发展过程特征，认为这些过程具有增强组织学习的能力。①

乔治（George Smith）对高校员工发展模式进行了回顾。对员工发展实践的微观模型进行了区分和评价。他将模型分为产品导向、处方导向、过程导向、问题导向和折中主义，并对后者进行了评价。他提出了员工发展责任的三种宏观模型："管理""车间"和"伙伴关系"，以及后者的变体"分权"。在各种可能的微观和宏观组合中，折中式分权因其所提供的优势而受到高校的赞扬。②

王为民认为，美国高校在管理队伍建设过程中，积累了很多经验，值得我们学习。如在选聘制度方面，同时注重应聘者的管理经验及其应聘职位所需的专门知识；在管理方面，实行分类分级的精细化管理制度；在考评方面，明确管理人员的工作角色和工作责任，根据评估等级对被考核对象进行相应的鼓励、指导和改进，考核业绩等级直接与年终工资提升挂钩；在培训制度方面，将培训分为岗前培训和在岗培训，美国政府也设置了专门的高校管理人员培训机构，针对不同管理人员开始不同形式、不同内容的培训。③

国内学者也对国外高校管理队伍建设进行了研究。章宪通过对美国、日本等几个发达国家的资料进行分析发现，发达国家高校管理队伍建设有以下特征：首先，是严格的准入制度，高校管理人员需获得高校管理职业资格证书，且该证书非终身有效，每隔几年需通过培训学习再次获得。其次，拥有完善的培训制度和培训体系，如在日本高校管理人员属于公务员，根据法律规定公务员有接受培训的义务；英国 1995 年开始由国家教师培训署（TAT）制订并实施"教育管理干部领导与管理计划"，帮助新上任的教育管理人员提高领导能力和综合管理技能。最后，无微不至的人性关怀，除了营造良好的环境，提升管理人员的工作积极性和归属感以

---

① Helen Brown, "Staff Development in Higher Education - Towards the Learning Organisation?", *Higher Education Quarterly*, Volume 46, Issue 2, April 1992.

② George Smith, "A Categorisation of Models of Staff Development in Higher Education", *British Journal of Educational Technology*, Volume 23, Issue 1, January 1992.

③ 王为民：《美国高校管理队伍建设的经验与借鉴》，《江西科技师范大学学报》2016 年第 3 期。

外，还通过提高管理人员待遇，吸引各界优秀人士来高校就职。[①]

邓雪琳通过研究认为，发达国家高校管理队伍建设水平较高，知识结构比较合理，与教育管理有关的学术背景的管理者占大多数，普遍学历层次较高，中高级管理人员一般拥有博士学位；管理效率较高，除了得益于管理规范化和制度化以外，人员的干练和高素质是重要原因；有专业的组织管理，政府或协会建立各种组织，保护高校管理者权益，同时组织各种专门培训，提高管理者能力和水平。[②]

可见，国外主要是发达国家关于高校管理队伍建设研究相对较为成熟，已经建立了一套相对完善的体系，拥有自己的特色。在管理人员发展环境设置、培训学习等方面值得我们借鉴。

二　国内研究现状

在高等教育大众化、国际化的背景下，我国高等教育进入新时代、面临新目标、新任务、新挑战，其核心问题是提高高等教育质量的问题。高校中层管理干部作为推进高校综合改革，实现内涵式发展的中坚力量，其素质、能力高低直接影响着党和国家事业接班人的培养质量。要重视加强干部队伍建设，而高校中层管理干部又是落实校内管理、服务的中坚力量，其作用至关重要，因此加强这支队伍建设的研究与实践在近 30 年来也成为学者们关注的重点问题。文献调查显示，对干部队伍建设研究的文献有 3300 多篇，其中有 48 篇是研究高等学校干部队伍建设问题的，其主要研究成果，从研究对象看：有高校党务干部、学生管理干部、人事管理干部、业务干部等；从研究内容看：主要有管理干部队伍结构、存在的问题、队伍建设的提升策略等方面。具体内容如下。

（一）高校干部队伍结构

1. 干部队伍素质结构研究

李慧湘等比较早的关注高等学校干部队伍结构问题，分析了高校干部队伍的年龄结构、文化水平、知识能力、思想素质四个方面，并提出针对

---

① 章宪：《人的全面而自由发展理念下高校管理人员专业化建设研究》，硕士学位论文，苏州大学，2013 年，第 29—32 页。

② 邓雪琳：《我国高校管理队伍专业化研究》，硕士学位论文，湖南大学，2004 年，第 28—39 页。

性的建设思路：一是有计划、分层次培养；二是建立机制优化队伍结构；三是强化队伍建设等措施。①

张立提出了高校管理干部队伍应该具备的基本素质，他认为管理干部应具有坚定的政治立场和高尚的思想道德素养、较高的理论修养和合理的知识结构，拥有求真务实的实干精神和与时俱进的创新精神，还需要有较高的人文素养。②

柳青对自己所在学校的干部队伍进行了研究分析，对素质结构从政治素质、业务素质、心理素质、工作责任感和事业心四个方面进行了分析，并提出了加强新时期管理干部队伍建设的建议。③

张文俐研究了在新形势下加强管理干部队伍建设势在必行，提出强化干部队伍素质，使管理干部队伍在学校的发展中发挥应有的作用。从政治素质、业务素质、作风素质、能力素质、身体与心理素质五个方面论述了干部素质的重要性。④

近年来，关于高校干部队伍素质能力方面的研究主要集中在思想品德、道德素质、能力结构等问题。田贞涵认为高校教学管理人员必须首先自身拥有良好的思想品德，坚持党的政治方向和教育方针，其次拥有过硬的心理素质和优秀的职业道德素质，保持心态平和、处事公允，具有良好的抗压能力；此外还需要有较强的工作沟通协调能力，服务态度良好，具有一定的奉献精神。⑤ 王喜梅对教务管理人员应具备素质进行了研究，认为高校教务管理人员应政治素质过硬，思想端正、立场坚定；心理素质良好，在处理师生日常琐碎工作过程中情绪稳定、不卑不亢；还需要沟通能力强，做好各部门间协调工作，有一定的组织管理能力和学习创新能力。⑥

---

① 李慧湘、王桂书：《高等学校管理干部队伍建设的现状分析与对策》，《中国高教研究》1996 年第 5 期。

② 张立：《对高校管理干部队伍建设的思考》，《中国高教研究》2005 年第 4 期。

③ 柳青：《高等学校成人教育管理干部素质及队伍建设探析》，《中国成人教育》2009 年第 4 期。

④ 张文俐：《加强管理干部队伍建设促进高等学校改革发展》，《河北农业大学学报》（农林教育版）2004 年第 4 期。

⑤ 田贞涵：《浅谈高校教学管理人员需具备的素质》，《教育教学论坛》2018 年第 28 期。

⑥ 王喜梅：《新形势下地方高校教务管理人员素质与能力探析》，《卫生职业教育》2018 年第 9 期。

2. 干部队伍能力结构研究

有学者对人的能力结构类型进行了研究，分为一般能力和特殊能力两种，前者主要指完成各项任务或者活动均要具备的能力，具有一定的普遍性，后者是指从事某一种专门活动或者完成专业性工作所要具备的特殊能力，或者称为专门能力。一般能力通常包括记忆能力、理解能力、分析解决问题的能力、表达能力、适应能力、组织管理能力、创新能力、判断能力等；特殊能力包括办公软件使用能力、外语能力、专业能力，等等。王谱声在以江西教育出版社为例研究人才队伍建设时，提出了知识结构丰富、年龄结构合理、创新能力较强三个方面。[①] 也有学者作了实证研究，以县域经济发展作为背景，通过实证分析，比较研究，将干部能力结构分为配置能力、学习能力、技术发展能力、开放能力。而有一些学者在对上市公司董事长、总经理能力结构与创新成果进行实证研究，提出通才与专才型 CEO 对公司创新的影响，结论是通用型董事长或者总经理多元化有利于公司创新。[②]

3. 关于领导干部胜任力的研究

有学者研究认为对于高级管理者的胜任力是影响管理行为和组织绩效的主要因素之一，主要体现在管理者的综合能力，在目前文献中看到研究比较多的是关于管理干部胜任力特征方面的研究。只有具备和组织战略目标与岗位要求相匹配的胜任力特征，才能高效地发挥经营管理才能，实现组织的长远目标。对于高等学校，研究掌握高校干部队伍的胜任力水平现状，并在此基础上切实加强干部培养与管理，提高干部队伍素质，对进一步深化高等教育改革和发展具有重要意义。对高校领导干部胜任力的研究，如林日团等通过对 57 名高校中层管理干部实施行为事件访谈，初步建立了高校中层管理干部胜任力模型，包括授权激励、组织协调、创新开拓、目标监控、决策判断、沟通表达、成就驱动、团结协作、教育视野、教育信念、民主责任、尊重理解、学术（业务）素养 13 项胜任特征，价值诚信和果敢坚毅在最终的胜任力模型中舍弃，因综合优秀组和普通组频

---

① 王谱声：《以江西教育出版社为例浅谈出版社人才队伍建设》，《出版广角》2018 年第 22 期。

② 赵子夜、杨庆、陈坚波：《通才还是专才：CEO 的能力结构和公司创新》，《管理世界》2018 年第 2 期。

次、等级水平和总分三项差异检验的结果，其稳定性较差，他们还发现，高校中层管理干部的胜任力模型与教师胜任力模型有一定的相似之处，与企业家的胜任力模型差异较大。① 解志韬等认为，高校干部应具备一般管理者和领导人员都具有的普适能力，也应具备有别于一般的企业管理者和领导人员的特殊能力，提出高校干部胜任力的四个维度，分别是政治辨别力、工作推动力、自我约束力和持续创新力，借鉴行为事件访谈法的基本原理和方法，提炼构建了高校干部胜任力特征模型，包括政治判断能力、政策执行能力、公共服务能力；战略理解能力、统筹规划能力、执行推动能力、组织协调能力、团队管理能力、影响感召能力；自律能力、自省能力；学习发展能力、创新改进能力，共 13 个能力要素，政治辨别力维度中的“理论学习能力”、工作推动力维度中的“信息收集能力”“危机应对能力”和持续创新力维度中的“学科专业能力”等特征维度，因没有被大多数受访者提及且提及频次较低而剔除，他们还在对高校干部胜任力进行水平分析的基础上，通过让受访高校干部对各细分能力要素进行重要性排序，进一步对其重要程度进行了评估。②

王重鸣等运用基于胜任力的职位分析方法，通过实证评价，获得企业高级管理者的胜任力特征的结构，并运用结构方程模型等方法进行比较分析，揭示不同职位层次（以下简称正职与副职）在胜任力特征结构上的差异。管理胜任力特征由管理素质和管理技能两个维度构成。对于正职来说，价值倾向、诚信正直、责任意识、权力取向等构成管理素质维度，经营监控能力、战略决策能力、激励指挥能力和开拓创新能力构成管理技能维度；对于副职来说，管理素质维度由价值倾向、责任意识、权力取向三个要素构成，管理技能维度由经营监控能力、战略决策能力、激励指挥能力三个要素构成。正职的战略决策能力更为关键，而副职的责任意识更为重要，同时，正职岗位在诚信正直和开拓创新能力两个要素上有更高的

① 林日团、莫雷、王瑞明、李锦萍：《高校中层管理干部胜任力模型的初步建构》，《心理科学》2007 年第 6 期。

② 解志韬、李厚锐、田新民：《基于胜任力的高校干部培养管理体系研究》，《国家教育行政学院学报》2017 年第 4 期。

要求。①

华为创始人任正非认为，干部需要具备成功的决断力、正确的执行力、准确的理解力、良好的人际能力。仅具备准确的理解力，适合在机关做干部；具备正确执行力，可以做个部门的副职。具备成功决断力的干部，可以做部门一把手。

关于高校干部队伍结构的问题，目前研究较多的集中在素质结构、能力结构、胜任力等方面；对于年龄结构、文化水平的研究比较少。这与我国高等学校一直以来均以公办高校为主，干部多数是由组织部选拔任用，对干部任用标准有严格的要求，同时也有严格的程序把关，公办高校对中层干部选拔任用权限也有一定的局限性。而在民办高校这个组织群体中，除了有公办高校同样的特点以外，还具有企业的特征和属性，对干部任职的标准、条件、程序等方面比较多地体现了企业特点、市场机制，近年来，民办高校对干部的能力和水平要求逐渐提高，对于中层干部队伍年龄结构、文化水平、专业技术职务等因素也开始关注。对于民办高校中层干部素质结构、能力结构及其影响因素成为民办高校组织建设和队伍成长所关心的问题。

（二）干部队伍建设存在问题研究

有学者②研究关注高等学校干部队伍建设存在的问题，主要表现为政治素质、业务素质不高、高学历难以稳定等问题，这些问题是影响高校教育教学质量和系统运行的关键问题。

也有学者关注高校管理干部的观念、态度、理论水平、工作作风等方面的问题，认为一是存在“三个”不适应，即观念上的不适应、理论上的不适应、作风上的不适应；二是人心不稳，后继乏人，高学历人才难以在管理岗位稳定下来。

崔建武等③通过数据分析，认为高校管理人员存在年龄、性别、职级、学缘结构不合理等问题，基层管理人员中女性比例偏高、副科级以下

---

① 王重鸣、陈民科：《管理胜任力特征分析：结构方程模型检验》，《心理科学》2002 年第 5 期。

② 张玲：《对加强高等学校管理干部队伍建设的对策与建议》，《中国高教研究》2004 年第 8 期。

③ 崔建武、王重云、张海艳：《用数据透视高校管理人员现状及问题——以河南某高校为例》，《人力资源管理》2018 年第 5 期。

人员偏少，具有管理学、教育学等相关专业背景的人员比例偏低，中层管理人员专业技术好但非专门管理人员，基层管理人员设置多为考虑安置其他岗位分流出来的人员，具有较大随意性，这些都是造成管理队伍整体能力不高的原因。

黄涛①认为目前很多高校尚未充分认识到管理工作以及管理队伍建设的重要性，导致管理队伍建设缺乏系统性和科学性，很多管理人员并非专业出身或接受过专业教育，处于临时拼凑的状态，这显然不利于高校管理水平的提升。

牛芳芳等②对民办高校教学管理队伍存在的问题进行了研究，发现民办高校教学管理队伍存在年龄结构和专业背景结构不合理的问题，聘请公办高校退休管理人员在带来工作便利的同时，也容易出现由于经验主义带来的不符合民办高校实际情况的问题，同时管理人员的流动性大、队伍不稳定、培训机会少等因素也制约了管理队伍整体水平提升。

可见，各高校管理队伍建设普遍存在的问题是，在意识形态上重视程度不够，没有意识到管理队伍建设需要专业化，建设过程中缺乏科学规划，配套考核体系和激励机制不健全，这些问题导致了高校管理队伍水平不高、能力不足。

（三）干部队伍建设研究

大多数文献主要研究高校管理干部的政治思想素质建设、作风建设、党风廉政建设等问题。也有一部分学者关注高等学校干部队伍整体知识、能力、素质提升的研究。孙敏③从选拔任用与优化培养两个角度论述了高校管理干部队伍建设的路径。

也有学者针对高校干部队伍建设的问题，提出系统建设策略。如卢彦君④在破解领导干部队伍建设难题一文中，论述了素质能力结构，并提出了高校干部队伍素质提升的有效途径。一是制定科学合理规划；二是建立

---

① 黄涛：《高校管理队伍建设现状及发展对策研究》，《教书育人·高教论坛》2016 年第 7 期。

② 牛芳芳、吕刚：《论民办高校教学管理队伍建设的困境与对策》，《赤峰学院学报》（自然科学版）2017 年第 11 期（下）。

③ 孙敏：《高校人力资源能力建设的思考》，《决策探索》2006 年第 11 期。

④ 卢彦君：《着力破解领导干部队伍建设难题》，《新长征》2018 年第 1 期。

激励机制；三是健全竞争机制；四是完善教育培训机制；五是建立健全考核评价机制五个方面提出了提升干部队伍素质能力的策略。[①]

在干部队伍建设方面研究的学者相对较多，但主要研究内容集中在队伍建设的路径、策略等，包括选人、用人、留人、考核、激励、待遇等方面。赵立涛[②]认为应该将教学管理队伍建设放到与教师队伍建设同样重要的地位，在引进一线教学人才同时，招聘教学管理专业人才，提高管理队伍的专业化水平；加大对现有管理队伍的培训力度，建立合适的激励机制，科学规划、着力培养符合本校教学工作的教学管理队伍。此外，陈武元等[③]、杨成欢[④]等通过研究均提出，提升管理人员队伍能力需要学校提供相关政策支持，如提供更多的在职学习和培训机会，健全考核评价机制，给予管理人员更大的职业发展空间，兼顾物质和精神两方面需求，设置合适的激励机制等。

从文献研究看，专门研究民办高校管理干部队伍建设的文献很少，宋莉莉（2012）进行了研究，但其主要内容也是针对民办高校如何加强党的建设问题，强调高校党务干部是党加强对高校领导的直接执行者，其政治素质和业务能力直接关系到高校党建的成效，关系到党在民办高校的威信和地位。观察到民办高校党务干部队伍参差不齐，强调要在认识上高度重视，强化组织建设，强化民办高校干部的常态化培训，引入绩效考核机制，切实提高民办高校党务干部的素质，而对中层管理干部的整体能力、素质没有进行系统研究。目前还没有人对民办高校中层管理队伍能力进行系统研究，所以笔者在实践基础上，通过经验研究和调查研究分析，构建民办高校中层管理队伍能力结构，并研究影响民办高校中层干部能力提升的因素，探讨提出提升策略。

---

① 张文俐：《加强管理干部队伍建设促进高等学校改革发展》，《河北农业大学学报》（农林教育版）2004 年第 4 期。

② 赵立涛：《探析高校教学管理队伍建设》，《黑龙江高教研究》2006 年第 4 期。

③ 陈武元、胡科：《“双一流”建设背景下的高校行政管理人员能力提升研究》，《现代大学教育》2018 年第 3 期。

④ 杨成欢：《“双一流”大学建设时期高校管理人员队伍素质提升途径》，《吉林省教育学院学报》2018 年第 9 期。

第三节　民办高校中层管理干部能力结构与内涵

一　民办高校中层管理干部能力结构

根据理论研究与研究现状分析，对民办高校中层管理干部能力进行了汇总分析，聚焦到四个部分：大局研判能力、工作执行能力、自我约束能力、持续创新能力。依据文献研究梳理总结形成了访谈提纲，具体见表 2－1。

表 2－1　　民办高校中层管理干部能力构成要素访谈提纲

访谈目的	聚焦民办高校中层管理干部能力结构要素	
专项能力	构成要素	要素排序（17 位访谈投票）
大局研判能力	政治研判力	10
	政策理解力	17
	公共关系处理能力	12
	战略理解能力	17
	统筹规划能力	12
	大局意识和奉献精神	13
工作执行能力	执行推动能力	17
	组织协调能力	16
	团队管理能力	14
	影响感召力	12
	信息收集能力	13
	沟通能力	15
	表达能力	13
	突发事件处理能力	12
自我约束能力	自律能力	17
	自省能力	17
持续创新能力	学习发展能力	17
	创新改进能力	17
	研究发现问题能力	13

通过实践调研，与民办高校高层管理者、中层干部进行深度访谈，17位被访者对表2-1中各专项能力进行了投票，组织专家对结果进一步分析讨论，投票多的纳入调研目标并设计问卷，开展进一步调查研究。根据表2-1，将支持每一方面能力组成的专项能力以投票最多者进行排序；每一部分均取前2项，经过讨论认为，基本符合民办高校的实际情况。对组成每一方面能力的专项能力进行讨论，按重要程度排序，最后形成了民办高校中层管理干部能力结构框架（见图2-1）。

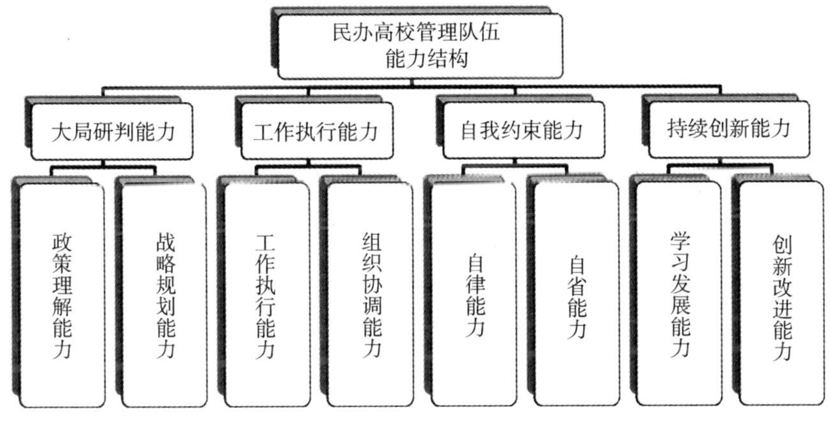

图2-1　民办高校管理干部能力结构

二　中层管理干部专项能力内涵

（一）大局研判能力

大局研判能力：习近平总书记在中央党校省部级干部研讨班开班仪式上发表重要讲话，强调领导干部要深刻认识和准确把握外部环境的深刻变化和我国改革发展稳定面临的新情况新问题新挑战，坚持底线思维，增强忧患意识，提高防控能力。他指出全党强调“四个意识”“四个自信”“两个维护”，要求领导干部要统筹国内国外两个大局、发展安全两件大事，既聚焦重点，又统揽全局，有效防范各类风险连锁联动。习近平总书记指出，党的十八大以来，我们党面临着长期执政考验，改革开放考验，市场经济考验，外部环境考验；将面临精神懈怠危险，能力不足危险，脱离群众危险，消极腐败危险，这是总书记根据当前面临的实际问题作出的研判，并对党的领导干部提出了明确要求。高校是培养接班人的地方，对于高校的管理干部，在当前环境条件下，大局意识与研判能力非常重要，这关系到是否能够遵照党的教育方针，落实好全国教育大会和高等教育工作会议精神，是否能够完成高校立德树人根本任务，切实落实好为谁培养人、培养什么样的人、怎样培养人的问题。民办高校只是投资渠道不同于公办高校，在人才培养方面同样承担为党和国家培养接班人的重任。经过调研认为民办高校领导干部要有较高的大局研判能力，具体体现在政策理解能力、战略规划能力等方面。

（二）工作执行能力

1. 关于组织执行力

有许多管理学专家学者对组织管理能力、执行能力进行了研究，如薛云奎、齐大庆和韦华宁①在文献研究的基础上提出了组织执行力的三维模型，其结构如图 2－2 所示。

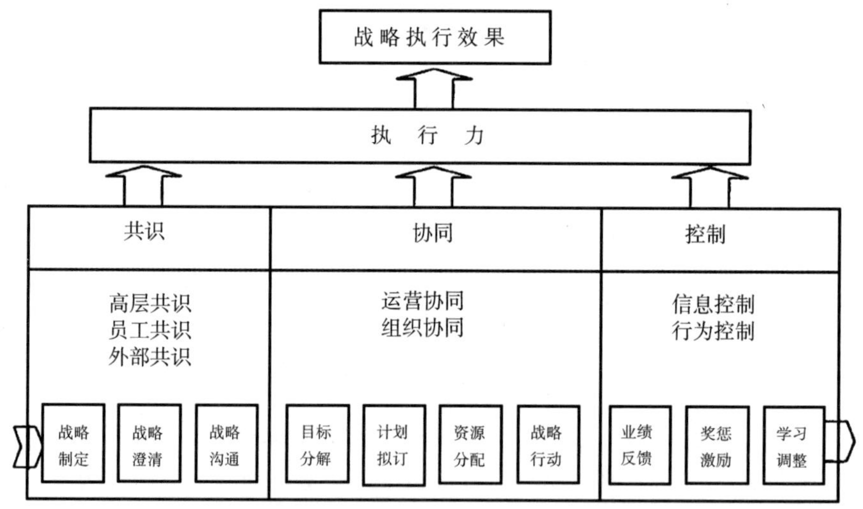

图 2－2 组织执行力的三维模型

在一个组织中，组织战略是管理、运营的方向，战略管理、战略定位在组织中占据非常重要的地位。已有的研究标明，在组织执行力中，战略执行被认为是由多个要素相互关联形成的立体框架，由多项相互衔接的步

① 薛云奎、齐大庆、韦华宁：《中国企业战略执行现状及执行力决定因素分析》，《管理世界》2005 年第 9 期。

骤组成：战略制定、战略澄清、战略沟通、目标分解、计划拟订、资源分配、战略行动、业绩反馈、奖惩激励及学习调整。

战略共识是企业在战略制定、战略澄清和战略沟通过程中所实现的各级员工和外部利益相关者对组织目标和战略的认同感和责任感。

战略协同是战略执行的关键所在，反映的是组织通过目标分解、计划拟定、资源分配和战略行动所实现的经营活动及组织形式与战略的协调一致，其目的是使战略在日常经营活动中得到充分的贯彻实施。

一般来讲，可以将影响组织执行力的因素归纳为以下几个方面。

（1）战略（计划）制订是否科学。这取决于高层管理者的领导能力和战略制定能力。组织在不同时期需要不同战略，领导者需要根据情况的变化制订科学有效的计划；不仅要科学，还要易于理解，具有可执行性，否则执行过程将存在偏差，执行效果将大打折扣。

（2）规章制度是否健全合理。制度是管理的依据，健全的规章制度具有系统、公平、严密等特征，可以促进管理规范化，提高工作效率，对执行效果具有较大影响作用，是执行过程顺利进行的保障，将有效提升执行效果。

（3）员工专业能力素质是否能够跟得上组织发展的需求。战略计划的正常实施对员工专业技能有一定的要求，站在战略计划的操作层面考虑，若相应的能力素质不具备，将不能按照计划开展工作，影响战略整体实施效果。

（4）组织流程设计是否科学。战略计划的执行是一个过程，是按照组织流程经过设计和安排的，整个过程分为若干环节，环环相扣。合理安排的组织流程可以保证计划顺利流畅进行，否则将降低工作效率，减弱执行效果。

（5）内部沟通渠道是否通畅。战略执行各个层面定期沟通非常重要，尤其是在计划开展的初期，有效的沟通有利于战略共识的达成，从而有助于增强战略执行人员的信心，最终达到事半功倍的效果。

（6）监控机制是否有效。任何战略执行过程都离不开监控，它是战略执行获得预期收效的重要保障。缺少监察环节的控制是盲目的，同样，只监察而不反馈、不调整，监控机制也是无效的。只有监察、反馈、再监察，形成运行闭环的监控机制才能保障执行效果。

（7）员工绩效考核与激励机制是否有效。科学的绩效考核机制是员工激励机制有效的基础，合理的激励机制将调动员工工作积极性，提高工作效率，按计划甚至超额完成工作任务。

（8）团队合作精神是否具备。战略计划的执行，战略目标的完成，单独一个人或几个人很难做到，一般来讲是团队合作的结果，是组织执行力的体现，需要员工之间、部门之间有合作意识和团队精神，互相配合、协调努力，孤军奋战、各自为政是无法完成战略计划的。

（9）组织的执行力文化是否形成。执行力文化是一种把“执行力”作为所有行为的最高准则和终极目标的文化，它的形成是一种潜移默化的过程，由领导者身体力行逐步构建，进而形成一种氛围，影响每一个员工，将不打折扣的执行作为工作准则。

2. 关于个人执行力

对于干部而言，个人执行力与组织执行力是分不开的，组织在对目标任务进行考核时，经常用部门的业绩代替对干部任期的考核。在看到的文献中，多数没有将组织执行力与干部个人执行力分开。如赵茹对提高基层组织和领导干部执行力进行了研究，就将切实提高基层组织和领导干部执行能力放在一起，其研究内容也是将如何准确理解基层执行力内涵来开展对如何提高执行力的研究。① 对于高校中层管理干部组织执行力强弱在一定程度上代表个人执行力的高低。所以学者们在研究干部执行力时，均从考核入手，看看所管的部门对承担的目标任务完成情况，来判断干部的工作绩效及其执行力情况。

民办高校将执行能力放在管理队伍能力的首位，这是民办高校的发展过程决定的。建校初期民办高校的管理队伍大多是家族成员，定了的事马上办，反应迅速，执行到位。随着学校的发展，仅靠家族成员不能完成学校日益繁杂的管理工作，这时出现了管理人员，逐渐形成目前的管理队伍，在对管理人员选拔时最讲究的就是投资者或者举办者决定以后的快速执行，所以将执行力放在首位，而且在内部提到最多的、进入考核评价的也将执行力放在首位。如上所述，执行力分为组织执行力与个人执行力，且受到外界诸多因素影响。一般情况下对于管理干部的执行力通常考察其

① 赵茹：《对提高基层组织和领导干部执行力的研究》，《现代经济信息》2019 年第 3 期。

组织执行力。

（三）自我约束力

自我约束力：一般分为自律能力和自省能力。自律在《辞海》中的解释：伦理学上与“他律”相对，指主体的自觉的道德意识和实践。是反映道德发展水平的概念。康德和卢梭等思想家把自律当作道德主体的一个基本条件，用来指不从外在的某种要求（如神、世俗权威、传统或者自然本能）来获得道德力量，而是通过自己的理性，根据自己的良心，为追求道德本身的目的而制定的伦理原则。康德认为只有遵循自律的行为才是道德行为。有的思想家如萨特、黑尔把自律认作是主体可以自由地选取道德原则，或为自己做出道德决定。我们经常用到自律能力，多数情况下是指本人从严要求自己，在群体或者团队中起到积极作用。自省能力主要是“省”，在辞海中是察看，检查的意思。如在《论语》学而篇中有曾子曰“吾日三省吾身”，指的就是自我反思、自我检查的意思。而我们对干部强调反省，主要是具有学会自我检查，自我发现问题，自我改进的能力。

（四）持续创新能力

持续创新能力：近年来，国家非常重视创新创业工作，高校强化创新创业教育，各行各业对创新型人才均提出了新的要求。对于领导干部是否具有持续创新能力非常重要。持续创新能力有两个关键词，一个是“创新”，另一个就是“持续”；人们对“创新”概念的理解最早是从技术与经济结合的角度来审视，主要探索技术创新在经济发展中的作用。“创新理论”的主要代表人物是约瑟夫·熊彼特在一个世纪以前提出了该理论，特别是近年来创新成为时代发展的主旋律，他的“五种创新”理念受到学界的重视，即“熊彼特指出‘创新’的五种情况：（1）采用一种新的产品——也就是消费者还不熟悉的产品——或一种产品的一种新的特性。（2）采用一种新的生产方法，也就是在有关的制造部门中尚未通过经验检定的方法，这种新的方法决不需要建立在科学新的发现的基础之上，并且，也可以存在于商业上处理一种产品的新的方式之中。（3）开辟一个新的市场，也就是有关国家的某一制造部门以前不曾进入的市场，不管这个市场以前是否存在过。（4）掠取或控制原材料或半制成品的一种新的供应来源，也不问这种来源是已经存在的，还是第一次创造出来的。

(5)实现任何一种工业的新的组织，比如造成一种垄断地位（如通过'托拉斯化'），或打破一种垄断地位"。①

创新成为一种思维模式，在经营、管理、生产、服务等方面得到广泛应用，特别是在干部选用上，高度重视创新意识和创新能力已经成为必要条件。关于"持续"的概念最基本的意思是延续不断，目前用的最多的是持续改进。对于领导干部强调永葆职业激情，克服倦怠，保持干事创业持久动力。民办高校在建校初期，靠投资者及其家族成员的情结，开创了事业，经过几十年的发展，规模与结构发生了本质的变化，科学高效的管理成为再创业的迫切需要，对干部的选拔任用也提出了更高的要求。

---

① 徐则荣：《创新理论大师熊彼特经济思想研究》，首都经济贸易大学出版社 2006 年版，第 42 页。

第三章　民办高校中层管理干部现状

本章在民办高校人才队伍建设的国内外研究背景上，运用相关理论研究方法，针对民办高校中层管理干部阶层，从高校发展的不同阶段人才队伍的特点、民办高校中层管理干部基本特征两个方面进行现状描述。

第一节　不同阶段民办高校人才队伍特点

民办高校的投资者、管理者大都使用企业管理方式来运营学校，在发展历史上走过了几个阶段。不同的学者、不同的视角都有不同的阶段划分，笔者从 1995 年就参与民办高校的创办，并在民办高校担任校长、副校长 20 余年，根据亲身经历和体会，将民办高校划分为四个阶段，具体如下：

1. 第一阶段为自由萌发阶段（1978—1982 年）

1978 年 12 月 18 日，中国共产党召开了十一届三中全会，开启了改革开放和社会主义建设的伟大征程。国家将工作重点转移到经济建设和四个现代化建设方面，各行各业经济发展对人才的需求非常迫切。国家处于社会主义初级阶段，穷国办教育，特别是迫切要求大力发展高等教育。由于政府财政经费紧缺，对公办高等教育的投入逐年增加，但高等教育资源供给依然不能满足人民对接受高等教育的需求。在这个阶段，全国各地相继出现民办教育的萌芽，最早是以举办高考辅导班的形式出现，逐渐出现举办自考助学班，以及各种“专修”学院。这个时候国家还没有明确的政策，各地的民办教育特别是民办高等教育均处于萌发阶段。这个阶段的举办者、管理者、教师可能由一人兼任，学校规模小，在学人数少，历史上称为“三无”学校，主要特点是无校舍、无师资、无条件。

2. 第二阶段为快速发展阶段（1983—1996 年）

这个阶段，国家逐渐出台关于发展民办教育的政策法规，对民办教育的发展方向、政策环境、宏观管理、内部治理等方面都作出了规定。最早看到的是 1982 年国家在《中华人民共和国宪法》第十九条中明确规定：国家鼓励集体经济组织、国家企业组织和其他社会力量依照法律规定举办各种教育事业，之后民办教育进入快速发展时期。1985 年 5 月 27 日，中共中央通过了《中共中央关于教育体制改革的决定》，明确了教育改革的根本任务是提高民族素质，多出人才，出好人才，大力发展职业技术教育，扩大高等教育的办学自主权，高等教育的结构要根据国家经济建设、社会发展和科技进步的需要进行调整和改革，同时重申，我国发展教育必须要坚持公办和民办“两条腿走路”的办学方针，支持民办教育的发展。1987 年，原国家教委针对民办教育存在的问题颁布了《关于社会力量办学的若干暂行规定》，要求各地政府开始重视民办教育的发展，加强对社会力量举办学校的领导和管理，各地各级政府都通过召开会议，总结交流经验，理顺关系，促进民办教育健康发展。1993 年 2 月，中共中央颁发了《中国教育改革和发展纲要》，首次提出“国家对社会团体和公民个人依法办学，采取积极鼓励、大力支持、正确引导、加强管理”十六字方针。这个时期全国民办高校的数量增长较快，取得了一定的进展，民办高校从公办高校的“拾遗补缺”发展为社会主义教育事业的组成部分，在国家高等教育领域基本扎下了根，学校的数量和规模都得到了快速发展，所以这个阶段可以称之为“快速发展阶段”。这个时期的民办高校由聘请公办高校退休的老校长、书记、职能部门处长以及老教授承担教学管理与教学工作，教学管理人员、教师均具有较为丰富的高校管理经验和教育教学经验，为民办高校发展奠定了基础。

3. 第三阶段为规范管理阶段（1997—2016 年）

1997 年 7 月 31 日，国务院颁布《社会力量办学条例》，该条例是国家颁布的第一部规范民办教育的部门法规，开启了民办教育全面依法办学、依法管理、依法执教的征程。2002 年 12 月，全国人民代表大会常务委员会审议通过了《中华人民共和国民办教育促进法》，成为中国民办教育史上的里程碑，标志着国家对民办教育的管理进入了法制轨道。经过十多年的发展，直至 2016 年 11 月 7 日，全国人大常委会发布了《关于修改〈中华人民共和国民办教育促进法〉的决定》第二次修正，提出了民办学校分类管理的问题，举办者可以自主选择举办营利性或者非营利性民办学校，各地相应出台具休的管理办法，落实对民办学校的规范管理。这个阶段的民办高校人才队伍的组成逐渐转变为自有人才与兼职人才共存，大多数发展比较好的民办高校以自有人才为主、聘请兼职人才为辅的队伍结构，人才队伍结构从“中间小两头大”的哑铃型结构，逐渐转变为“梭型”结构，即，由引进的年轻人和聘请的退休老教授占较大比例，中间段的骨干教师及管理人员较少，逐渐转变为由自己培养成长起来的自有人才承担教学、管理主要工作。

4. 第四阶段为特色发展与品牌建设阶段（2017 年以后）

习近平总书记主持召开中央深化改革领导小组会议并发表重要讲话，会议审议通过了《民办学校分类登记实施细则》，于 2017 年 1 月发布，该实施细则是中共中央为了贯彻落实第五十五号国家主席令和《国务院关于鼓励社会力量兴办教育促进民办教育健康发展的若干意见》的决策部署，是推进民办学校发展的重大举措。实行分类管理是国家对民办教育进行规范管理，促进民办学校特色发展的基础。实施细则的落实，使举办营利性的学校走出政策的困境，大胆探索学校特色发展之路，通过市场整合资源，将学校办出特色。而选择非营利性的学校将得到国家政策的支持，得到公众的广泛认可，可以更好地为国家承担人才教育培养的重任。虽然国家对民办高校分类管理细则尚未实质性落地，但各个省市区都相继出台了地方实施方案，使民办教育的发展明确了大方向。这个时期民办高校的举办者和管理者们虽然都在探索如何选择类别的问题，但都在思考学校如何实现特色发展，实施学校品牌战略。特别是经过国家教育部组织实施的教学工作评估后的民办高校，基本实现了办学条件基本达标，教学管理基本规范，教学质量基本保证，为特色发展奠定了良好的基础。这时民办高校的管理队伍结构、师资队伍结构均处于相对合理的状态。随着高等教育改革创新进一步深化，民办高校对人才能力水平的要求也越来越高，民办高校人才发展面临着新的机遇和挑战。

第二节 民办高校中层管理干部基本特征

本研究选择三所民办高校作为样本高校，有180位中层管理干部参与问卷调查。表现出来的民办高校中层管理干部能力基本特征如下。

一 中共党员占绝大多数

在被调查的样本中，中共党员149人，占82.8%，共青团员5人，占2.8%，民主党派9人，占5.0%，群众17人，占9.4%，详见图3-1。

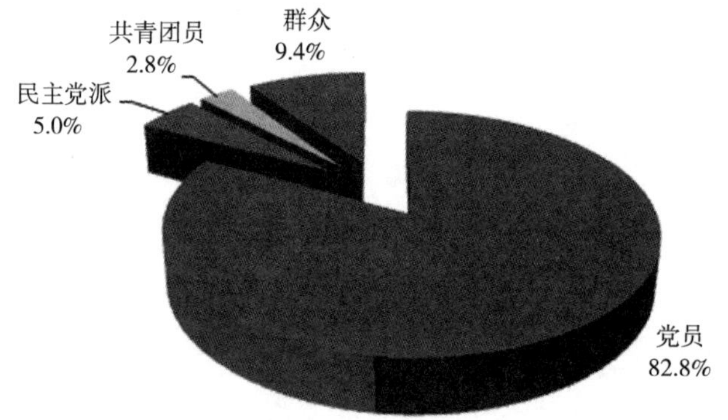

图3-1 民办高校中层管理干部政治面貌分布

二 性别均等，年龄趋于年轻化

在被调查的样本中，共有男性94人，占比52.2%，女性86人，占比47.8%。30岁以下的34人，占18.9%，31—40岁的92人，占51.1%，合计占比70%，详见图3-2。

民办高校在建校初期，基本靠聘请公办高校退休教师、管理干部运行学校教学以及内部管理工作，但近年来，随着学校的发展，自身队伍不断成长，成为学校发展依靠的重要力量。从队伍的性别结构分布看，男性、女性比例差异较小；从年龄结构看，31—50岁的人数占到70%，成为民办高校管理队伍的主体。这些人员基本是从高等学校毕业来到民办高校工作，从事高等教育工作时间短，没有经过系统管理知识、能力提升的培训，到公办高校挂职锻炼的机会少，总体来说，民办高校中层管理干部是

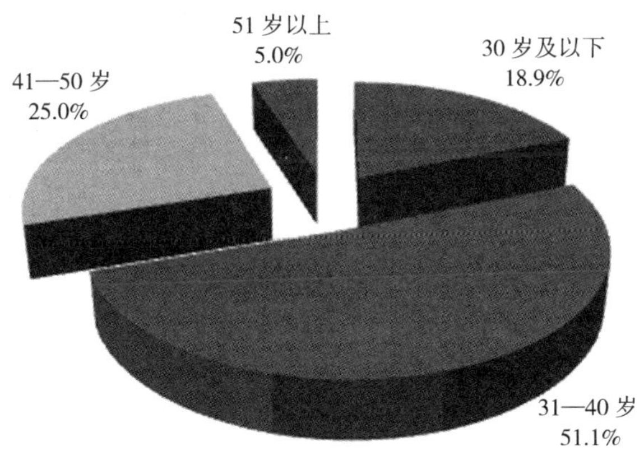

图 3－2　中层干部年龄结构分布

一支既有生机活力又需要帮助成长的队伍。

三　高学历学位人员比例显著增高

在被调查的样本中，具有硕士学位的中层管理干部 102 人，具有博士学位的 4 人，合计占比 58.9%，详见图 3－3。

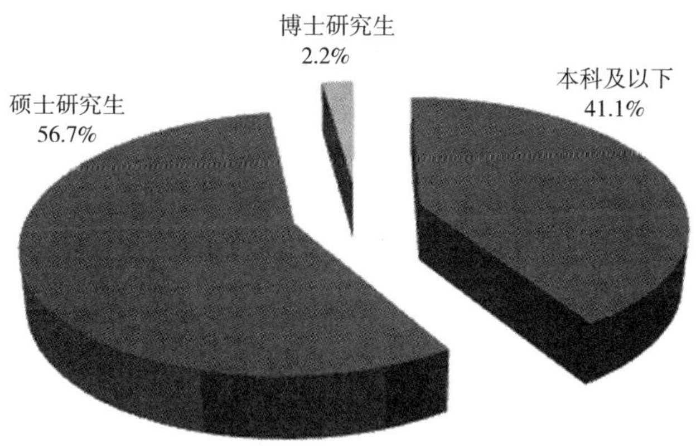

图 3－3　中层管理干部学历学位结构分布表

四　具有高级专业技术职称的人员比例增高

在被调查的样本中，具有副高职称者 63 人，占 35%，具有正高职称者 7 人，占 3.9%，合计占比 38.9%，详见图 3－4。

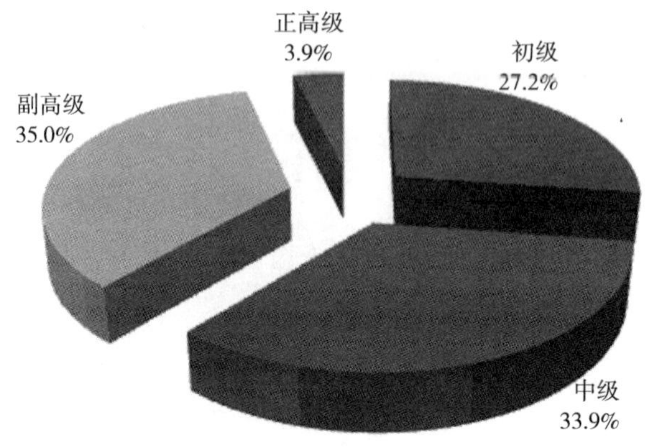

图 3－4　中层干部专业技术职务分布

五　中层管理干部人员相对稳定

在被调查样本中，担任正职者 62 人、副职者 118 人。具有 3 年以下任职经历的有 66 人，占 36.7%，3—6 年任职经历的 27 人，占 15%，6 年以上任职经历的 87 人，占 48.3%，详见图 3－5。

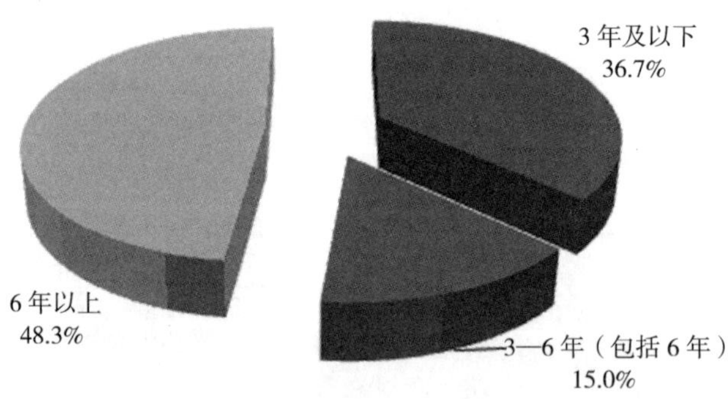

图 3－5　中层管理干部不同任职年限人员分布

目前，不少公办高校实行中层干部任职不超过两届，但是民办高校管理干部连续任职 6 年以上者将近一半，这与民办高校选人用人决策有关，也与民办高校教师队伍流动性较大的特点不同，这对民办高校发展具有重要作用。

第三节　民办高校中层管理干部能力现状

一　大局研判能力具有一定的局限性

对于民办高校中层管理干部的大局研判能力本研究从政策理解能力、战略规划能力两个维度进行了考察。

（一）关于民办高校中层管理干部的政策理解能力

本研究从两个方面进行调查：一是考察民办高校中层管理干部对国家政策的关注程度；二是考察民办高校中层管理干部对政策理解能力。

在被调查样本中，有 82 人非常关注教育主管部门网站，占 46%，有 71 人比较关注，占 39.4%，合计占比 85%，详见图 3－6。

民办高校是市场经济发展的产物，在办学初期，民办高校注重围绕市场需求开设专业，招收学生，开展教育教学活动。学校的管理者更多地关注市场变化，探讨经济规律，而对教育规律研究不够。特别是改革开放以来举办的民办高等教育，一直没有成为大众认可的教育品牌，长期以来处于高等教育的边缘，随着经济社会的发展，民办高等教育工作者们持续努力，使民办高等教育在国家高等教育发展战略中逐渐处于重要地位。长期以来，为确保学校健康持续发展，民办高校管理干部需要积极主动关注经济社会改革发展动态，关注教育改革发展动态，通过学习领会党和国家、各级教育主管部门的方针政策，把握正确的发展方向，抓住历史发展机遇，积极主动做好本职工作。

根据《国家职业教育改革实施方案》（国发〔2019〕4 号），职业教育与普通教育是两种不同教育类型，具有同等重要地位。大部分民办高校都是从自考助学的非学历教育，走上培养技术技能型人才的学历教育。民办高校应该归属于普通高等教育还是高等职业教育讨论已久，目前在国家政策的引导下，聚焦高等职业教育已逐渐达成共识。许多学校办学定位逐渐明确，也形成了一定的办学特色。

本研究通过设置问题，了解民办高校中层管理干部对职业教育与普通高等教育是两种不同类型的认识，如图 3－7 所示。在被调查样本中，有 112 人对此论断有清醒的认识，占 62.2%，有 56 人比较认同，合计占比 93.3%；在调查中，研究者还了解了中层管理干部对党的十九大报告有关

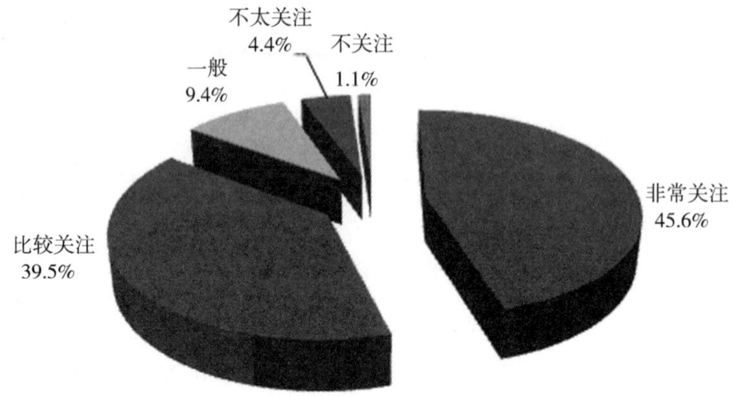

图 3-6 中层管理干部对教育主管部门网站的关注度分布

内容的熟悉程度，有 85% 以上的管理干部对党的十九大报告中关于优先发展教育、支持和规范民办教育的重要论述非常清楚，理解透彻。

以上调查结果显示，民办高校管理干部对职业教育凝聚了共识，建立了自信，特别是在一些办得好的民办高校工作的管理干部，对学校发展有了更多的信心。

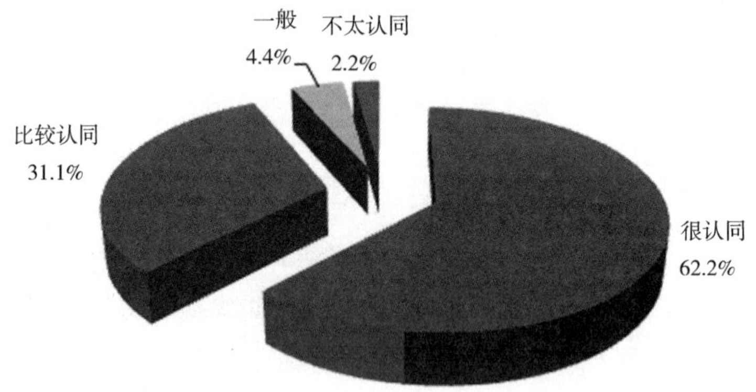

图 3-7 中层管理干部对“职业教育与普通教育是两种不同教育类型，具有同等重要地位”这一说法的认可程度

（二）关于民办高校中层管理干部的战略规划能力

本研究设置了四个选项进行调查：一是考察民办高校中层管理干部对学校绩效管理必要性的认识；二是考察民办高校中层管理干部对学校

“十三五”事业发展规划的理解情况；三是考察民办高校中层管理干部对本单位部门或分管工作的组织安排能力；四是考察民办高校中层管理干部对本单位部门/分管工作可能出现的问题和隐患的预见程度。

1. 对学校绩效管理必要性的认识

绩效管理是在企业得到广泛应用的一种管理手段，在一个组织中实施绩效管理，其目的是使各级管理者和员工能够为了达到组织目标共同参与组织的绩效计划制订、绩效辅导沟通、绩效考核评价、绩效结果应用、绩效目标提升的持续循环过程，绩效管理的目的是持续提升个人、部门和组织的绩效。民办高校是市场经济的产物，特别是发展达到一定规模后，为了学校的有效运行，投资者与管理者首先想到的管理办法就是借用企业管理方法——绩效管理。将学校中长期发展规划转化为年度工作要点，各单位部门根据职责分工进行分解落实，制订本单位部门的目标责任和工作计划，针对目标任务配备调度资源，集中人力财力物力实施并完成目标任务。如图 3 - 8 所示，对学校实施绩效管理必要性的认识进行调查，在被调查样本中，有 96 人认为非常必要，占 53.3%，有 78 人认为有一定必要，占 43.3%，合计占比 96.7%。

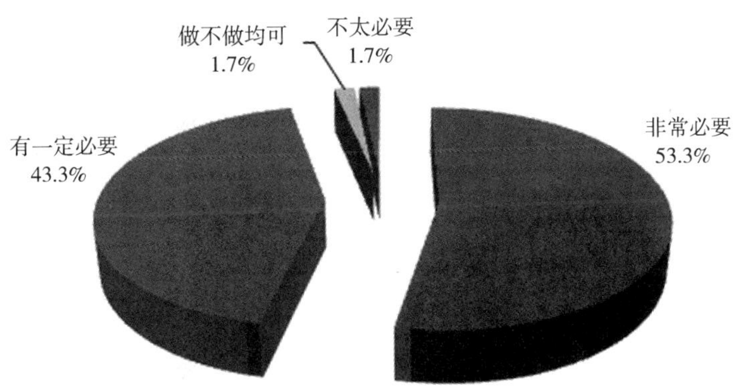

图 3 - 8　中层管理干部对学校实施绩效管理必要性认识人数分布

从调查结果看，在目前的民办高校中有 53.3% 的中层管理干部对学校在管理过程中引入绩效管理理论与方法非常认可，有 46.7% 的管理干部不够认可或不予认可。按照学校管理运行的实际情况，中层管理干部起着桥梁和纽带的作用，目前的调查结果显示，民办高校的中层管理干部对学校目前推行的战略绩效管理尚未形成一致认同，势必会影响其对学校战略规划的理解和执行力。

2. 对学校“十三五”事业发展规划的理解情况

理解本单位部门在实现学校“十三五”事业发展规划中的责任，进而识别关键核心目标指标并予以重点跟踪和关注，是民办高校中层管理干部战略规划能力的重要体现。如图 3－9 所示，在被调查样本中，有 8 人认为对于学校“十三五”事业发展规划分解落实为本部门以及分管工作关键绩效指标认为是非常容易，仅占 4.4%，有 54 人认为比较容易，占 30.0%，57 人认为分解落实没有太大难度，占 31.7%，而 57 人认为分解落实有难度，占 31.7%，且 4 人认为很难，占 2.2%。

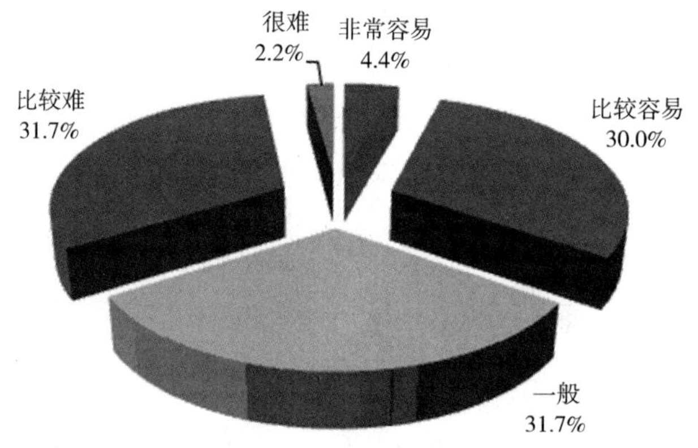

图 3－9 对学校“十三五”事业发展规划理解的难易程度分布

结果显示，有 33.9% 的中层管理干部感觉有难度，原因可能与学校没有吸纳广大中层管理干部参与规划制定，或没有在中层管理干部中广泛进行规划宣讲、解读有关，但是规划作为学校发展过程中的重要文件，在被调查学校中均以正式文件发放，没有得到中层管理干部的足够重视，确实是一个问题，反映出这一问题与民办高校的中层管理干部对学校发展重大问题的敏感度不够，对发展战略的理解和统筹规划能力不高有关。

3. 对本单位部门或分管工作的组织安排

中层管理干部作为部门负责人，其主要职责是带领团队承担学校管理职能，并有效运行。所以能够做到科学合理地识别工作目标，理解关键业绩指标，是保证本单位部门/分管工作不偏离方向的基础，为确保达成工作目标，需要管理干部分析分解工作任务，制订工作计划。本研究设置了“您依据本单位部门/分管工作年度关键业绩指标，制定和布置部门工作任务的难易程度”这个问题，旨在考察中层管理干部对分管工作理解程度与落实的基本思路。在被调查样本中，有 12 人认为非常容易，占 6.7%，有 56 人认为比较容易，占 31.1%，有 55 人认为一般，没有太大难度，占 30.6%，有 54 人认为比较难，有 3 人认为很难，后两项合计占比 31.7%，详见图 3－10。调查结果显示，在民办高校中层管理干部中有 31.7% 的岗位人员根据学校年度目标指标制定和布置工作任务时有一定的难度。中层管理干部是组织工作落实的重要枢纽，有近三分之一的中层干部不能很好而有效的理解工作目标，布置落实工作任务，这从一个侧面可以反映出本组织需要提升管理干部工作分析与规划的能力。

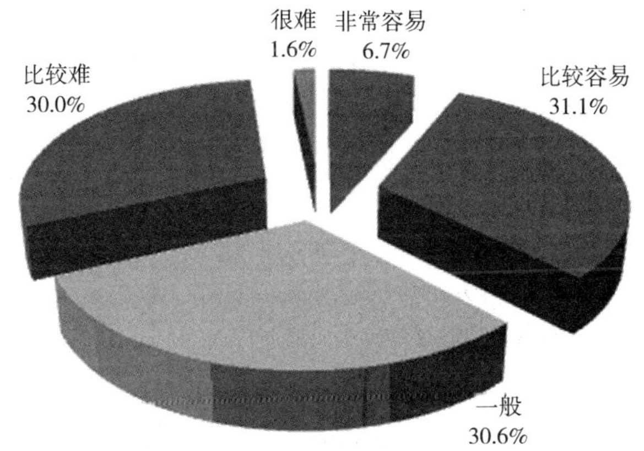

图 3－10　对本单位部门/分管工作年度关键业绩指标，制定和布置部门工作任务的难易程度调查

4. 对分管工作可能出现的问题和隐患的预见程度

在工作中针对问题和隐患采取必要措施，防患于未然，是确保各项工作任务顺利进行、工作目标顺利实现的必然要求，是管理干部统筹规划能力的具体体现之一。在被调查样本中，有 25 人表示一直能够预见到工作中可能出现的问题和隐患，占 13.9%，有 99 人认为经常能够预见到，占 55.0%，有 45 人认为一般情况，有 11 人认为偶尔能够预见，后两项合计占比 31.3%，见图 3－11。

调查结果显示，民办高校有 31.3% 的中层管理干部对工作中可能出现的问题和隐患不敏感，预见度低。提升管理质量除了要有一整套科学有序的管理办法以外，还要靠管理者的管理素质、管理知识与技能，自我发现问题，识别工作中的隐患，是持续改进工作不可缺少的重要环节，也是体现管理干部持续改进意识与能力的重要方面，从对该问题调查显示民办高校的中层管理干部对工作整体把握和系统掌控还需要进一步加强。

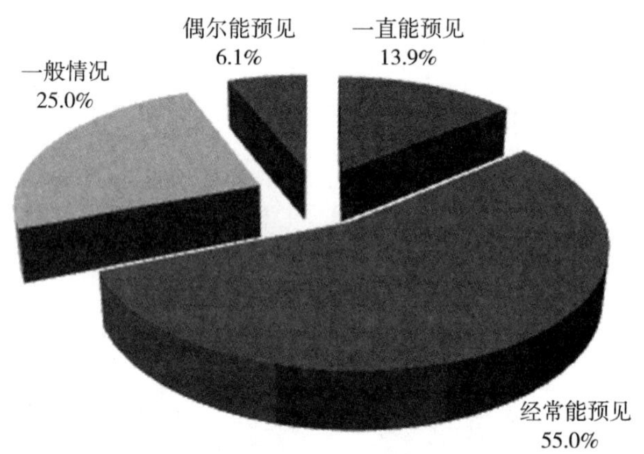

图 3－11 考察中层干部对本单位部门/分管工作可能出现的问题和隐患的预见程度分布

二 工作执行能力亟待提升

关于民办高校中层管理干部的工作执行能力，本研究从两个方面进行调查：一是考察工作推动能力；二是考察组织协调能力。

（一）对中层管理干部工作推动能力的考察

在调查民办高校中层管理干部工作推动能力时，设计了两个问题，调查结果如下。

1. 中层管理干部在工作中跨部门统筹协调资源的能力

关于跨部门统筹协调资源的情况，在被调查样本中，有 42 人能够做到很好的调度资源，占 23.3%，有 90 人能够比较好地调度所需资源，占 50.0%，有 39 人认为自己在调度资源方面做得一般，有 8 人认为比较困难，有 1 人认为做不到跨部门调度资源，前两项合计占比 73.3%，占较大比例，后三项合计占比 26.9%。结果显示，三分之二民办高校现任的中层管理干部能够较好地完成跨部门整合调度资源，协调安排工作，约三分之一的民办高校管理干部未能较好地完成跨部门整合调度资源，详见图 3－12。

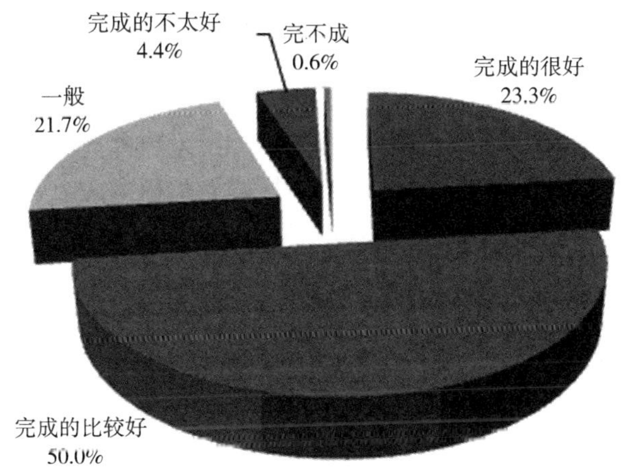

图 3－12　对本单位部门/分管工作需要使用资源的跨部门统筹协调情况

2. 对本单位部门/分管工作进行检查监督情况

关于对所负责工作进行检查监督情况，如图 3－13 所示，在被调查样本中，有 41 人对所负责工作检查监督非常到位，占 22.8%，104 人比较到位，占 57.8%，32 人认为一般，占 17.8%，3 人认为不太到位，前两项合计占比 80.6%，后三项合计占比 19.4%。结果显示，五分之一的民办高校中层管理干部需要基本管理能力培养训练。

（二）对中层管理干部组织协调能力的考察

对于组织协调能力的考察设计了四个方面的问题进行了调查：一是在承担需要多部门合作完成的工作时，对上级领导参与协调调度的需求程度；二是在工作过程中，与下属的沟通交流顺畅情况；三是采取措施调动本单位部门/分管工作所属的团队成员工作积极性的情况；四是在工作中，给予下属有效指导和辅导的情况。

1. 对中层管理干部独立工作能力的考察

设置了中层干部在接受多部门合作完成的工作任务时，需对上级领导参与协调的需求，调查结果如图 3－14 所示，在被调查的 180 人中，有 78 人很需要上级参与，占 43.3%，有 72 人比较需要上级的参与，占

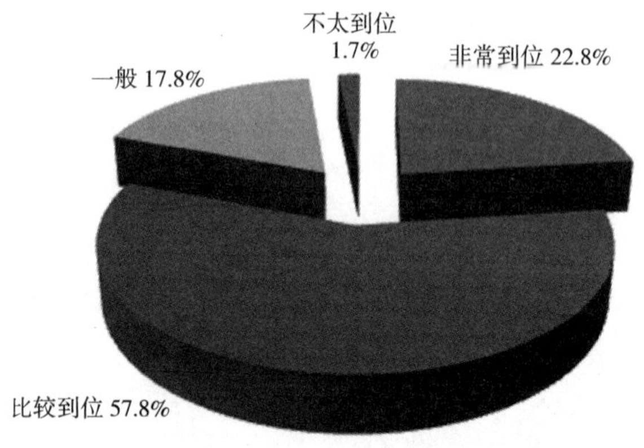

图 3-13　对本单位部门/分管工作进行检查监督的情况

40.0%，有 23 人属于一般情况，有 7 人不太需要上级领导的参与，后两项合计占比 16.7%，说明有近五分之一的民办高校中层管理干部在多部门合作完成工作时对上级领导的协调帮助依赖度低，独立完成工作的能力较强；前两项合计占比 83.3%，说明在民办高校的中层干部中，遇到综合性强的事情，处理能力尚有不足；在我们的实际工作中，遇到多部门协作的问题，需要有一个归口部门承担牵头任务，但在实际运作中总是存在困难和问题，这个情况与调查结果基本吻合。

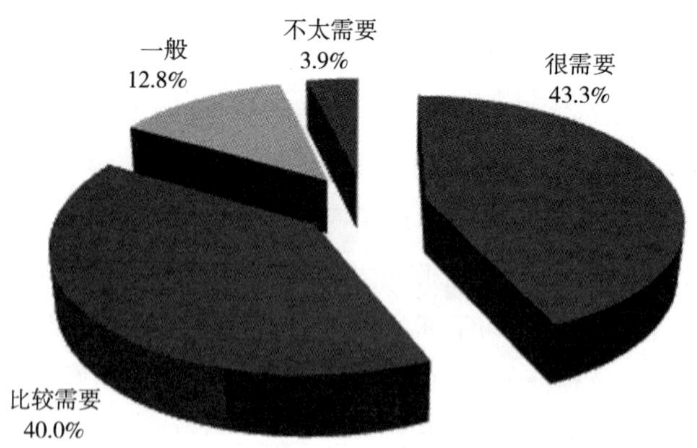

图 3-14　在承担需要多部门合作完成的工作时，您对上级领导参与协调调度的需求程度

2. 对中层管理干部与下属沟通能力的考察

在被调查样本中，有 84 人表示沟通顺畅，占 46.7%，有 88 人表示沟通比较顺畅，两项合计占比 95.6%，详见图 3-15。

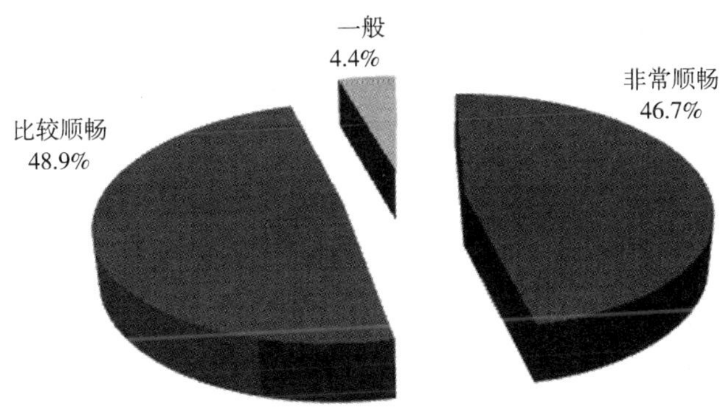

图 3-15 在工作过程中，中层干部与下属的沟通交流情况调查

3. 对中层管理干部团队建设能力的考察

关于调动团队成员工作积极性方面，在被调查样本中，有 58 人认为自己在工作中能够有效采取措施调动下属工作积极性，占 32.2%，有 106 人认为自己能够采取措施比较有效地调动下属的工作积极性，占 58.9%，两项合计 91.1%。说明目前民办高校中层管理干部具有较好的群众基础，建立了足够的自信，意识到团队建设的重要性，能够调动较为充分的团队力量完成工作任务，详见图 3-16。

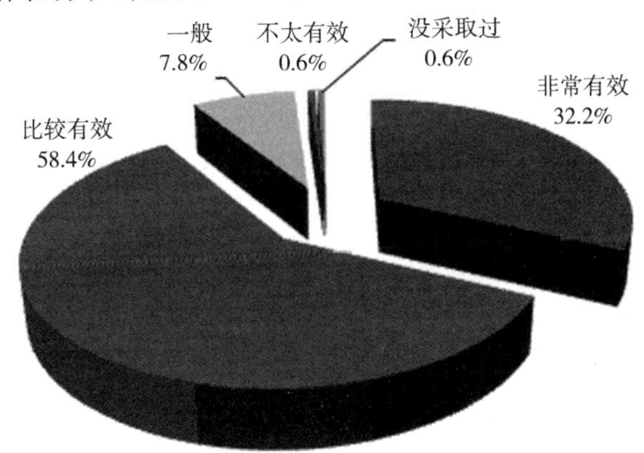

图 3-16 对中层干部采取措施调动团队成员工作积极性的情况调查

4. 关于中层管理干部给予下属指导与帮助方面的考察

在被调查样本中，有 58 人认为自己对下属在工作中给予了非常多的指导，占 32.2%，有 96 人认为给予下属指导比较多，占 53.3%，两项合计 85.6%，说明中层管理干部有较强的意识，注重团队建设，有意愿指导带领团队成员共同完成任务，详见图 3－17。

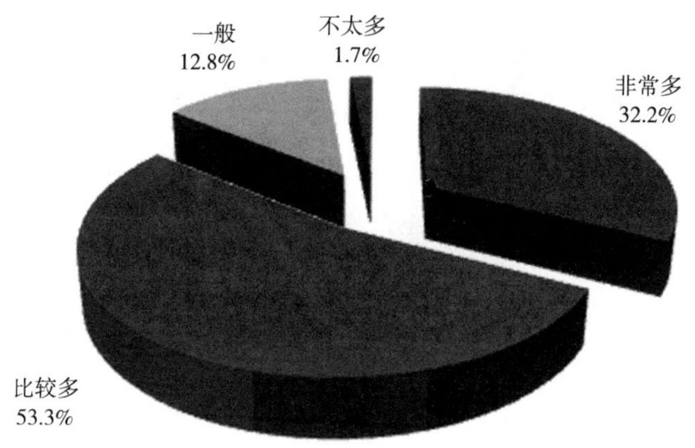

图 3－17　中层干部在工作中，给予下属有效指导和辅导情况调查

三　自我约束能力较强

关于民办高校中层管理干部的自我约束能力，本研究从两个方面进行调查。一是考察自律意识；二是考察自省能力。

通过设置情景问题对民办高校中层管理干部自律能力进行考察，具体问题是：如果您受邀前往温州与同行交流，因暴雨侵袭温州，而搭乘的飞机迫降在上海，您是选择第二天早晨再乘机飞往温州，还是选择换乘其他交通工具连夜赶到温州？在被调查样本中，有 28 人选择第二天早上再乘飞机前往温州，占 15.6%，有 152 人选择换乘其他交通工具连夜赶到，占到 84.4%。这种情景设定了前往温州的任务是开放的，有许多人共同参与，这就对守时、履约提出了严格的要求，否则将会给他人带来不便。所以，对于被试者，想方设法准时出席是一个自律意识问题，意识问题解决了，选择路径采取策略就水到渠成了。该问题结果说明大多数人都有较强的自律意识。

考察民办高校中层管理干部对自己工作的自我反思情况，在被调查样本中，有60人表示在工作中自我反思的情况非常多，占到33.3%，有106人表示比较多的情况下进行自我反思，占到58.9%，两项合计92.2%，详见图3－18。结果说明民办高校中层管理干部年轻，有一定的自律意识和自省能力，即将成为民办高校发展的重要力量。

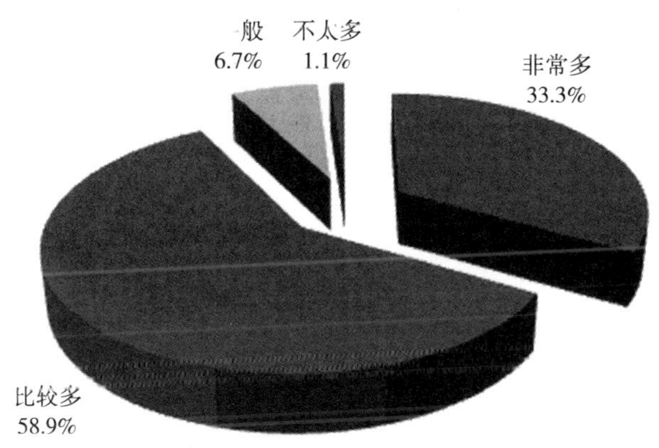

图3－18　中层干部自我反思情况调查

四　持续创新能力不足

持续创新能力是当下社会环境中谈的最多的话题，创新是组织生存发展的必然，也是一个人自我发展的基本路径。关于民办高校中层管理干部的持续创新能力，本研究从两个方面进行调查：一是考察学习发展能力；二是考察创新改进能力。

（一）对中层管理干部学习发展能力的考察

在调查民办高校中层干部学习发展能力时，设计了两个方面的问题进行了调查：近三年参加校外学习研讨次数；对自己可资利用的学习资源的识别等情况。

关于近三年参加校外学习研讨情况。在调查样本中，有57人近三年参加校外学习研讨3次以上，占31.7%，81人参加1—3次，占45.0%，两项合计占比76.7%，23.3%没有外出学习研讨。这个结果一方面，反映民办高校对管理干部学习发展重视不够；另一方面，反映部分民办高校管理干部学习发展动力不强、能力不够，详见图3－19。

关于对学习资源的利用方面，在被调查样本中，有26人认为自己可以利用的学习资源很充足，占14.4%，有84人认为比较充足，占

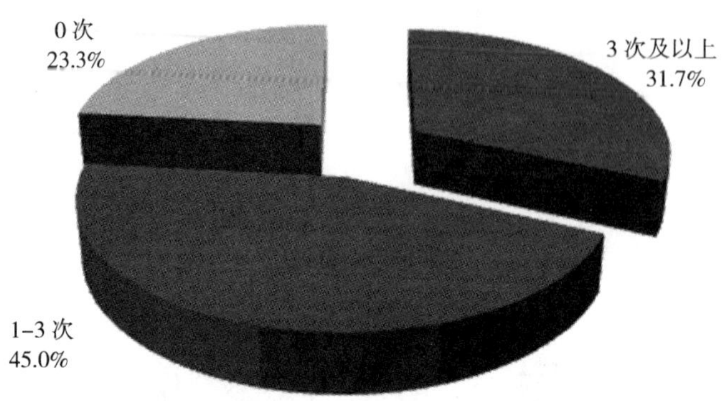

图3－19 近三年中层干部参加校外学习研讨次数统计

46.7%，两者合计占比61.1%，38.9%的民办高校管理干部对自己可资利用的学习资源的充足度不满意。在“互联网＋”环境下，教育部建有爱课程网站和中国教育干部网络学院高等教育管理干部培训平台，各个高校也都有非常充足的网络资源和课程，以及图书信息资源，都可以成为自己学习利用的资源，较大比例的民办高校管理干部中还有人员没有意识到这些资源是自己应该去主动利用的，在一定程度上反映民办高校管理干部学习发展愿望不强、能力不高，详见图3－20。

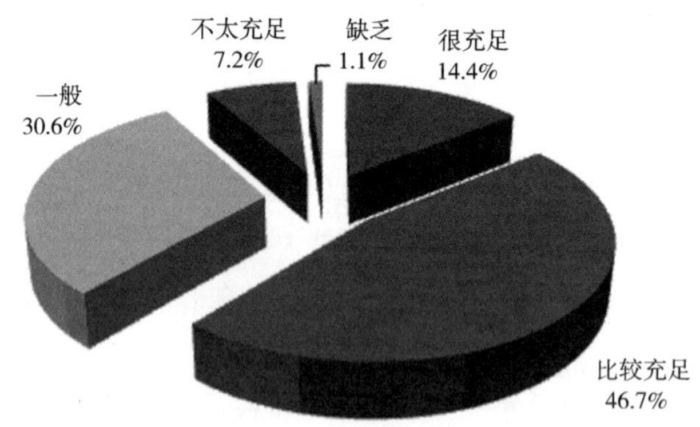

图3－20 对可以利用的学习资源情况调查

（二）对中层管理干部创新改进能力的考察

在调查民办高校中层干部创新改进能力时，设计了两个方面的问题进行了调查：一是近三年承担或完成与本职工作相关的调研报告、课题、论文等情况；二是应用信息技术改进优化工作情况。

1. 关于完成与本职工作相关的调研报告、课题、论文

在被调查样本中，有 46 人近三年完成 3 件以上，占 25.6%，有 102 人完成 1—3 件，占 56.7%，两项合计占比 82.2%。说明大多数管理干部对工作中的问题有了进行研究的意识，将做好本职工作与自我发展相结合，能够用研究思维去对待工作中的问题，通过调研形成成果，并予以发表，实现在同行中分享，详见图 3－21。

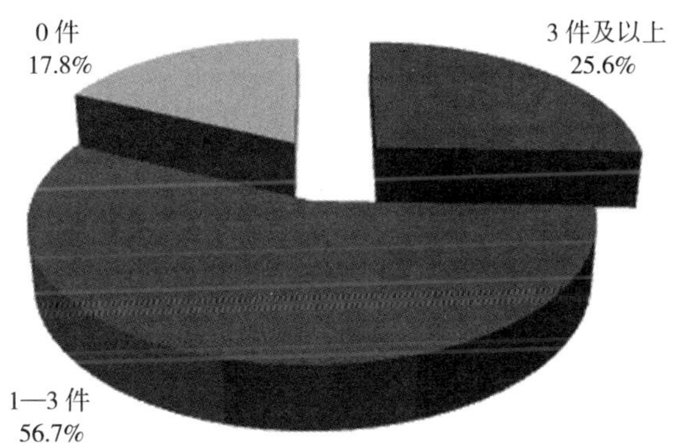

图 3－21　近三年中层干部承担或完成与本职工作相关的调研报告、课题、论文调查

2. 关于应用信息技术改进优化工作的情况

如图 3－22 所示，在被调查样本中，有 32 人能够非常熟练地应用信息技术改进工作，占 17.8%，有 97 人能够比较熟练地应用信息技术改进优化工作，占 53.9%，两项合计占比 71.7%。

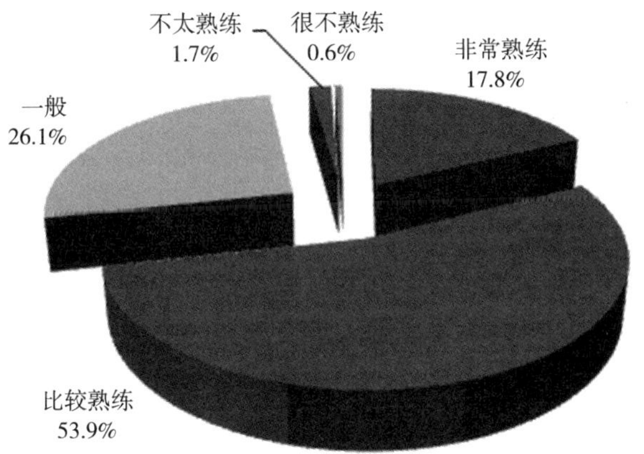

图 3－22　中层干部应用信息技术改进优化工作的情况分布

五 优势与不足

综上所述，通过对民办高校中层管理干部队伍能力进行调查发现，经过20多年的发展，民办高校体制机制优势，在中层管理干部队伍建设方面得到了较好的体现。与民办高校建校初期比，中层干部队伍建设取得了长足的进步，成为学校发展可以依赖的重要力量。在高等教育领域推进综合改革的大背景下，民办高校如何建设自己的一支队伍，逐渐减少对公办高校退休人员的依赖，做好干部队伍建设与培养是重要举措。笔者从事民办高校管理与研究多年，从实际工作出发，通过本研究探讨民办高校队伍建设的问题与影响因素，期待对民办高校发展和队伍成长有所贡献。目前看这支队伍建设情况存在一定的优势和不足。

（一）优势

1. 干部队伍年轻化，具有生机与活力。在被调查院校中，40岁以下的中层干部占到70%的比例，与建校初期比较取得了较好的建设成果。他们的学历学位情况，硕士以上占到58.9%，具有较好的学识基础，具有较为敏感的市场意识和较强的学习能力，成为学校持续发展的动力。

2. 队伍相对稳定，有利于民办高校健康发展。在被调查的中层管理干部中，任职在6年以上的占到48.3%，近一半比例，这对于民办高校继承发展自身优良传统，学习沉淀产生经验具有重要意义。

3. 大多数干部能够主动关注研究国家政策。近10年来，国家对于民办教育非常重视，从中央到地方不断出台文件，鼓励、引导、支持民办教育健康发展。这些政策落地要有一部分人理解这些政策，并能够用好这些政策，推进民办高校的发展。学校的中层干部就成为依赖的重要力量。本次调查样本学校显示，目前民办高校现任中层管理干部有一定比例的人员，比较关注国家政策发展动态，了解国家对民办教育的相关内容，为政策及时落实将会起到积极的作用。

（二）劣势

1. 队伍年轻，对学校发展战略研究不够。问卷设置了三个关于学校发展运营方面的问题，如对学校实施绩效管理必要性的认识、对学校“十三五”规划分解落实情况的把握、对本部门年度关键绩效指标的把握等因素，有近三分之一的人员尚存在较大的局限性。

2. 经验缺乏，工作执行力弱。工作执行力最突出表现为对工作任务的完成情况，执行任务过程中的资源调度能力和对工作的监督检查情况。调查显示，有近三分之一的中层管理干部在三个方面不同程度的存在不足。影响学校组织执行力，是民办高校管理干部队伍建设需要提升的重要方面。

第四章　影响民办高校干部队伍建设的环境因素

民办高校作为社会组织存在，其发展受到多种因素的影响，对于管理干部队伍建设的环境影响因素将从组织外部环境因素和内部环境因素展开分析。

第一节　组织外部的环境因素

组织外部环境因素主要包括政治环境、社会环境、教育环境等。

一　政治环境

改革开放以来，我们党对我国社会主义现代化建设作出战略安排，提出“三步走”战略目标。目前解决人民温饱问题、人民生活总体上达到小康水平的目标已经提前实现，从现在到2020年，是全面建成小康社会决胜期，达到经济更加发展、民主更加健康、科教更加进步、文化更加繁荣、社会更加和谐、人民生活更加殷实的小康社会，再奋斗三十年，全面建成社会主义现代化国家。提出优先发展教育事业，建设教育强国是中华民族伟大复兴的基础工程。加快教育改革，办好人民满意的教育。[①] 强调深化办学体制、管理体制、经费投入体制、考试招生及就业制度等方面的改革，深化学校内部管理制度、人事薪酬制度、教育管理制度等方面的改革，深化人才培养模式、教学内容及方式方法等方面的改革。[②]《教育部

---

① 习近平：《决胜全面建成小康社会　夺取新时代中国特色社会主义伟大胜利》，人民出版社2017年版，第45页。

② 刘延东：《深入学习贯彻党的十九大精神　全面开创教育改革发展新局面》，《求是》2018年第3期。

等五部门关于深化高等教育领域简政放权放管结合优化服务改革的若干意见》（教政法〔2017〕7号）的落实，在改革公办高校编制及岗位管理制度，对高校编制实行总量控制，高校可依法自主管理岗位设置，自主内设机构，取消行政级别，管理人员实行职员制，优化人才引进环境，实行自主公开招聘，自主灵活用工，依法签订劳动合同。这些制度的落实，为公办高校松绑，将更加激励公办高校人才吸引力，对民办高校吸引、稳定人才构成威胁。而在民办高校实行的政策，如2016年修订的《中华人民共和国民办教育促进法》第五条：民办学校与公办学校具有同等的法律地位，国家保障民办学校的举办者、校长、教职工和受教育者合法权益。教育部等五部委印发了《民办学校分类登记实施细则》，其中第七条规定：正式批准设立的非营利性民办学校，符合《民办非企业单位登记管理暂行条例》等有关规定的到民政部门登记为民办非企业单位，符合《事业单位登记管理暂行条例》等有关规定的到事业单位登记管理机关登记为事业单位。有一些地方出台了地方法规，开展民办高校人才享受事业单位有关社会保险福利待遇的试点，但还没有在面上推开，大部分民办高校的人才在社会保障政策方面尚未落实与公办高校同等待遇。资金投入方面政府对民办学校投入不足，资助政策主要向公办学校倾斜，长期以来，各地政府只将公办学校的投入纳入年度财政预算，而对民办学校的资助只以补贴、政策优惠的方式进行，而且两者在投入力度方面相差甚远。[①] 这些政策均是影响民办高校人才引进与稳定的直接政策因素。

二　社会环境

我国民办教育由来已久，但是在改革开放以后才得到充分发展。由于长期受计划经济体制的影响，教育机构一直以来以公办教育作为主体，而民办教育一直处于从属地位。所处的社会环境与公办教育相比有较大的差异，突出表现为社会认同度和竞争力两个方面。

（一）民办高校的社会认同度低

社会心理学家泰斐尔（H. Tajfel）提出的社会认同理论，区分了个体

---

① 周巍、安少华、何秀青：《民办学校发展面临的问题及对策研究》，《湖南财经高等专科学校学报》2008年第1期。

认同与社会认同。社会认同是指个体认识到他属于特定的社会群体，同时也认识到作为群体成员带给他的情感和价值意义，群体认同是社会成员共同拥有的信仰、价值和行动去向的集中体现，本质上是一种集体观念，与利益联系相比，注重归属感的社会认同更加具有稳定性。[①] 对于一所大学的社会认同度是指社会公众对他的办学理念、办学条件、人才培养能力、社会服务能力、社会影响力等的认可程度，这些因素也构成大学的品牌。公众对一所学校品牌的认同对这所学校而言将获得更多的无形资产，在社会上树立起良好的形象，对学校内部可以凝聚人心，汇聚力量，对外可以吸引更多的人才加盟，有利于学校长远发展。当代的民办高校是改革开放以后，市场经济的产物，办学历史短，文化积淀需要时间，政府政策支持和资金投入欠缺，政府权威机构对办学品质的评估刚刚起步，社会第三方评价机制尚未形成，致使民办高校的品牌形象在公众中尚存在偏见，社会认同度整体较低。这严重影响民办高校对于人才资源的吸引力，同时也影响其对生源的吸引力。

（二）人才竞争力弱

2019 年 1 月国务院颁布的《国家职业教育改革实施方案》，将国家对新时代职业教育的重大决策部署细化为具体行动，提出到 2022 年，职业院校教学条件基本达标，一大批普通本科高等学校向应用型转变；在教师队伍建设方面的指标是“双师型”教师（同时具备理论教学和实践教学能力的教师）占专业课教师总数超过一半，分专业建设一批国家级职业教育教师创新团队。在此政策环境下，一大批地方公办高校向应用型高校转型，国家政策、资金支持公办高职院校创建示范性职业院校。对于民办高校来说又是一轮激烈的人才竞争。因为民办高校从学校定位到人才培养目标定位均聚焦职业教育，尊重市场规律，按照经济社会发展需要设置专业、配备资源，在职业教育实施方案推出以后，使更多的地方公办院校与民办高校位于职业教育体系中，承担应用型人才培养任务，为了满足人才培养的需要，必然出现高校之间人才的竞争，民办高校在目前的政策环境下依然处于弱势地位，具有竞争优势的人才将流向公办高校，民办高校将

① 郭立场：《转型期新生代农民工社会认同问题的分析与思考》，《农村经济》2013 年第 6 期。

继续成为公办院校人才队伍的培训基地。

三 教育环境

（一）高等教育改革对人才发展的影响

据 2018 年全国教育事业发展统计公告，全国高中阶段共有学校 2.44 万所，当年招生 1352.12 万人，在校生 3931.24 万人。其中普通高中学校有 1.37 万所，当年招生 792.71 万人，在校生 2375.37 万人，占高中阶段在校生总数的 60.42%；中等职业教育（含技工学校，技工学校数据由 2017 年数据替代）共有学校 1.03 万所，当年招生 559.41 万人，在校生 1551.84 万人，中等职业教育招生占高中阶段教育招生的比例为 41.37%。全国共有普通高校 2663 所（含独立学院 265 所），毛入学率达到 48%，高等教育在学总规模 3833 万人。2018 年，召开了全国教育大会和本科教育工作会议是高等教育发展史上最重要的一年。

国务院出台了一系列文件，具有重要影响的《国家职业教育改革实施方案》（以下简称《实施方案》）具有里程碑意义，明确了职业教育改革发展的方向，为职业院校发展确定了宏伟蓝图。对于大多数民办高校，均属于职业教育重要的组成部分，对照新时代民办高校面临的目标任务，地方政府相继出台推动高等教育改革发展的举措。如《实施方案》对教师队伍建设提出了明确的要求：多措并举打造“双师型”教师队伍。“从 2019 年起，职业院校、应用型本科高校相关专业教师原则上从具有 3 年以上企业工作经历并具有高职以上学历的人员中公开招聘，特殊高技能人才（含具有高级工以上职业资格人员）可适当放宽学历要求，2020 年起基本不再从应届毕业生中招聘。加强职业技术师范院校建设，优化结构布局，引导一批高水平工科学校举办职业技术师范教育。实施职业院校教师素质提高计划，建立 100 个‘双师型’教师培养培训基地，职业院校、应用型本科高校教师每年至少 1 个月在企业或实训基地实训，落实教师 5 年一周期的全员轮训制度。探索组建高水平、结构化教师教学创新团队，教师分工协作进行模块化教学。定期组织选派职业院校专业骨干教师赴国外研修访学。在职业院校实行高层次、高技能人才以直接考察的方式公开招聘。建立健全职业院校自主聘任兼职教师的办法，推动企业工程技术人员、高技能人才和职业院校教师双向流动。职业院校通过校企合作、技术服务、社会培训、自办企业等所得收入，可按一定比例作为绩效工资来源。”这个文件为民办高校人才队伍建设指明了方向，在制定人才政策文件时要注重落实理论水平、企业背景、专业技能并重的原则，特别是在教师队伍建设方面。

（二）高等教育需求变化对人才发展的影响

随着职业教育体系的完善，职业教育涵盖了中职、高职、专科、本科、硕士、博士等层次，受教育人群从规模到结构均发生了较大的变化。从规模看，中职学生与高中学生规模达到 1∶1；高职专科在校生人数规模占高等学校在校生数的 40.13%①；民办高校在校生人数占高等教育在校生人数的 22.95%。从这些统计数据可以看出职业教育体系中在学人数规模成为目前受教育人群的主体，特别是随着高考制度的改革，高职专科受教育人群结构出现了新的变化，2019 年扩招由退役军人、下岗职工、农民工 100 万人组成，这些人进入职教教育院校，对教育的需求以职业教育技能培养为主，对师资队伍的知识、能力、素质提出新的要求。目前学校教师队伍尚不能适应高技能人才培养需求，专任教师总体数量明显偏少，“双师型”教师匮乏。职业学校教师与产业对接的程度有相当差距，不能适应技能型人才培养需求；职业学校教师补充和流动机制没有建立，企业和科研单位的高技能人才进入职业学校教师队伍的渠道不畅。民办高校要适应新要求，同时要通过一系列制度设计和政策措施，让更多业界精英走进学校，不断改善和优化学校教师队伍结构，为提高人才培养质量提供师资保障。

第二节 组织内部的环境因素

民办高校投资主体、办学体制、发展模式与公办高校明显不同，民办高校的内部环境不仅是人才发挥才智、实现自我价值的重要平台，也是影响和制约民办高校人才发展的重要因素，对人才发展发挥着至关重要的影响作用，且其影响和制约是多层面的。

---

① 教育部：《2017 年全国教育事业发展统计公报》，2018 年 7 月，教育部网站（http://www.moe.gov.cn/jyb_sjzl/sjzl_fztjgb/201807/t20180719_343508.html）。

一　体制因素

（一）办学主体对民办高校人才发展的影响

公办教育的举办者即投资者为国家或地方政府，经费由国家或地方财政支付，办学者是代表国家或政府依法办学，管理者是政府。公办学校由政府任命的组织或个人管理，管理效率和效益意识淡薄，办学行为由政府监督、控制和指导，追求办学的规范性和统一性，学校间缺乏合理的竞争，缺乏办学活力和办学特色，难于满足不同受教育者多样的教育需求。

民办教育，又名私立教育（private education），是相对于公办教育、公立教育的教育形式。根据《中华人民共和国民办教育促进法（2018 修正）》，民办教育是国家机构以外的社会组织或者个人，利用非国家财政性经费，面向社会举办学校及其他教育机构的活动。民办教育事业属于公益性事业，是社会主义教育事业的组成部分。在办学主体方面，民办教育的举办者、办学者和管理者与公办教育存在明显区别。民办教育的举办者为非政府的、能够独立承担责任的法人团体或个人，办学资金主要由举办者筹集，同时可相应收取学费、接受社会个人、其他组织或团体捐赠，办学者是受举办者或学校董事会的授权对学校进行管理，管理者主要来自两个方面，除董事会之外，还有党和政府。国家对民办教育管理方式是，积极鼓励、大力支持、正确引导、依法管理。目前大部分民办学校集所有者与管理者于一身，或者由所有者委托管理者行使管理职责，与政府的公共权力意志相比，民办学校管理者受托于具体的民意而不是抽象的公意，多少带有人格化。民办学校所有者地位举足轻重，拥有对学校办学重要事项的决策权，民办学校对人才发展的权威性、规制性大，民办学校人才的服从意识、自律意识和规则意识相对较强，对人才发展的方向、目标、方式、结果发挥着决定性作用。

（二）经营自主对民办高校人才发展的影响和制约

民办高校人才的工作动机大致有三种：一是满足生存需要，有些人才是为谋取更好的工资待遇而到民办高校工作的；二是满足社会需要，很多人才是因为热衷高校教学、科研、社会服务的工作环境而选择到民办高校工作的；三是实现自我需要，满足精神需要，特别是对于终生从教的老教授、离岗退休的领导干部、自主择业的军转干部，他们在民办高校重新找到用武之地，获得奉献的满足和生活的乐趣。

办学主体不同决定民办教育的本质特征不同于公办教育，民办教育具有独特的办学体制和办学的自主性、灵活性和个性化。对于民办高校而言，一方面，虽然同属高等教育行业，它们的职能分工和市场地位存在差异性与层级性，客观上决定了民办高校人才承担的工作内容、工作特点不同，要求其具备的工作理念、才能禀赋亦有其特殊性；另一方面，民办高校由于相对缺乏政府的公共资源，因而始终面临着不同程度的生存和发展压力，这是它的劣势同时也是它的优势所在，它不得不带有营利动机，以赢得的“利”改善办学条件，实现累计式的滚动发展。民办高等教育在办学过程中引进市场机制，激发办学活力，在办学理念、发展方式、发展策略、管理机制等方面，充分发挥自主优势，灵活地根据社会需求提供优质的教育服务，更有效地实现或接近教育终极目标。在人才发展方面，民办高等教育机构更擅于运用支持、激励、塑造、约束等机制，通过确立目标、制定制度、调配利益，引导、规范和驱动人才发展，人才依据自身发展规律选择结构方式和运行方式，使其不断适应环境要求，并对环境产生反作用。

二 机制因素

市场经济体制为民办高校生存发展营造了以竞争求生存的环境，民办高校与公办高校之间的不平等竞争、民办高校之间的过度竞争，都迫使民办高校通过强化管理体现自主优势，充分发挥市场运作机制强化管理，努力办出特色，不断提高办学质量和办学效益，获取良好办学声誉和社会认可，为生存发展奠定牢固基础。民办高校善于运用经济杠杆，合理配置人才资源，激活人才因素，提高办学效益和效率。

（一）选人用人机制对民办高校人才发展的影响

民办高校竞争择优的选拔任用机制是人才发展的总开关。人才选聘关切人才前途与命运。大部分民办高校都已经从人事制度改革领域，进行了人才选拔聘用体制改革，建立了“因事设岗、公开竞聘、择优上岗、聘用管理”的选人用人机制，为人才松绑，让人才干事创业和创新创造活力充分迸发，使人才各得其所、尽展其长，使人才“要我干”变为“我要干”，实现“能上能下、能进能出、岗变薪变”。不可否认的是，仍然存在一些问题，比如，选拔任用权力过分集中，任人唯亲现象或多或少存在，导致竞争择优机制不能充分发挥。

民办高校系统严格的考核评价机制是人才发展的指挥棒。考核评价人才发展的基础源于履职。民办高校借鉴企业管理经验，系统建立目标管理、绩效管理等管理体系，把学校发展愿景转化为中长期发展目标和战略规划，进而分解为年度工作要点，再落实为部门工作目标和岗位关键业绩指标，作为考核评价的主要依据，并以此制定考评内容、考评标准、考评形式、考评主体，将各项目的目标值设定在学校发展要求的水平和程度，各项目的权重设定在合理的比重，服务对象和上下级设定为考核主体，考核结果与晋升、奖惩、续聘等挂钩。考核评价为人才发展指明了努力标准和行为导向，对人才发展产生重要而积极的影响。

（二）育人留人机制对民办高校人才发展的影响

民办高校在人力资源建设方面采取长远长效的培养开发机制是人才发展的助力器。人才不仅要使用、要管理，更要依据学校发展进行战略性培养与开发。但是由于民办高校人员精简高效，加上重视程度不够，存在外无压力、内无动力，培养培训成为可以应付的软任务，培训与否无碍大局等现象，培养培训对人才发展的助力作用发挥不够，其问题关键在于激励与约束机制不健全、培训主体和管理主体的积极性不高、培训内容针对性差、培训方法单一陈旧等都有很大关系，需要建立科学规范、管理有效、制约有力的管理制度，对学习进步状况进行管理与考核，考核结果与提拔任用、晋级晋档、评先推优挂钩。

民办高校竞争激励的利益分配机制对人才发展起到调节作用。利益是人的需要在社会关系中的综合反映。利益往往不是人才发展的直接动力，但它是牵引、驱动、激励人才发展动力的中介和动因。完善人才收入分配、激励保障机制，使人才贡献与报酬相匹配，让一流人才做出一流贡献、得到一流待遇，最大限度地调动人才积极性和创造性。民办高校坚持全面薪酬理念，科学设计经济性报酬和非经济性报酬，充分发挥薪酬激励作用，有效调动人才发展的积极性、主动性和创造性。民办高校利益分配对人才发展的影响和作用，主要体现在对人才的工资、福利、机遇、奖励等分配意志上，通过导向、驱动、支配等机制激发人才发展动力，满足人才发展需求。

三　组织文化

（一）人才观念对民办高校人才发展的影响

组织文化是一个单位精神面貌的反映和共同价值准则的表现。在知识经济时代，组织与员工应建立双赢的战略合作伙伴关系。这种人才发展的价值理念，是不以个人意志为转移的。一方面，双方要根据市场法则确定各自的权利、义务和利益；另一方面，双方要建立共同愿景，建立信任与承诺关系，在组织发展的同时，个人也得到成长。

民办高校的人才管理与开发理念，决定其选人、用人、育人、留人的用人实践。人才是办学兴校的第一资源，尤其是当民办高校由规模发展转向内涵提升阶段之后，土地、校舍、图书、设备等硬件建设已达到一定规模和水平，而人才资源的重要性愈加凸显，人才队伍是推动民办高校发展的最核心要素。从人才角度来看，每位人才都不希望被仅仅当作办学资源来使用、被当作管理对象来管束，而是希望自己的心理期望与组织的发展需求契合，希望得到尊重和理解，借助民办高校这个工作和事业平台，自主地进行管理，发挥聪明才智，为组织发展贡献自己的力量，成就个人发展愿望。

“谁能培养和吸引更多优秀人才，谁就能在竞争中占据优势。环境好，则人才聚、事业兴；环境不好，则人才散、事业衰。”① 民办高校越是尊重知识、尊重人才、依靠人才，放手为人才发挥聪明才智创造良好条件，营造宽松环境，提供广阔平台，优先谋划人才发展，内部各种有形资源和无形资源，将通过自发的协同，达到重组有序，更易于形成支持人才干事创业、成才发展的环境和条件，把人才的才华和能量充分释放出来，极大地调动人才内在的积极性，给人向上的动力，催人奋进，人才将更加紧密地把学校发展与自身命运联系在一起，把学校视为自己情感的归宿、开拓事业的天地。

（二）人际关系对民办高校人才发展的影响

工作中良好友善的人际关系，可以使人在精神上得到解放，心理上获

---

① 习近平：《习近平在欧美同学会成立 100 周年庆祝大会上的讲话》，人民网：http://cpc.people.com.cn/n/2013/1022/c64094—23281641.html，2013 年 10 月 22 日。

得满足，产生亲近感、安全感、幸福感，从而增加主人翁意识，将个人融入集体之中；工作中适度竞争的人际关系，可以激发人们的进取心，激励人们积极进取，调动人们强大的内驱力，促进优胜劣汰、人才辈出。

人才与领导之间是领导与被领导的关系，人才与人才之间是分工与合作的关系。领导是单位的决策者、组织者，人才是工作的实施者、执行者，领导能够求贤若渴、珍惜人才，与人才之间建立互信互赖的良好关系，人才与人才之间能够尊重理解、信任关心，相互之间建立互重互助的良好关系，人才自然能够顺利发展。

现代社会生活变化速度快，人们的职业观念发展变化大。对于绝大部分公办高校人才而言，通常情况下他们将长期工作在一个单位，他们比较重视建立和维护良好的人际关系。民办高校的人才整天忙于尽职尽责、追求发展，忽视或漠视人际关系，他们往往单打独斗、孤立无援，甚至妒贤嫉能现象普遍，在需要集体合作的大项目、大课题面前，往往显得力不从心，难于取得突破，人才发展自然受到影响和制约。

第三节　环境因素对民办高校人才发展的启示

通过对影响民办高校人才发展的外部、内部环境因素的分析，对于人才队伍建设与发展理清思路，对于环境因素的改进与提升建议如下。

一是国家要平等对待。党的十八大以来，以习近平同志为核心的党中央，坚持把教育摆在优先发展的战略位置。民办高校面临着深化改革创新，肩负着服务国家新时代中国特色社会主义建设的重任。民办高校需要一流人才，呼唤从国家政策和法律法规层面，进一步提高民办高校人才地位，给予民办高校人才与公办高校人才同等的政治和经济待遇。

二是社会要倍加尊重。民办高校为国家高等教育发展从精英化走向大众化作出巨大贡献。与公办高校相比，民办高校办学时间较短、办学条件较差、人才力量薄弱；因在高等教育事业中的服务面向不同，民办高校主要招录高考分数相对较低的学生，民办高校主要培养职业技术技能人才和应用型人才。民办高校人才与公办高校人才是在人才市场中竞争、流动的结果，他们之间不存在高低贵贱之分，他们同样肩负着立德树人职责，为国家培养合格的建设者和可靠的接班人。社会各界应当摒弃偏见，给予民办高校人才应有的价值承认，应当倍加尊重民办高校人才。

三是人才要主动适应。民办高校是市场经济的产物，既要尊重教育规律，也要尊重市场规律。民办高校人才要主动适应学校办学定位、办学类型和办学层次需要，在个人已有的知识、能力和素质基础上，把个人的职业发展同学校、学院规划和岗位要求协调起来，取长补短，不断发展，为民办高校服务地方经济社会发展，开展相应的教学、科研、社会服务和文化传承工作而努力。

四是顶层要高度重视。对于民办高校投资者、举办者和管理者应当牢固树立科学的人才观，依靠人才办学兴校，正确评价人才在学校生存发展过程中所做的贡献，处理好学校发展与人才发展的关系；要尊重人才发展规律，坚持正确用人导向，科学开发人才资源，引导和激励人才发展。

五是管理要深度创新。民办高校要进一步深化用人体制机制改革，推进人才发展工作实践创新、理论创新、制度创新。人才评价是人才发展体制机制的关键环节，在发现、培养、使用、激励人才上发挥基础性作用。学校应分类推进人才评价机制改革，以岗位要求为基础，进行品德、知识、能力、业绩和贡献等要素的评价标准、评价方式和评价主体等创新，最大限度地激发和释放人才生机活力，为民办高校可持续成长和发展提供人才保障。

六是文化要开放包容。民办高校应加强对人才队伍建设与发展工作的领导，建立科学决策、分工协作、沟通交流、督促落实机制。要真诚尊重人才、关爱人才、团结人才、使用人才、成就人才，努力营造鼓励创新、宽容失败、见贤思齐的工作环境，公开平等、竞争择优的制度环境，待遇适当、无后顾之忧的生活环境，形成人才辈出、知人善任、人尽其才、才尽其用的生动局面。

第五章　影响民办高校中层管理干部能力的个体因素

前面对民办高校中层管理干部能力的内涵作出了解释，并通过调查研究，总结了民办高校中层管理干部能力现状。本章将从管理干部个体特征，包括性别、年龄、政治面貌、学历学位、专业技术职务、职位、任职年限七个方面，进一步分析其对中层管理干部四项能力的影响，为管理干部能力发展提供参考依据。

第一节　干部个体特征与大局研判能力的关系分析

党的十八大以来，党中央对领导干部提出了新要求，习近平总书记针对省部级干部指出：必须提高政治站位、树立历史眼光、强化理论思维、增强大局观念，丰富知识素养、坚持问题导向，对一些重大理论和实践问题进行思考和把握。我们高校的管理干部，肩负着为党和国家培养可靠接班人的任务，更需要有大局意识，研判能力，才能担当重任。本部分内容就干部自身个体特征因素不同，对其大局研判能力的影响做以下分析。

一　民办高校中层管理干部的个体特征与政策理解能力的差异分析

（一）民办高校不同性别中层管理干部的政策理解能力

1. 统计结果

对民办高校不同性别中层管理干部的政策理解能力进行比较分析，其均值男性大于女性，经 T 检验，F 值为 2.760，P 值大于显著性水平 0.05，说明民办高校中层管理干部的政策理解能力在男性和女性之间没有显著性差异，如表 5－1 所示。

表 5－1　不同性别管理干部政策理解能力差异性分析

性别	个案数	平均值	标准差	F 值	显著性
男	94	0.0170	0.9461	2.760	0.099
女	86	－0.0186	1.0611		

2. 结论分析

从本研究的调查样本看，民办高校男性、女性管理中层干部在政策理解能力方面没有差异。分析原因，民办高校是吸纳女性知识分子的重要组织，在教职员工中女性占比高于男性，如样本学校 B 学校女性职工比例为 62.27%，说明在民办高校中女性教职员工人数明显多于男性。因此，在调查样本中，女性占到 47% 的比例是符合民办高校发展实际情况的。

（二）民办高校不同年龄中层管理干部的政策理解能力

1. 统计结果

对民办高校不同年龄段中层管理干部的政策理解能力进行分析，其均值由低到高依次 31—40 岁人员、51 岁以上人员、41—50 岁人员、30 岁以下人员，经方差分析：F 值为 0.473，P 值为 0.702，没有显著性差异，如表 5－2 所示。

表 5－2　不同年龄管理干部政策理解能力差异性分析

年龄	个案数	平均值	标准差	显著性
30 岁及以下	34	0.1701	1.2316	0.338
31—40 岁	92	(0.0265)	0.8569	
41—50 岁	45	(0.0874)	1.1210	
51 岁及以上	9	0.0658	0.8216	
总计	180	0.0000	1.0000	

2. 结论分析

在被调查样本中，中层管理干部的年龄分为四个段，高于 51 岁的只有 9 人，占到 5% 的比例，31—40 岁年龄段的人数较多，92 人，占到 51%，样本的总体年龄处于中青年阶段，他们的成长环境、使用信息技术的能力、学习研究能力等方面差异不大，对于国家法律、法规等的学习理解方面没有较大差异。

（三）民办高校不同政治面貌中层管理干部的政策理解能力

1. 统计结果

对民办高校不同政治面貌的中层管理干部政策理解能力进行分析，其均值由低到高依次为民主党派、中共党员、共青团员、群众，经方差齐性检验，方差齐，可以进行方差分析，P 值小于 0.05，说明民办高校不同政治面貌的中层管理干部之间在政策理解能力方面存在显著性差异，如表 5－3 所示。

表 5－3　　不同政治面貌管理干部政策理解能力差异性分析

政治面貌	个案数	平均值	标准差	显著性
中共党员	149	(0.1323)	0.9705	0.000
民主党派	9	0.0423	0.5227	
群众	17	0.8910	0.8594	
共青团员	5	0.8372	1.2208	
总计	180	0.0000	1.0000	

进一步做多重比较，政策理解能力在中共党员任管理干部与群众、共青团员任管理干部之间有显著性差异，P 值小于 0.05；在民主党派、群众任管理干部之间分析，P 值也小于 0.05，具有显著性差异，如表 5－4 所示。

表 5－4　　不同政治面貌管理干部政策理解力多重比较分析

政治面貌	政治面貌	平均值差值（I—J）	标准误差	显著性
中共党员	民主党派	－0.1746	0.3266	0.5940
	群众	－1.0233	0.2436	0.0000
	共青团员	－0.9695	0.4326	0.0260
民主党派	中共党员	0.1746	0.3266	0.5940
	群众	－0.8487	0.3923	0.0320
	共青团员	－0.7949	0.5308	0.1360
群众	中共党员	1.0233	0.2436	0.0000
	民主党派	0.8487	0.3923	0.0320
	共青团员	0.0538	0.4841	0.9120

续表

政治面貌	政治面貌	平均值差值（I—J）	标准误差	显著性
共青团员	中共党员	0.9695	0.4326	0.0260
	民主党派	0.7949	0.5308	0.1360
	群众	-0.0538	0.4841	0.9120

2. 结论分析

本研究调查样本统计结果显示，中共党员 149 名，占比 82.8%，民主党派、共青团员均为个位数，分别为 9 人和 5 人，因为样本量较小，不具备代表性。但从另外一个角度看，党员干部应该加强学习，拓展信息来源渠道，提升对国家政策的学习、理解、贯彻、落实的能力。

（四）民办高校不同学历学位中层管理干部的政策理解能力

1. 统计结果

对民办高校具有不同学历学位的中层管理干部的政策理解能力进行分析，其均值由低到高依次为硕士研究生、本科及以下人员、博士研究生，经方差齐性检验方差齐，经方差分析，F 值为 2.722，P 值大于 0.05，说明不同学历学位的管理干部在政策理解能力方面没有显著性差异，如表 5-5 所示。

表 5-5　不同学历学位管理干部政策理解能力差异性分析

学历学位	个案数	平均值	标准差	显著性
本科及以下	74	(0.1936)	0.9724	0.566
硕士研究生	102	0.1504	0.9933	
博士研究生	4	(0.2550)	1.2883	
总计	180	0.0000	1.0000	

深入进行多重比较分析可知，政策理解能力在具有本科及以下学历、硕士研究生学历之间进行比较，P 值 0.024，小于 0.05，表明硕士研究生学历管理干部的政策理解力要强，如表 5-6 所示。

表 5-6 不同学历学位管理干部政策理解力多重比较分析

学历学位	学历学位	平均值差值（I—J）	标准误差	显著性	95% 置信区间	
					下限	上限
本科及以下	硕士研究生	-0.344	0.1513	0.024	-0.6425	-0.0455
	博士研究生	0.0615	0.5085	0.904	-0.942	1.0649
硕士研究生	本科及以下	0.344	0.1513	0.024	0.0455	0.6425
	博士研究生	0.4055	0.5049	0.423	-0.5909	1.4018
博士研究生	本科及以下	-0.0615	0.5085	0.904	-1.0649	0.942
	硕士研究生	-0.4055	0.5049	0.423	-1.4018	0.5909

2. 结论分析

通过以上分析结果显示，具有博士学位的中层管理干部具有较强的政策理解能力；具有硕士学位中层管理干部政策理解能力次之，进一步分析发现具有本科及以下学历与硕士学位中层管理干部之间在政策理解能力方面有显著性差异。深入分析民办高校的中层管理干部现状发现，博士学位的样本数量少，并均为民办高校在职干部通过学校选派攻读博士学位，毕业后返校继续担任二级学院院长、职能部门负责人，他们对国家的政策以及学校的政策规定理解到位，贯彻落实较好；本科学历和硕士学位的中层干部之间，本科学历中层干部的政策理解能力强，分析原因发现，本科学历的干部基本都是年龄较大、来校时间较长且均为高级职称，而硕士学位中层干部基本均为年轻初任职干部，是学校未来依靠的重要力量，是学校需要重点建设与培养的对象。

（五）民办高校不同专业技术职务中层管理干部的政策理解力

1. 统计结果

对民办高校不同专业技术职务的中层管理干部的政策理解能力进行分析，其均值由低到高依次中级、初级、副高级、正高级，经方差齐性检验，F 值为 1.898，P 大于 0.05，说明不同专业技术职务的管理干部在政策理解能力方面没有显著性差异，如表 5-7 所示。

表 5-7　不同专业技术职务的管理干部政策理解力差异性分析

专业技术职务	个案数	平均值	标准差	显著性
初级	49	0.1122	1.2378	0.132
中级	61	0.0011	0.7767	
副高级	63	(0.1645)	0.9781	
正高级	7	0.6853	0.8498	
总计	180	0.0000	1.0000	

通过多重比较发现，具有副高职称中层管理干部与具有正高职称者之间在政策理解力方面有显著性差异，P 值为 0.033，具有正高职称的中层管理干部的政策理解能力更强，如表 5-8 所示。

表 5-8　不同专业技术职务管理干部政策理解能力多重比较分析

专业技术职务	专业技术职务	平均值差值（I—J）	标准误差	显著性
初级	中级	0.1111	0.1904	0.5600
	副高级	0.2767	0.1891	0.1450
	正高级	-0.5730	0.4011	0.1550
中级	初级	-0.1111	0.1904	0.5600
	副高级	0.1656	0.1783	0.3540
	正高级	-0.6842	0.3961	0.0860
副高级	初级	-0.2767	0.1891	0.1450
	中级	-0.1656	0.1783	0.3540
	正高级	-0.8498	0.3954	0.0330
正高级	初级	0.5730	0.4011	0.1550
	中级	0.6842	0.3961	0.0860
	副高级	0.8498	0.3954	0.0330

2. 结论分析

从以上统计结果看，高级职称中层管理干部的政策理解能力较强，这与民办高校实际情况比较吻合，这部分人员有一定的工作经验，并且大部分人是在民办高校工作年限较长，进一步分析显示正高级职称的中层管理干部政策理解能力最强，这样的结果提示我们要强化中青年干部队伍建设与培养，提高政治站位，强化政策理解能力。

（六）职位与政策理解能力的关系

1. 统计结果

对民办高校不同职位中层管理干部的政策理解能力进行分析，其均值是正职大于副职，经 T 检验，F 值为 0.31，P 大于 0.05，说明正、副职中层管理干部在政策理解能力方面没有显著性差异，如表 5－9 所示。

表 5－9　　不同职位管理干部政策理解能力差异性分析

职位	个案数	平均值	标准差	F 值	显著性
正职	62	(0.0573)	1.0280	0.31	0.579
副职	118	0.0301	0.9881		
总计	180	0.0000	1.0000		

2. 结论分析

本研究样本群体年龄以 40 岁以下占大多数，50 岁以上只有 9 名，多数正职为民办高校自己从副职岗位培养起来的干部，受工作经历、经验所限，他们之间在政策理解能力方面没有差异。这个结论需要民办高校高层管理者高度重视，正职需要具备大局意识，较强政策敏锐性，才能更好地贯彻落实党和国家提出的为谁培养人、培养什么样的人、怎样培养人的问题，在干部配备标准、选拔任用干部时要注意配强中层正职。

（七）民办高校不同任职年限中层管理干部的政策理解能力

1. 统计结果

对民办高校不同任职年限的中层管理干部的政策理解能力进行分析，其均值由低到高依次为 6 年以上、3—6 年、3 年及以下，经方差齐性检验，方差齐，经分析 F 值为 4.313，P 大于 0.05，说明不同任职年限的中层管理干部在政策理解能力方面不存在显著性差异，如表 5－10 所示。

表 5-10 不同任职年限中层管理干部政策理解能力差异性分析

任职年限	个案数	平均值	标准差	显著性
3 年及以下	66	0.2825	1.0918	0.105
3—6 年（包括 6 年）	27	(0.1721)	0.8083	
6 年以上	87	(0.1609)	0.9414	
总计	180	0.0000	1.0000	

进一步进行多重比较，具有 3 年以下任职年限的中层管理干部与任职在 3—6 年、6 年以上中层管理干部之间在政策理解力方面存在显著性差异。任职年限长，对政策理解力表现不好，如表 5-11 所示。

表 5-11 不同任职年限的中层管理干部政策理解能力多重比较分析

任职年限	任职年限	平均值差值（I—J）	标准误差	显著性
3 年及以下	3—6 年（包括 6 年）	0.4546	0.2243	0.0440
	6 年以上	0.4433	0.1603	0.0060
3—6 年（包括 6 年）	3 年及以下	-0.4546	0.2243	0.0440
	6 年以上	-0.0113	0.2163	0.9580
6 年以上	3 年及以下	-0.4433	0.1603	0.0060
	3—6 年（包括 6 年）	0.0113	0.2163	0.9580

2. 结论分析

根据以上统计结果显示，任职年限越长，干部对政策理解能力越差。分析民办高校的实际情况，任职年限长的干部多数是随着民办高校成长起来的，没有公办高校工作经验，也没有机会向公办高校干部一样接受党校的培训，外出学习交流的机会相对较少，从而呈现任职时间长对政策理解能力较差；任职时间短的中青年干部，学历高、信息技术应用强，学习能力强，表现为政策理解能力较强。

（八）民办高校中层管理干部政策理解能力影响因素的多元回归分析

1. 统计结果

经过多元回归分析，中层管理干部个体特征中有政治面貌、任职年限进入回归方程，VIF 值均大于 1.000，不存在共线性；从回归分析结果来看，P值小于0.05，应拒绝回归系数显著性检验的零假设，说明政治面貌、任职年限两个自变量能够较好地解释中层管理干部政策理解能力的变化，如表5－12所示。

表5－12　　管理干部政策理解能力影响因素的多元回归分析

模型	未标准化系数		标准化系数	t	显著性	共线性统计
	B	标准误差	Beta			容差
（常量）	－1.836	0.665		－2.762	0.006	
1. 您的性别＊	－0.157	0.145	－0.078	－1.083	0.280	0.905
2. 您的年龄＊	0.023	0.120	0.018	0.191	0.849	0.533
3. 您的政治面貌＊	0.389	0.093	0.295	4.172	0.000	0.947
4. 您的学历学位＊	0.229	0.141	0.122	1.622	0.107	0.841
5. 您的专业技术职务＊	－0.010	0.107	－0.009	－0.097	0.923	0.547
6. 您所在职位＊	0.080	0.148	0.038	0.543	0.588	0.954
7. 您的任职年限＊	－0.204	0.084	－0.187	－2.414	0.017	0.793

因变量：政策理解能力（f1）

公式：f1＝－1.836＋0.295×政治面貌－0.187×任职年限

2. 结论分析

根据相关性分析，不同个体特征的中层管理干部的政策理解能力不同，经过多元回归发现政治面貌、任职年限与政策理解能力强相关，且不同政治面貌、不同任职年限之间有显著性差异。这个结果进一步说明民办高校应该重视对党员干部政策意识、大局意识的培养培训，落实干部轮岗制度，强化干部能力建设。对于在本岗位任职年限较长，且年龄较大，学习能力弱的干部及时调整；再者，在公办高校有中层干部轮岗的制度，民办高校由于资源局限，没有实行轮岗制度，从统计结果看，民办高校的中层干部也有轮岗的必要，通过轮岗解决职业倦怠问题。

二　民办高校中层管理干部的个体特征与战略规划能力的差异分析

（一）民办高校不同性别中层管理干部的战略规划能力

1. 统计结果

对民办高校不同性别中层管理干部的战略规划能力进行比较分析，战略规划能力均值男性大于女性，经 T 检验，F 值为 0.082，P 值为 0.775，大于显著性水平 0.05，说明民办高校中层管理干部男性和女性之间的战略规划能力没有显著性差异，如表 5 - 13 所示。

表 5 - 13 不同性别管理干部战略规划能力差异性分析

性别	个案数	平均值	标准差	F 值	显著性
男	94	0.0104	0.9734	0.082	0.775
女	86	-0.0114	1.0339		

2. 结论分析

从以上统计结果看，民办高校不同性别中层管理干部在战略规划能力方面没有差异，战略规划主要是对学校宏观层面的思考和较为长期的发展谋划，在民办高校女性同样具有较强的竞争力。

（二）民办高校不同年龄中层管理干部的战略规划能力

1. 统计结果

对民办高校不同年龄段中层管理干部的战略规划能力进行分析，其均值由低到高依次为 30 岁以下人员、51 岁以上人员、31—40 岁人员、41—50 岁人员，经方差齐性检验，方差齐，方差分析：F 值为 2.484，P 值为 0.062，大于 0.05，说明四个年龄段的中层管理干部在战略规划能力方面没有显著性差异，如表 5 - 14 所示。

表 5 - 14 不同年龄管理干部战略规划能力差异性分析

年龄	个案数	平均值	标准差	显著性
30 岁及以下	34	(0.0438)	1.2062	0.062
31—40 岁	92	(0.1429)	0.8972	
41—50 岁	45	0.3421	1.0338	
51 岁及以上	9	(0.0842)	0.6550	
总计	180	0.0000	1.0000	

进一步进行多重比较分析发现31—40岁、41—50岁两个年龄段的人员在战略规划能力方面有显著性差异，P值为0.008，如表5-15所示。

表5-15 不同年龄段管理干部战略规划能力多重比较分析

年龄	年龄	平均值差值（I—J）	标准误差	显著性
30岁及以下	31—40岁	0.0990	0.1983	0.618
	41—50岁	-0.3859	0.2245	0.087
	51岁及以上	0.0404	0.3703	0.913
31—40岁	30岁及以下	-0.0990	0.1983	0.618
	41—50岁	-0.4849	0.1797	0.008
	51岁及以上	-0.0587	0.3450	0.865
41—50岁	30岁及以下	0.3859	0.2245	0.087
	31—40岁	0.4849	0.1797	0.008
	51岁及以上	0.4263	0.3607	0.239
51岁及以上	30岁及以下	-0.0404	0.3703	0.913
	31—40岁	0.0587	0.3450	0.865
	41—50岁	-0.4263	0.3607	0.239

2. 结论分析

多重比较显示31—40岁年龄段与41—50岁年龄段之间的中层管理干部战略规划能力有显著性差异，年龄长的干部有较强的战略规划能力。这个结果与干部的工作经历和成长经历有关，基本符合理论依据和管理实践。

（三）民办高校不同政治面貌中层管理干部的战略规划能力

1. 统计结果

对民办高校不同政治面貌中层管理干部的战略规划能力进行分析，其均值由低到高依次为中共党员、民主党派、群众、共青团员，经方差齐性检验，方差齐，方差分析：F值为1.429，P值0.236，大于0.05，说明不同政治面貌的中层管理干部在战略规划能力方面没有显著性差异，如表5-16所示。

表 5－16　　不同政治面貌管理干部战略规划能力差异性分析

政治面貌	个案数	平均值	标准差	显著性
中共党员	149	(0.0043)	1.0031	0.236
民主党派	9	(0.1226)	0.8014	
群众	17	(0.1516)	0.8891	
共青团员	5	0.8634	1.4173	
总计	180	0.0000	1.0000	

进一步做多重比较发现，只有政治面貌在群众与共青团员之间存在显著性差异，P值为0.047，小于0.05，如表5－17所示。

表 5－17　　不同政治面貌管理干部战略规划能力多重比较分析

政治面貌	政治面貌	平均值差值（I—J）	标准误差	显著性
中共党员	民主党派	0.1184	0.3420	0.7300
	群众	0.1473	0.2551	0.5640
	共青团员	－0.8677	0.4530	0.0570
民主党派	中共党员	－0.1184	0.3420	0.7300
	群众	0.0290	0.4108	0.9440
	共青团员	－0.9860	0.5558	0.0780
群众	中共党员	－0.1473	0.2551	0.5640
	民主党派	－0.0290	0.4108	0.9440
	共青团员	－1.0150	0.5069	0.0470
共青团员	中共党员	0.8677	0.4530	0.0570
	民主党派	0.9860	0.5558	0.0780
	群众	1.0150	0.5069	0.0470

2. 结论分析

对于本项研究认为政治面貌是民主党派、共青团员的中层管理干部样本量较小，结论不具有代表性，而政治面貌中共党员与群众身份的中层管理干部在战略规划能力方面没有显著性差异，反过来说明党员干部与群众相比没有突出表现，说明需要加强党员干部能力建设，更好地发挥党员的模范带头作用。

（四）民办高校不同学历学位中层管理干部的战略规划能力

1. 统计结果

对民办高校不同学历学位中层管理干部的战略规划能力进行分析，其均值由低到高依次为硕士研究生、本科及以下人员、博士研究生，经方差齐性检验，F 值为 0.289，P 值为 0.750，大于 0.05，说明不同学历学位的中层管理干部在战略规划能力方面没有显著性差异，如表 5－18 所示。

表 5－18　　不同学历学位管理干部战略规划能力差异性分析

学历学位	个案数	平均值	标准差	显著性
本科及以下	74	(0.0611)	0.9686	0.750
硕士研究生	102	0.0491	1.0276	
博士研究生	4	(0.1216)	1.0474	
总计	180	0.0000	1.0000	

2. 结论分析

该项能力的研究结论显示：具有不同学历学位的中层管理干部战略规划能力没有差异，从均值看只有博士学位略显优势。在民办高校选拔中层干部有学历学位的要求，至少要具备本科学历，在学科专业方面没有明确要求，特别是有一些民办高校为了满足评估对硕士学位比例的要求，委托培养了一部分硕士，并在职完成学分，所以这部分干部虽然有硕士学位，但在学识基础、专业能力与本科没有拉开差距。

（五）民办高校不同专业技术职务中层管理干部的战略规划能力

1. 统计结果

对民办高校具有不同专业技术职务的中层管理干部的战略规划能力进行分析，其均值由低到高依次中级、副高级、初级、正高级，经方差齐性检验，方差齐，方差分析：F 值为 0.331，P 值 0.803，大于 0.05，说明民办高校中层管理干部在战略规划能力方面没有显著性差异，如表 5－19 所示。

表5-19　不同专业技术职务的管理干部战略规划力差异性分析

专业技术职务	个案数	平均值	标准差	显著性
初级	49	0.1067	1.1512	0.803
中级	61	0.0040	0.9763	
副高级	63	(0.0730)	0.9283	
正高级	7	(0.1244)	0.7921	
总计	180	0.0000	1.0000	

2. 结论分析

本项研究结果，从均值看，高级职称的中层管理干部的战略规划能力较强，而中、初级职称的较弱，从统计学角度分析没有显著性差异。

（六）职位与战略规划能力的关系

1. 统计结果

对民办高校不同职位中层管理干部的战略规划能力进行分析，其均值是正职大于副职，经T检验，F值为1.261，P大于0.05，说明正、副职管理干部在战略规划能力方面没有显著性差异，如表5-20所示。

表5-20　不同职位管理干部战略规划能力差异性分析

职位	个案数	平均值	标准差	F值	显著性
正职	62	0.1154	1.0160	1.261	0.263
副职	118	(0.0606)	0.9904		
总计	180	0.0000	1.0000		

2. 结论分析

战略规划是一个学校发展所依据的蓝图，制定的基础和依赖的力量主要靠职能部门和教学科研单位带头人理性的建议。如果一个单位或者部门的正职没有较强的战略规划能力，对于这个学校的发展会有较大的影响。所以在民办高校对中层正职能力素质要求需要进一步提高。

（七）民办高校不同任职年限中层管理干部的战略规划能力

1. 统计结果

对民办高校不同任职年限中层管理干部的战略规划能力进行分析，其均值由低到高依次为6年以上、3年及以下、3—6年，经方差齐性检验，F值为0.169，P大于0.05，说明不同任职年限的中层管理干部在战略规划能力方面没有显著性差异，如表5－21所示。

表5－21　　不同任职年限管理干部战略规划能力差异性分析

任职年限	个案数	平均值	标准差	显著性
3年及以下	66	（0.0313）	1.1001	0.845
3—6年（包括6年）	27	0.1002	1.1540	
6年以上	87	（0.0074）	0.8718	
总计	180	0.0000	1.0000	

2. 结论分析

本项研究结果，从均值看，任职3—6年的中层管理干部战略规划能力较强，但统计学分析没有显著性差异，说明在职培训锻炼，对较为宏观的战略规划能力的提高效果不显著，需要民办高校关注干部能力提升策略，既注重技能培训，同时也要重视干部战略意识，规划能力的培养提高。

（八）民办高校中层管理干部战略规划能力影响因素的多元回归分析

1. 统计结果

经过多元回归分析，中层管理干部个体特征中有年龄、专业技术职务进入回归方程，VIF值均大于1.000，不存在共线性；从回归分析结果来看，P值小于0.05，应拒绝回归系数显著性检验的零假设，说明年龄、专业技术职务两个自变量能够较好地解释中层管理干部战略规划能力的变化，如表5－22所示。

表5－22　　管理干部战略规划能力影响因素的多元回归分析

模型	未标准化系数		标准化系数	t	显著性	共线性统计
	B	标准误差	Beta			容差
（常量）	－0.461	0.713		－0.647	0.519	
1. 您的性别＊	－0.025	0.155	－0.013	－0.164	0.870	0.905
2. 您的年龄＊	0.358	0.129	0.281	2.779	0.006	0.533

续表

模型	未标准化系数		标准化系数	t	显著性	共线性统计
	B	标准误差	Beta			容差
3. 您的政治面貌 *	0.027	0.100	0.020	0.266	0.791	0.947
4. 您的学历学位 *	0.247	0.151	0.131	1.630	0.105	0.841
5. 您的专业技术职务 *	-0.320	0.115	-0.279	-2.790	0.006	0.547
6. 您所在职位 *	-0.183	0.159	-0.087	-1.152	0.251	0.954
7. 您的任职年限 *	-0.011	0.090	-0.010	-0.120	0.905	0.793

因变量：战略规划能力（f2）

公式：f = -0.461 + 0.281 × 年龄 - 0.279 × 专业技术职务

2. 结论分析

从以上多元回归结果看，中层管理干部的年龄、专业技术职务与其战略规划能力有相关性，一次进入回归方程，且不同年龄、不同专业技术职务之间有显著性差异。年龄为正相关，专业技术职务为负相关，年龄越大的中层管理干部其战略规划能力越强。而专业技术职务呈现职称高，其战略规划能力反而弱。在目前的民办高等教育领域，具有高学历和高职称者更愿意在学科、专业领域做出成绩，而不适合将他们放在管理岗位上。年龄较大、有一定管理经验的干部战略规划能力强，这个结果支持目前提倡的在高校管理队伍系列实行职员制，管理人员不是一定要去争取评审职称，管理岗位也不是一定要将高学历学位作为选拔任用条件。

三　民办高校不同个体特征中层管理干部的大局研判能力

本研究对于民办高校不同个体特征中层管理干部的大局研判能力从政策理解能力、战略规划能力两个维度进行了研究，结论有以下几点。

（一）党员干部的政策理解能力不强

调查研究发现，不同政治面貌的中层管理干部在政策理解力方面有差异。中共党员身份任中层管理干部的，与共青团员、非党群众任中层管理干部的人员比较，前者对政策理解能力弱。

（二）具有硕士学位的中层管理干部对政策理解力更强

在被调查样本中有 102 人为硕士学位，占比 56.7%，说明硕士学位的人员已经成为民办高校中层干部的主体，他们既具有一定的理论水平和研究能力，又不像博士那样专注理论研究，在管理岗位上通过应用研究，做好管理工作可能是较好的选择。

（三）高级职称人员政策理解能力强，但战略规划能力弱

本研究结果显示，具有正高级职称的中层干部其政策理解能力强，但在分析他们的战略规划能力时显示较弱。对于中层管理者在民办高校处于非常重要的地位，不仅要学习理解国家有关政策，更重要的是能够将其体现在学校事业规划中，落实到学校发展建设行动上。经深度访谈发现，民办高校正高职称的中层干部，较多的时间和精力用于教学和科研，他们对管理工作投入较少。

（四）41—50 岁中层管理干部战略规划能力有一定优势

本研究显示，年龄在 31—40 岁的中层管理干部与年龄在 41—50 岁的中层管理干部相比，后者的战略规划能力较强，说明具有一定工作经历和经验的成长型干部要比青年初任职管理干部的战略规划能力要强。多元回归年龄因素进入方程，且呈现正相关。

综上所述，民办高校中层管理干部的大局研判能力在不同年龄段存在显著性差异，而且成长型干部的大局研判能力最强。政治面貌是党员干部需要强化提升政策理解能力，共青团员、群众的中层干部大多属于新任职干部，其更需要学习成长。

第二节　干部个体特征与工作执行力的关系分析

组织的工作执行力强弱是该组织管理效率的重要体现，民办高校在建校初期，凭借家族成员的密切关系和高度信任，使民办高校的发展走过了条件积累初级阶段。当学校规模较大，学校发展全面进入内涵提升阶段，干部的管理能力、工作执行力成为重要因素。本研究从两个维度分析民办高校中层管理干部工作执行力：一是不同个体特征中层管理干部工作推动能力的差异性分析；二是不同个体特征中层管理干部组织协调能力的差异性分析。

一　民办高校中层管理干部的个体特征与工作推动能力的差异性分析

（一）民办高校不同性别中层管理干部的工作推动能力

1. 统计结果

对民办高校不同性别中层管理干部的工作推动能力进行比较分析，均值男性大于女性，经T检验，t统计量为5.304，自由度为169.158，P值为0.000，小于显著性水平0.05，说明中层管理干部男性和女性之间的工作推动能力存在显著性差异，且男性的工作推动力要大于女性，如表5－23所示。

表5－23　　不同性别管理干部工作推动能力差异性分析

性别	个案数	平均值	标准差	t	显著性
男	94	0.3543	0.8661	5.304	0.000
女	86	－0.3873	0.9973		

2. 结论分析

本研究考察工作推动能力主要从中层干部在工作中遇到跨部门协调资源能力、对本部门工作监督能力两个测量点。中国传统就有男主外、女主内的说法，并且男性具有较强的领导意愿，所以本项研究测量点体现出男性的优势。但在民办高校，由于资源短缺，经常需要跨部门调度资源、人员来完成工作，从而体现中层干部的工作推动能力。男性从心理特点有较强成就事业的欲望，所以在对下属监督、管理、控制方面比女性表现出较强的优势。

（二）民办高校不同年龄中层管理干部的工作推动能力

1. 统计结果

对民办高校不同年龄段中层管理干部的工作推动能力进行分析，其均值由低到高依次为31—40岁人员、41—50岁人员、51岁及以上人员、30岁及以下人员，经方差齐性检验，方差齐，方差分析：F值为128.016，P值为0.000，小于0.05，说明中层管理干部四个年龄段间在工作推动能力方面存在显著性差异，如表5－24所示。

表 5－24　　不同年龄管理干部工作推动能力差异性分析

年龄	个案数	平均值	标准差	显著性
30 岁及以下	34	(1.4469)	0.4564	0.000
31—40 岁	92	(0.0238)	0.5872	
41—50 岁	45	0.8533	0.5853	
51 岁及以上	9	1.4433	0.6046	
总计	180	0.0000	1.0000	

进一步通过多重比较分析发现，四组之间 P 值均小于 0.05，均存在显著性差异。中青年干部工作推动力强，而初任职者，年龄大者相对较强，如表 5－25 所示。

表 5－25　　不同年龄管理干部工作推动能力多重比较分析

年龄	年龄	平均值差值（I—J）	标准误差	显著性
30 岁及以下	31—40 岁	－1.4231	0.1135	0.000
	41—50 岁	－2.3002	0.1285	0.000
	51 岁及以上	－2.8902	0.2119	0.000
31—40 岁	30 岁及以下	1.4231	0.1135	0.000
	41—50 岁	－0.8771	0.1028	0.000
	51 岁及以上	－1.4671	0.1975	0.000
41—50 岁	30 岁及以下	2.3002	0.1285	0.000
	31—40 岁	0.8771	0.1028	0.000
	51 岁及以上	－0.5900	0.2064	0.005
51 岁及以上	30 岁及以下	2.8902	0.2119	0.000
	31—40 岁	1.4671	0.1975	0.000
	41—50 岁	0.5900	0.2064	0.005

2. 结论分析

本研究显示，各个年龄段之间均有显著性差异，在 30 岁及以下年龄段和 51 岁及以上年龄段工作推动能力较强，分析认为，30 岁及以下初任职年轻干部有较强的成就欲望，有激情干好工作，他们投入的时间、精力均较多，年轻干部往往有较强的沟通能力，从而在资源调度、监督检查督促下属完成工作方面有一定的优势；51 岁及以上的成熟型干部常常靠自己高度的责任心、娴熟的工作经验、以身作则的榜样力量能够赢得下属以及部门之间同事的信任和支持，对工作具有较强的推动能力。而对于处在成长阶段的中青年干部需要更加重视自我能力的提升，学校也要进一步关注这部分人的成长，这些人员是学校积累的财富，如果用不好出现流失会给学校发展带来影响。

（三）民办高校不同政治面貌中层管理干部的工作推动能力

1. 统计结果

对民办高校不同政治面貌中层管理干部的工作推动能力进行分析，其均值由低到高依次为中共党员、群众、民主党派、共青团员，经方差齐性检验方差齐，方差分析：F 值为 4.523，P 值为 0.004，小于 0.05，说明不同政治面貌的中层管理干部在工作推动能力方面存在显著性差异，如表 5-26 所示。

表 5-26 不同政治面貌管理干部工作推动能力差异性分析

政治面貌	个案数	平均值	标准差	显著性
中共党员	149	(0.0191)	0.9726	0.004
民主党派	9	0.5510	0.7858	
群众	17	0.2665	1.0853	
共青团员	5	(1.3281)	0.7754	
总计	180	0.0000	1.0000	

进一步进行多重比较分析发现，在中共党员与共青团员之间进行比较，P 值为 0.003，小于 0.05，存在显著性差异，中共党员的工作推动能力弱；在民主党派与共青团员之间比较，P 值为 0.001，也存在显著性差异，民主党派的工作推动能力强；在群众与共青团员之间比较，P 值为 0.001，小于 0.05，存在显著性差异，群众的工作推动能力强，如表 5-27 所示。

表 5 - 27　不同政治面貌管理干部工作推动能力多重比较分析

政治面貌	政治面貌	平均值差值（I—J）	标准误差	显著性	95% 置信区间	
					下限	上限
中共党员	民主党派	-0.5701	0.3335	0.089	-1.2284	0.0881
	群众	-0.2857	0.2488	0.252	-0.7766	0.2053
	共青团员	1.3089	0.4418	0.003	0.4370	2.1808
民主党派	中共党员	0.5701	0.3335	0.089	-0.0881	1.2284
	群众	0.2845	0.4006	0.479	-0.5061	1.0750
	共青团员	1.8791	0.5420	0.001	0.8094	2.9487
群众	中共党员	0.2857	0.2488	0.252	-0.2053	0.7766
	民主党派	-0.2845	0.4006	0.479	-1.0750	0.5061
	共青团员	1.5946	0.4944	0.001	0.6190	2.5702
共青团员	中共党员	-1.3089	0.4418	0.003	-2.1808	-0.4370
	民主党派	-1.8791	0.5420	0.001	-2.9487	-0.8094
	群众	-1.5946	0.4944	0.001	-2.5702	-0.6190

2. 结论分析

由于本研究样本量的因素，民主党派、共青团员较少，调查结果不具有代表性。研究显示党员干部的工作推动能力较低，是需要引起民办高校管理者重视的，特别是在党的建设、党员干部队伍建设方面要有针对性措施。

（四）民办高校不同学历学位中层管理干部的工作推动能力

1. 统计结果

对民办高校不同学位学历中层管理干部的工作推动能力进行分析，其均值由低到高依次为博士研究生、硕士研究生、本科及以下人员，经方差齐性检验，F 值为 0.293，P 大于 0.05，说明不同学历学位的中层管理干部在工作推动能力方面没有显著性差异，如表 5 - 28 所示。

表 5-28　不同学历学位管理干部工作推动能力差异性分析

学历学位	个案数	平均值	标准差	显著性
本科及以下	74	(0.0673)	1.0026	0.746
硕士研究生	102	0.0498	0.9978	
博士研究生	4	(0.0255)	1.2205	
总计	180	0.0000	1.0000	

2. 结论分析

本研究显示在不同学历学位之间，民办高校中层管理干部的工作推动能力没有差异。说明学历因素对干部的工作推动能力影响不大。

（五）民办高校不同专业技术职务中层管理干部的工作推动力

1. 统计结果

对民办高校不同专业技术职务中层管理干部的工作推动能力进行分析，其均值由低到高依次为中级、副高级、初级、正高级，经方差分析：F 值为 138.647，P 小于 0.05，说明不同专业技术职务的中层管理干部在工作推动能力方面存在显著性差异，如表 5-29 所示。

表 5-29　不同专业技术职务的管理干部工作推动力差异性分析

专业技术职务	个案数	平均值	标准差	显著性
初级	49	(1.1615)	0.6604	0.041
中级	61	(0.0408)	0.5365	
副高级	63	0.7280	0.4817	
正高级	7	1.9343	0.3233	
总计	180	0.0000	1.0000	

进行多重比较分析后发现，两两之间 P 值为 0.000，具有不同专业技术职务的中层管理干部之间在工作推动力方面均存在显著性差异。结果显示正高职称管理干部的工作推动能力最强，如表 5-30 所示。

表 5 - 30　不同专业技术职务管理干部工作推动能力多重比较分析

专业技术职务	专业技术职务	平均值差值（I—J）	标准误差	显著性	95% 置信区间	
					下限	上限
初级	中级	-1.1207	0.1055	0.000	-1.3289	-0.9125
	副高级	-1.8895	0.1047	0.000	-2.0962	-1.6828
	正高级	-3.0958	0.2222	0.000	-3.5343	-2.6573
中级	初级	1.1207	0.1055	0.000	0.9125	1.3289
	副高级	-0.7688	0.0988	0.000	-0.9637	-0.5739
	正高级	-1.9751	0.2194	0.000	-2.4081	-1.5420
副高级	初级	1.8895	0.1047	0.000	1.6828	2.0962
	中级	0.7688	0.0988	0.000	0.5739	0.9637
	正高级	-1.2063	0.2191	0.000	-1.6386	-0.7739
正高级	初级	3.0958	0.2222	0.000	2.6573	3.5343
	中级	1.9751	0.2194	0.000	1.5420	2.4081
	副高级	1.2063	0.2191	0.000	0.7739	1.6386

2. 结论分析

该项研究结果显示初级职称、正高级职称中层管理干部工作推动能力较强，这一点与年龄段具有高度一致性，分析原因，30 岁以下的初任职干部基本均为初级职称，而 51 岁及以上的成熟型干部基本均是正高级职称，结果体现初级职称、正高级职称干部的工作推动能力相对较强。

（六）民办高校不同职位中层管理干部的工作推动能力

1. 统计结果

对民办高校不同职位中层管理干部的工作推动能力进行分析，其均值是正职大于副职，经 T 检验，F 值为 4.43，P 小于 0.05，说明正、副职管理干部在工作推动能力方面存在显著性差异，且正职大于副职，如表 5 - 31 所示。

表 5 - 31　不同职位管理干部工作推动能力差异性分析

职位	个案数	平均值	标准差	F 值	显著性
正职	62	0.2144	1.0325	4.43	0.037
副职	118	（0.1126）	0.9680		
总计	180	0.0000	1.0000		

2. 结论分析

在管理岗位上正职和副职是有区别的，对于民办高校的中层管理干部正职包括职能部门一把手和教学院系一把手，肩负着主持部门全面工作的责任，特别是教学院系，在学科专业最前沿，肩负着学校如何发展、建设该学科专业的重任；副职不管是职能部门还是教学院系均作为正职的助手和参谋开展工作，责任和压力均相对较小。所以在选人、用人方面选拔正、副职是有较大区别的。本研究显示中层正职工作推动能力大于副职是符合实际情况的。

（七）民办高校不同任职年限的中层管理干部的工作推动能力

1. 统计结果

对民办高校不同任职年限中层管理干部的工作推动能力进行分析，其均值由低到高依次为3—6年、6年以上、3年及以下，经方差齐性检验，F值为25.560，P小于0.05，说明不同任职年限的中层管理干部在工作推动能力方面存在显著性差异，如表5－32所示。

表5－32　不同任职年限管理干部工作推动能力差异性分析

任职年限	个案数	平均值	标准差	显著性
3年及以下	66	（0.6046）	0.9714	0.000
3—6年（包括6年）	27	（0.0469）	0.8321	
6年以上	87	0.4733	0.8069	
总计	180	0.0000	1.0000	

进一步进行多重比较分析发现，任职3年及以下、3—6年以及6年以上之间均有显著性差异，表现为任职年限越长工作推动力越强，如表5－33所示。

表5－33　不同任职年限管理干部工作推动能力多重比较分析

任职年限	任职年限	平均值差值（I—J）	标准误差	显著性
3年及以下	3—6年（包括6年）	－0.5577	0.1998	0.0060
	6年以上	－1.0779	0.1427	0.0000

续表

任职年限	任职年限	平均值差值（I—J）	标准误差	显著性
3—6 年（包括 6 年）	3 年及以下	0.5577	0.1998	0.0060
	6 年以上	-0.5202	0.1926	0.0080
6 年以上	3 年及以下	1.0779	0.1427	0.0000
	3—6 年（包括 6 年）	0.5202	0.1926	0.0080

2. 结论分析

本研究显示，任职年限 3 年以下的初任职干部、任职 6 年以上的成熟型干部其工作推动能力均较强，呈现与干部年龄相似的结果。

（八）中层管理干部工作推动能力影响因素的多元回归分析

1. 统计结果

经过多元回归分析，中层管理干部个体特征中有性别、年龄、专业技术职务、任职年限依次进入回归方程，VIF 值均大于 1.000，不存在共线性；从回归分析结果来看，P 值小于 0.05，应拒绝回归系数显著性检验的零假设，说明性别、年龄、专业技术职务、任职年限四个自变量能够较好地解释中层管理干部工作推动能力的变化，如表 5-34 所示。

表 5-34　　管理干部工作推动能力影响因素的多元回归分析

模型	未标准化系数		标准化系数	t	显著性	共线性统计
	B	标准误差	Beta			容差
（常量）	-2.384	0.245	- -	-9.736	0.000	
1. 您的性别 *	-0.386	0.053	-0.193	-7.245	0.000	0.905
2. 您的年龄 *	0.541	0.044	0.424	12.215	0.000	0.533
3. 您的民族 *	0.199	0.174	0.029	1.141	0.256	0.973
4. 您的政治面貌 *	0.019	0.034	0.014	0.549	0.584	0.947
5. 您的学历学位 *	0.101	0.052	0.054	1.939	0.054	0.841
6. 您的专业技术职务 *	0.568	0.039	0.495	14.426	0.000	0.547

续表

模型	未标准化系数		标准化系数	t	显著性	共线性统计
	B	标准误差	Beta			容差
7. 您所在职位 *	-0.049	0.055	-0.024	-0.906	0.366	0.954
8. 您的任职年限 *	0.119	0.031	0.109	3.838	0.000	0.793

公式：f3 = -2.384 -0.193 ×性别 +0.424 ×年龄 +0.495 ×专业技术职务 +0.109 ×任职年限

2. 回归结果

中层管理干部的性别、年龄、专业技术职务、任职年限与其工作推动能力有相关性，且不同性别、不同年龄、不同专业技术职务、不同任职年限之间有显著性差异。

二 民办高校中层管理干部的个体特征与组织协调能力的差异性分析

（一）民办高校不同性别中层管理干部的组织协调能力

1. 统计结果

对民办高校不同性别中层管理干部的组织协调能力进行比较分析，其均值女性大于男性，经T检验，F值为0.178，P值为0.011，小于显著性水平0.05，说明中层管理干部男性和女性之间的组织协调能力存在显著性差异，且女性大于男性，如表5-35所示。

表5-35 不同性别管理干部组织协调能力差异性分析

性别	个案数	平均值	标准差	F值	显著性
男	94	-0.1805	0.9153	0.178	0.011
女	86	0.1973	1.0554		

2. 结论分析

组织协调来源于人际关系学，在20世纪20年代，玛丽·帕克·福利特（Mary Parker Follett）① 是最先认识到组织中人的因素重要性的学者，

① 胡河宁：《组织传播早期研究中的人际关系学派》，《今传媒》2010年第12期。

她强调管理的主要职责之一便是在员工之间建立一种积极的工作关系，她的协调理念有利于帮助组织达成和谐的氛围。有效沟通与协调能力，常常表现为表意型（主要指例会、碰头会，具有一定的情感沟通和人文性）沟通效果要大于工具型（文件、通告等）沟通，而女性干部在表达情感性、人文性方面更具优势；而协调主要来自管理学中，协调是管理的重要方式，其功能包括统一、导向、控制，组织内部协调的效果与管理者个体特征有较大的关系，如管理者分为民主型、权威型、放任型，每一种类型的领导对工作沟通协调的效果均不同，女性领导更多体现为民主型，相对而言协调沟通效果更好。

（二）民办高校不同年龄中层管理干部的组织协调能力

1. 统计结果

对民办高校不同年龄段中层管理干部的组织协调能力进行分析，其均值由低到高依次为 31—40 岁人员、30 岁以下人员、41—50 岁人员、51 岁及以上人员，经方差齐性检验方差齐，方差分析：F 值为 0.202，P 大于 0.05，说明四个年龄段的中层管理干部在组织协调能力方面没有显著性差异，如表 5－36 所示。

表 5－36　　不同年龄管理干部组织协调能力差异性分析

年龄	个案数	平均值	标准差	显著性
30 岁及以下	34	(0.0693)	1.1604	0.125
31—40 岁	92	(0.0245)	0.9228	
41—50 岁	45	0.0852	1.0878	
51 岁及以上	9	0.0865	0.7415	
总计	180	0.0000	1.0000	

2. 结论分析

本研究显示在各个年龄段之间组织协调能力没有差异。

（三）民办高校不同政治面貌中层管理干部的组织协调能力

1. 统计结果

对民办高校不同政治面貌的中层管理干部组织协调能力进行分析，其均值由低到高依次为中共党员、民主党派、共青团员、群众，经方差齐性检验，F 值为 2. 335，P 大于 0. 05，说明不同政治面貌的中层管理干部在组织协调能力方面没有显著性差异，如表 5 - 37 所示。

表 5 - 37　不同政治面貌管理干部组织协调能力差异性分析

政治面貌	个案数	平均值	标准差	显著性
中共党员	149	0. 0539	0. 9724	0. 075
民主党派	9	0. 3253	1. 0732	
群众	17	(0. 5081)	0. 9745	
共青团员	5	(0. 4644)	1. 3954	
总计	180	0. 0000	1. 0000	

进行多重比较分析后发现，中共党员与群众之间组织协调能力存在显著性差异，P 值为 0. 028，小于 0. 05，且党员干部的组织协调能力大于非党员干部；民主党派干部与非党干部之间也存在显著性差异，P 值为 0. 042，小于 0. 05，且非党员干部要大于民主党派干部，如表 5 - 38 所示。

表 5 - 38　不同政治面貌管理干部组织协调能力多重比较分析

政治面貌	政治面貌	平均值差值（I—J）	标准误差	显著性
中共党员	民主党派	-0. 2713	0. 3395	0. 4250
	群众	0. 5621	0. 2532	0. 0280
	共青团员	0. 5183	0. 4497	0. 2510
民主党派	中共党员	0. 2713	0. 3395	0. 4250
	群众	0. 8334	0. 4077	0. 0420
	共青团员	0. 7896	0. 5516	0. 1540
群众	中共党员	-0. 5621	0. 2532	0. 0280
	民主党派	-0. 8334	0. 4077	0. 0420
	共青团员	-0. 0438	0. 5031	0. 9310
共青团员	中共党员	-0. 5183	0. 4497	0. 2510
	民主党派	-0. 7896	0. 5516	0. 1540
	群众	0. 0438	0. 5031	0. 9310

2. 结论分析

本研究结论显示在政治面貌是党员和群众之间的干部，在组织协调能力方面比较，党员干部的沟通能力略低于群众，说明在对党员领导干部培训时，也要重视对沟通协调能力的培训。

（四）民办高校不同学历学位中层管理干部的组织协调能力

1. 统计结果

对民办高校不同学历学位的中层管理干部的组织协调能力进行分析，其均值由低到高依次为硕士研究生、本科及以下人员、博士研究生，经方差齐性检验，F 值为 2.564，P 大于 0.05，说明不同学历学位的中层管理干部在组织协调能力方面无显著性差异，如表 5-39 所示。

表 5-39　　不同学历学位管理干部组织协调能力差异性分析

学历学位	个案数	平均值	标准差	显著性
本科及以下	74	0.1316	1.0030	0.080
硕士研究生	102	(0.0594)	0.9925	
博士研究生	4	(0.9216)	0.5860	
总计	180	0.0000	1.0000	

进行多重比较分析后发现，在本科及以下学历学位与博士研究生之间有显著性差异，P 值为 0.040，小于 0.05，且本科学历中层管理干部的组织协调能力大于博士研究生学历学位的干部，如表 5-40 所示。

表 5-40　　不同学历学位管理干部组织协调能力多重比较分析

学历学位	学历学位	平均值差值（I—J）	标准误差	显著性
木科及以下	硕士研究生	0.1910	0.1514	0.2090
	博士研究生	1.0533	0.5089	0.0400
硕士研究生	本科及以下	-0.1910	0.1514	0.2090
	博士研究生	0.8623	0.5053	0.0900
博士研究生	本科及以下	-1.0533	0.5089	0.0400
	硕士研究生	-0.8623	0.5053	0.0900

2. 结论分析

本研究结果显示博士学位干部其组织沟通能力与本科学历干部相比要强，这个结果可以在工作实践中继续观察研究，本次由于博士样本量太少，不具有代表性。

（五）民办高校不同专业技术职务中层管理干部的组织协调能力

1. 统计结果

对民办高校不同专业技术职务的中层管理干部的组织协调能力进行分析，其均值由低到高依次中级、副高级、初级、正高级，经方差齐性检验，F 值为 0.851，P 大于 0.05，说明不同专业技术职务的中层管理干部在组织协调能力方面不存在显著性差异，如表 5－41 所示。

表 5－41　不同专业技术职务的管理干部组织协调力差异性分析

专业技术职务	个案数	平均值	标准差	显著性
初级	49	（0.1370）	1.0988	0.468
中级	61	（0.0228）	0.9248	
副高级	63	0.0832	0.9978	
正高级	7	0.4090	0.9532	
总计	180	0.0000	1.0000	

2. 结论分析

本研究结论组织协调能力在不同职称中层管理干部之间没有统计学意义。但从样本量与平均值看，初级职称者组织协调能力强，标准差值较大。说明这个群体中有一定比例的新入职硕士学位人员加入，其工作积极性高，年轻有活力，希望证明自己，努力展示自己的能力从而获得认可。

（六）民办高校不同职位中层管理干部的组织协调能力

1. 统计结果

对民办高校不同职位的中层管理干部组织协调能力进行分析，其均值是正职大于副职，经 T 检验，F 值为 1.461，P 大于 0.05，说明正、副职中层管理干部在组织协调能力方面没有显著性差异，如表 5－42 所示。

表 5 - 42　　不同职位管理干部组织协调能力差异性分析

职位	个案数	平均值	标准差	F 值	显著性
正职	62	0.1241	0.9506	1.461	0.228
副职	118	(0.0652)	1.0229		
总计	180	0.0000	1.0000		

2. 结论分析

从管理职责与承担责任的角度考虑，中层正职应该有较强的组织协调能力，本调查研究结果显示民办高校中层干部正职与副职之间在组织协调能力方面没有差异，这个结果说明民办高校干部队伍建设需要进一步强化，特别是中层正职。这一结果与现状分析中体现的中层干部管理执行能力较差，有待进一步提升相呼应，更进一步反映了干部队伍执行力现状。

（七）民办高校不同任职年限中层管理干部的组织协调能力

1. 统计结果

对民办高校不同任职年限的中层管理干部组织协调能力进行分析，其均值由低到高依次为 6 年以上、3 年及以下、3—6 年，经方差齐性检验，F 值为 0.116，P 大于 0.05，说明不同任职年限的中层管理干部在组织协调能力方面没有显著性差异，如表 5 - 43 所示。

表 5 - 43　　不同任职年限管理干部组织协调能力差异性分析

任职年限	个案数	平均值	标准差	显著性
3 年及以下	66	0.0382	1.1139	0.274
3—6 年（包括 6 年）	27	(0.0700)	0.8869	
6 年以上	87	(0.0073)	0.9503	
总计	180	0.0000	1.0000	

2. 结论分析

从均值差异看，3—6 年任职年限其组织协调能力略有优势，没有统计学意义，从另一个维度进一步证实了民办高校中层管理干部的组织协调能力不强。

（八）民办高校中层管理干部组织协调能力影响因素的多元回归分析

1. 回归结果

经过多元回归分析，中层管理干部个体特征中有性别、政治面貌、学历学位、专业技术职务依次进入回归方程，VIF 值均大于 1.000，不存在共线性；从回归分析结果来看，P 值小于 0.05，应拒绝回归系数显著性检验的零假设，说明性别、政治面貌、学历学位、专业技术职务四个自变量能够较好地解释中层管理干部组织协调能力的变化，如表 5－44 所示。

表 5－44　管理干部组织协调能力的影响因素的多元回归分析

模型	未标准化系数		标准化系数	t	显著性	共线性统计
	B	标准误差	Beta			容差
（常量）	0.743	0.687	—	1.082	0.281	—
1. 您的性别 *	0.484	0.149	0.242	3.236	0.001	0.905
2. 您的年龄 *	－0.029	0.124	－0.023	－0.234	0.815	0.533
3. 您的政治面貌 *	－0.191	0.096	－0.145	－1.978	0.049	0.947
4. 您的学历学位 *	－0.363	0.146	－0.193	－2.487	0.014	0.841
5. 您的专业技术职务 *	0.244	0.111	0.212	2.203	0.029	0.547
6. 您所在职位 *	－0.128	0.153	－0.061	－0.839	0.403	0.954
7. 您的任职年限 *	－0.072	0.087	－0.066	－0.826	0.410	0.793

公式：f4＝0.743＋0.242×性别－0.145×政治面貌－0.193×学历学位＋0.212×专业技术职务

2. 结论分析

民办高校中层管理干部的性别、政治面貌、学历学位、专业技术职务与其组织协调能力有相关性，且不同性别、不同政治面貌、不同学历学位、不同专业技术职务之间有显著性差异，中共党员、高学历学位的中层管理干部组织协调能力较弱，而女性干部其组织协调能力要强于男性；专业技术职务从相关性分析结果看，正高职称的中层管理干部其组织协调能力最强。

三　民办高校不同干个体特征中层管理干部的工作执行力

本研究对民办高校中层管理干部工作执行能力的两个维度进行考察，

具体结论如下。

（一）男性干部具有较强的工作推动能力，而女性干部呈现出较强的组织协调能力。这样的调查结果，在民办高校选拔任用干部时，要考虑到岗位对干部能力素质的要求，使不同性别干部合理配置，能够优势互补。

（二）中年成长型且任职年限在3—6年的干部工作推动能力较弱。这个年龄段在31—40岁之间，进一步研究发现，在民办高校，31—40岁之间的人员，入校初期就从事行政管理工作，时间较长，多数已经任职3—6年，这些人员年龄不大，但任职年限较长，他们的工作状态、能力需要得到民办高校管理者的高度重视。如果继续使用将要采取有效措施给予培养培训，否则将会出现职业倦怠的问题。

（三）党员干部的工作推动能力、组织协调能力均较弱。党员在中层干部中占82.8%，占有较大比例，党员干部的工作执行力对管理队伍整体工作执行力有较大的影响，需要采取有效措施强化党员干部队伍的建设。

（四）具有中级职称中层干部工作推动能力、组织协调能力均较弱。这部分人员基本均为职能部门中层干部，而高级职称基本都集中在教学单位。在职能部门的干部工作推动能力、组织协调能力均较弱，会严重影响为教学单位服务的质量和效率，需要进一步采取有针对性的措施。

第三节　干部个体特征与自我约束能力的关系分析

自我约束能力是民办高校中层管理干部核心能力之一，也是人才发展的途径和方法。自律即自我控制。民办高校中层管理干部的自律是指个人依据对民办高校生存发展规律的认识，正确确定自己的权责和规范，并据此调整个人与社会、个人与学校、自我与他人的关系，正确发挥自己的作用。自省即自我醒悟，民办高校中层管理干部的自省是指个人正确辨明、权衡和把握工作中的进退、利害和得失，正确进行自我要求、自我评价、自我反思和自我调整，不断完善自己、超越自己、升华自己的人格和思想。关于民办高校中层管理干部自我约束能力的研究，从两个维度进行，一是不同个体特征中层管理干部的自律能力差异性分析；二是不同个体特征中层管理干部的自省能力差异性分析。具体结果如下。

一 民办高校中层管理干部的个体特征与自律能力差异性分析

（一）民办高校不同性别中层管理干部的自律能力

1. 统计结果

对民办高校不同性别中层管理干部的自律能力进行比较分析，自律能力均值女性大于男性，平均等值同性 T 检验，自由度为 176.105，P 值为 0.029，小于显著性水平 0.05，说明民办高校中层管理干部男性和女性之间的自律能力有显著性差异，女性自律能力要大于男性，如表 5－45 所示。

表 5－45 不同性别管理干部自律能力差异性分析

性别	个案数	平均值	标准差	t	显著性
男	94	－0.1557	0.9826	－0.207	0.029
女	86	0.1701	0.9967		

2. 结论分析

本研究结果显示，民办高校中层管理干部中女性干部的自律能力强于男性。

（二）年龄与自律能力的关系

1. 统计结果

对民办高校不同年龄段中层管理干部的自律能力进行分析，其均值由低到高依次为 31—40 岁人员、41—50 岁人员、30 岁及以下人员、51 岁及以上人员，经方差齐性检验方差齐，方差分析：F 值为 0.844，P 大于 0.05，说明四个年龄段的中层管理干部在自律能力方面没有显著性差异，如表 5－46 所示。

表 5－46 不同年龄段管理干部自律能力差异性分析

年龄	个案数	平均值	标准差	显著性
30 岁及以下	34	(0.2013)	1.0984	0.424
31—40 岁	92	(0.0029)	0.9593	
41—50 岁	45	0.1029	0.9660	
51 岁及以上	9	0.2758	1.2165	
总计	180	0.0000	1.0000	

2. 结论分析

自律是一个伦理学范畴的术语，会受到外界环境因素的变化而变化。本研究显示，在民办高校中层管理干部的自律能力没有因为年龄不同而出现差异。

（三）民办高校不同政治面貌中层管理干部的自律能力

1. 统计结果

对民办高校不同政治面貌的中层管理干部自律能力进行分析，其均值由低到高依次为中共党员、民主党派、共青团员、群众，经方差齐性检验方差齐，方差分析：F 值为 1.977，P 大于 0.05，说明民办高校不同政治面貌的中层管理干部在自律能力方面不存在显著性差异，如表 5－47 所示。

表 5－47 不同政治面貌管理干部自律能力差异性分析

政治面貌	个案数	平均值	标准差	显著性
中共党员	149	(0.0791)	0.9650	0.119
民主党派	9	0.2246	0.9143	
群众	17	0.4836	1.0581	
共青团员	5	0.3079	1.6388	
总计	180	0.0000	1.0000	

2. 结论分析

从本研究结果分析，虽然目前民办高校不同政治面貌中层管理干部的自律能力没有显著性差异，但从党和国家对党员干部队伍建设，党员廉政建设角度分析，党员干部的自律能力应该高于群众，党员干部的自律能力需要进一步得到加强。近年来，国家教育主管部门为民办高校选派党委书记，加强民办高校党的建设，加强党员管理干部队伍建设是非常必要的。

（四）民办高校不同学历学位中层管理干部的自律能力

1. 统计结果

对民办高校不同学历学位的中层管理干部自律能力进行分析，其均值由低到高依次为硕士研究生、本科及以下人员、博士研究生，经方差齐性检验方差齐，方差分析：F 值为 0.434，P 大于 0.05，说明不同学历学位的民办高校中层管理干部在自律能力方面无明显差异，如表 5－48 所示。

表 5－48　不同学历学位管理干部自律能力差异性分析

学历学位	个案数	平均值	标准差	显著性
本科及以下	74	(0.0590)	1.0425	0.649
硕士研究生	102	0.0285	0.9529	
博士研究生	4	0.3646	1.5375	
总计	180	0.0000	1.0000	

2. 结论分析

从本研究发现民办高校中层管理干部自律能力与学历学位高低没有直接关系。

（五）民办高校不同专业技术职务中层管理干部的自律能力

1. 统计结果

对民办高校不同专业技术职务的中层管理干部自律能力进行分析，其均值由低到高依次为中级、副高级、初级、正高级，经方差齐性检验方差齐，方差分析：F 值为 1.091，P 大于 0.05，说明不同专业技术职务的民办高校中层管理干部在自律能力方面没有显著性差异，如表 5－49 所示。

表 5－49　不同专业技术职务的管理干部自律力差异性分析

专业技术职务	个案数	平均值	标准差	显著性
初级	49	(0.1538)	1.0309	0.355
中级	61	(0.0619)	0.9699	
副高级	63	0.1532	1.0092	
正高级	7	0.2376	0.9254	
总计	180	0.0000	1.0000	

2. 结论分析

从本研究发现民办高校中层管理干部自律能力与专业技术职务高低没有直接关系。

（六）民办高校不同职位中层管理干部的自律能力

1. 统计结果

对民办高校不同职位中层管理干部的自律能力进行分析，其均值是正职大于副职，经 T 检验，F 值为 1.132，P 大于 0.05，说明民办高校正、副职中层管理干部在自律能力方面没有显著性差异，如表 5 – 50 所示。

表 5 – 50　不同职位管理干部自律能力差异性分析

职位	个案数	平均值	标准差	F 值	显著性
正职	62	(0.1094)	1.1077	1.132	0.289
副职	118	0.0575	0.9384		
总计	180	0.0000	1.0000		

2. 结论分析

从本研究发现民办高校中层管理干部自律能力与任正、副职没有直接关系。

（七）民办高校不同任职年限中层管理干部的自律能力

1. 统计结果

对民办高校不同任职年限中层管理干部的自律能力进行分析，其均值由低到高依次为 3—6 年、3 年及以下、6 年以上，经方差齐性检验，F 值为 0.866，P 大于 0.05，说明不同任职年限的民办高校中层管理干部在自律能力方面没有显著性差异，如表 5 – 51 所示。

表 5 – 51　不同任职年限管理干部自律能力差异性分析

任职年限	个案数	平均值	标准差	显著性
3 年及以下	66	(0.0959)	1.0272	0.423
3—6 年（包括 6 年）	27	(0.0926)	0.9177	
6 年以上	87	0.1015	1.0046	
总计	180	0.0000	1.0000	

2. 结论分析

从本研究发现民办高校中层管理干部自律能力与任职年限没有直接关系。

（八）民办高校中层管理干部自律能力影响因素的多元回归分析

1. 回归分析

经过多元回归分析，民办高校中层管理干部个体特征中有性别、政治面貌进入回归方程，VIF 值均大于 1.000，不存在共线性；从回归分析结果来看，P 值小于 0.05，应拒绝回归系数显著性检验的零假设，说明性别、政治面貌两个自变量能够较好的解释管理干部自律能力的变化，如表 5－52所示。

表 5－52　管理干部自律能力影响因素的多元回归分析

模型	未标准化系数		标准化系数	t	显著性	共线性统计
	B	标准误差	Beta			容差
（常量）	－2.280	0.694	—	－3.284	0.001	—
1. 您的性别 *	0.435	0.151	0.218	2.879	0.005	0.905
2. 您的年龄 *	0.124	0.125	0.097	0.987	0.325	0.533
3. 您的政治面貌 *	0.268	0.097	0.203	2.752	0.007	0.947
4. 您的学历学位 *	－0.014	0.147	－0.007	－0.092	0.927	0.841
5. 您的专业技术职务 *	0.122	0.112	0.106	1.088	0.278	0.547
6. 您所在职位 *	0.289	0.155	0.138	1.869	0.063	0.954
7. 您的任职年限 *	0.092	0.088	0.085	1.048	0.296	0.793

因变量：政策理解能力（f5）

公式：f5 = －2.280 +0.218 × 性别 +0.203 × 政治面貌

2. 结论分析

民办高校中层管理干部的性别、政治面貌与其自律能力有相关性，从心理学角度分析，不同性别之间在自律能力方面存在差异是有一定理论依据的；不同政治面貌之间虽然在相关性分析没有显著性差异，但回归进入方程，说明民办高校落实立德树人根本任务，为中国特色社会主义培养新时代建设者和接班人，党员干部强化自律能力建设是有必要的。

二　民办高校中层管理干部的个体特征与自省能力差异性分析

（一）民办高校不同性别中层管理干部的自省能力

1. 统计结果

对民办高校不同性别中层管理干部的自省能力进行比较分析，自省能力均值女性大于男性，经 T 检验，F 值为 0.054，自由度 0.178，P 值为

0.000，小于显著性水平 0.05，说明管理干部男性和女性之间的自省能力存在显著性差异，且女性自省能力大于男性，如表 5－53 所示。

表 5－53 不同性别管理干部自省能力差异性分析

性别	个案数	平均值	标准差	F 值	显著性
男	94	－0.5160	0.8357	0.054	0.000
女	86	0.5640	0.8517		

2. 结论分析

本研究结果显示，民办高校中层管理干部中女性干部的自省能力强于男性。

（二）民办高校不同年龄中层管干部的自省能力

1. 统计结果

对民办高校不同年龄段中层管理干部的自省能力进行分析，其均值由低到高依次为 30 岁及以下人员、31—40 岁人员、41—50 岁人员、51 岁及以上人员，经方差齐性检验，F 值为 4.380，P 值大于 0.05，说明四个年龄段的民办高校中层管理干部在自省能力方面不存在显著性差异，如表 5－54 所示。

表 5－54 不同年龄管理干部自省能力差异性分析

年龄	个案数	平均值	标准差	显著性
30 岁及以下	34	(0.0370)	0.9931	0.952
31—40 岁	92	0.2276	0.9651	
41—50 岁	45	(0.3235)	0.9717	
51 岁及以上	9	(0.5691)	0.9818	
总计	180	0.0000	1.0000	

进行多重比较分析后发现，在 31—40 岁干部与 41—50 岁、51 岁及以上之间均存在显著性差异，P 值分别为 0.002、0.020，且年龄大者自省能力强，如表 5－55 所示。

表 5 - 55　　不同年龄管理干部自省能力多重比较分析

年龄	年龄	平均值差值（I—J）	标准误差	显著件
30 岁及以下	31—40 岁	-0. 2645	0. 1952	0. 177
	41—50 岁	0. 2865	0. 2211	0. 197
	51 岁及以上	0. 5322	0. 3647	0. 146
31—40 岁	30 岁及以下	0. 2645	0. 1952	0. 177
	41—50 岁	0. 5510	0. 1770	0. 002
	51 岁及以上	0. 7967	0. 3398	0. 02
41—50 岁	30 岁及以下	-0. 2865	0. 2211	0. 197
	31—40 岁	-0. 5510	0. 1770	0. 002
	51 岁及以上	0. 2457	0. 3552	0. 49
51 岁及以上	30 岁及以下	-0. 5322	0. 3647	0. 146
	31—40 岁	-0. 7967	0. 3398	0. 02
	41—50 岁	-0. 2457	0. 3552	0. 49

2. 结论分析

本研究通过进一步两两比较对比分析显示，在民办高校中层管理干部队伍中，年龄在 31—40 岁的群体与年龄在 41 岁及以上群体比较，自省能力有一定差异，且随着年龄增大，其自省能力在加强。

（三）民办高校不同政治面貌中层管理干部的自省能力

1. 统计结果

对民办高校不同政治面貌中层管理干部的自省能力进行分析，其均值由低到高依次为中共党员、群众、民主党派、共青团员，经方差齐性检验，方差齐，方差分析：F 值为 0. 559，P 大于 0. 05，说明民办高校不同政治面貌的中层管理干部在自省能力方面无显著性差异，如表 5 - 56 所示。

表 5 - 56　　不同政治面貌管理干部自省能力差异性分析

政治面貌	个案数	平均值	标准差	显著性
中共党员	149	0.0200	0.9767	0.642
民主党派	9	0.1951	1.1853	
群众	17	(0.1548)	1.1505	
共青团员	5	(0.4198)	0.9648	
总计	180	0.0000	1.0000	

2. 结论分析

本研究结果显示，不同政治面貌民办高校中层管理干部之间自省能力没有统计学意义，但仔细分析，对于中共党员干部自省能力均值显示偏低，这一点再一次提示民办高校要重视党员干部队伍建设。

（四）民办高校不同学历学位中层管理干部的自省能力

1. 统计结果

对民办高校不同学历学位中层管理干部的自省能力进行分析，其均值由低到高依次为硕士研究生、本科及以下人员、博士研究生，经方差齐性检验方差齐，方差分析：F 值为 58.918，P 小于 0.05，说明不同学历学位的民办高校中层管理干部在自省能力方面存在显著性差异，如表 5 - 57 所示。

表 5 - 57　　不同学历学位管理干部自省能力差异性分析

学历学位	个案数	平均值	标准差	显著性
本科及以下	74	(0.7408)	0.7534	0.000
硕士研究生	102	0.4862	0.8081	
博士研究生	4	1.3058	0.1596	
总计	180	0.0000	1.0000	

进行多重比较分析后发现，本科及以下学历、硕士研究生、博士研究生相互之间均存在显著性差异。学历学位为博士，显示其自省能力强，如表 5 - 58 所示。

表 5－58　不同学历学位管理干部自省能力多重比较分析

学历学位	学历学位	平均值差值（I—J）	标准误差	显著性
本科及以下	硕士研究生	－1.2270	0.1190	0.0000
	博士研究生	－2.0465	0.4000	0.0000
硕士研究生	本科及以下	1.2270	0.1190	0.0000
	博士研究生	－0.8195	0.3972	0.0410
博士研究生	本科及以下	2.0465	0.4000	0.0000
	硕士研究生	0.8195	0.3972	0.0410

2. 结论分析

本研究显示学历学位为博士，其自省能力强，但鉴于样本量较小，不具有代表性。结合民办高校的实际情况，近年来有一大批具有硕士学位的人员走上了中层管理干部的岗位，这个群体主要属于初任职者，研究显示自身能力较弱，符合实际情况，所以要求民办高校管理者要对具有硕士学位的中层管理干部强化自省能力的教育培养。

（五）民办高校不同专业技术职务中层管理干部的自省能力

1. 统计结果

对民办高校不同专业技术职务中层管理干部的自省能力进行分析，其均值由低到高为依次中级、初级、副高级、正高级，经方差齐性检验方差齐，方差分析：F 值为 2.828，P 大于 0.05，说明不同专业技术职务的民办高校中层管理干部在自省能力方面不存在显著性差异，如表 5－59 所示。

表 5－59　不同专业技术职务的管理干部自省能力差异性分析

专业技术职务	个案数	平均值	标准差	显著性
初级	49	（0.1972）	0.9298	0.602
中级	61	（0.1464）	1.0779	
副高级	63	0.2544	0.9060	
正高级	7	0.3666	1.2018	
总计	180	0.0000	1.0000	

进行多重比较分析后发现，初级与副高、中级与副高之间存在显著性

差异，P 值分别为 0.017、0.025，且副高级自省能力大于初级、中级，如表 5－60 所示。

表 5－60　不同专业技术职务管理干部自省能力多重比较分析

专业技术职务	专业技术职务	平均值差值（I—J）	标准误差	显著性
初级	中级	－0.0508	0.1890	0.7880
	副高级	－0.4516	0.1876	0.0170
	正高级	－0.5638	0.3980	0.1580
中级	初级	0.0508	0.1890	0.7880
	副高级	0.4008	0.1769	0.0250
	正高级	－0.5130	0.3931	0.1940
副高级	初级	0.4516	0.1876	0.0170
	中级	0.4008	0.1769	0.0250
	正高级	－0.1122	0.3924	0.7750
正高级	初级	0.5638	0.3980	0.1580
	中级	0.5130	0.3931	0.1940
	副高级	0.1122	0.3924	0.7750

2. 结论分析

本研究显示，民办高校具有初级、中级职称的中层管理干部与具有副高级职称者之间的自省能力有差异，副高级职称者略显优势。

（六）民办高校不同职位中层管理干部的自省能力

1. 统计结果

对民办高校不同职位中层管理干部的自省能力进行分析，其均值是正职大于副职，经 T 检验，F 值为 0.069，P 大于 0.05，说明正、副职管理干部在自省能力方面没有显著性差异，如表 5－61 所示。

表 5－61　不同职位管理干部自省能力差异性分析

职位	个案数	平均值	标准差	F 值	显著性
正职	62	0.0270	1.0091	0.069	0.794
副职	118	（0.0142）	0.9992		
总计	180	0.0000	1.0000		

2. 结论分析

本研究结果显示，民办高校中层管理干部在正职与副职之间自省能力没有差异。

（七）民办高校不同任职年限中层管理干部的自省能力

1. 统计结果

对民办高校不同任职年限中层管理干部的自省能力进行分析，其均值由低到高依次为3—6年、6年以上、3年及以下，经方差齐性检验，F值为0.196，P大于0.05，说明不同任职年限的民办高校中层管理干部在自省能力方面没有显著性差异，如表5－62所示。

表5－62 不同任职年限管理干部自省能力差异性分析

任职年限	个案数	平均值	标准差	显著性
3年及以下	66	0.0519	0.9745	0.822
3—6年（包括6年）	27	0.0273	1.2333	
6年以上	87	(0.0478)	0.9482	
总计	180	0.0000	1.0000	

2. 结论分析

本研究结果显示，民办高校不同任职年限的中层管理干部之间自省能力没有差异。

（八）民办高校中层管理干部自省能力影响因素的多元回归分析

1. 回归结果

经过多元回归分析，民办高校中层管理干部个体特征中有性别、年龄、学历学位、专业技术职务依次进入回归方程，VIF值均大于1.000，不存在共线性；从回归分析结果来看，P值小于0.05，应拒绝回归系数显著性检验的零假设，说明性别、年龄、学历学位、专业技术职务四个自变量能够较好的解释管理干部自省能力的变化。且女性能力较强，学历学位越高自省能力越强，副高级职称自省能力较强，年龄大的中层管理干部反而表现为自省能力相对较弱，如表5－63所示。

表 5 - 63 管理干部自省能力影响因素的多元回归分析

模型	未标准化系数		标准化系数	t	显著性	共线性统计
	B	标准误差	Beta			容差
(常量)	-1.900	0.419	—	-4.537	0.000	—
1. 您的性别 *	0.949	0.091	0.475	10.417	0.000	0.905
2. 您的年龄 *	-0.155	0.076	-0.121	-2.041	0.043	0.533
3. 您的政治面貌 *	-0.174	0.059	-0.132	-2.957	0.004	0.947
4. 您的学历学位 *	0.964	0.089	0.513	10.844	0.000	0.841
5. 您的专业技术职务 *	0.324	0.067	0.282	4.807	0.000	0.547
6. 您所在职位 *	-0.032	0.093	-0.015	-0.341	0.733	0.954
7. 您的任职年限 *	-0.070	0.053	-0.064	-1.323	0.188	0.793

公式：

f6 = -1.900 + 0.475 × 性别 - 0.121 × 年龄 - 0.132 政治面貌 + 0.513 × 学历学位 + 0.282 × 专业技术职务

2. 结论分析

多元回归分析结果显示民办高校中层管理干部不同性别、年龄、政治面貌、学历学位、专业技术职务，在自省能力方面有差异。这个结论与相关性分析过程中两两比较结果相似，具有一定的代表性。

三 民办高校中层管理干部的自我约束能力

（一）女性干部的自我约束能力高于男性

本研究从自律、自省能力两个维度进行了调查，呈现民办高校中层管理干部在自律和自省能力两个维度上存在显著的性别差异，即女性的自律性与自省性均显著高于男性。这可能与认识风格的性别差异有关，女性表现出更强的场依存性，男性表现出更强的场独立性。[①]

美国心理学家威特金（H. A. Witkin）等人发现：场依存性者对物体的知觉倾向于把外部参照作为信息加工的依据，难以摆脱环境因素的影响，他们的态度和自我知觉更易受周围的人，特别是权威人士的影响和干

① 沈政：《生理心理学的历史发展趋势》，《心理学动态》1989 年第 2 期。

扰，善于察言观色，注意并记忆言语信息中的社会内容；场独立性者对客观事物作判断时，倾向于利用自己内部的参照，不易受外来因素影响和干扰，在认知方面独立于周围的背景，倾向于在更抽象和分析的水平上加工，独立对事物做出判断。这在管理工作的其他方面也已得到验证，女性管理者更加注重外在的社会标准，情绪活动的稳定性更易受事件的影响。[①] 这样的结果在对女性干部岗位选配和使用上具有一定的参考价值。

（二）党员干部的自我约束力没有突出优势

《中国共产党党内监督条例》第八条明确规定："党的领导干部应当强化自我约束，经常对照党章检查自己的言行，自觉遵守党内政治生活准则、廉洁自律准则，加强党性修养，陶冶道德情操，永葆共产党人政治本色。"党和国家将社会组织党的建设作为新时代主要任务，民办高校承担培养党和国家经济社会发展建设者和接班人重任，教育主管部门选派了党委书记，强化民办高校党的建设。在本研究中，党员干部与群众在自我约束能力方面没有差异，说明党员和群众没有区别，党员还没有起到应有的带头作用。民办高校还需要强化党的建设，提升党员干部队伍的自律、自省能力。

（三）新上任硕士学位青年干部具有较好的自我反思能力

这说明民办高校具有一支有朝气的年轻干部队伍，是学校发展的希望所在。应继续坚持和发挥这一特点。

第四节　干部个体特征与持续创新能力的关系分析

党的十八大以来，高校进一步深化改革，强化创新创业人才培养被提到新的高度。民办高校以培养适应经济社会发展的应用型人才，创新是关键。创新有狭义的创新与广义的创新，狭义的创新主要是指发现新事物、创造新知识的能力，广义的创新是指具有创新意识和创新思维，能够在工作中应用创新意识、思维进行思考，指导工作实践。本研究旨在从广义的新角度考虑，将民办高校中层管理干部持续创新能力从以下两个维度进行调查分析：一是不同个体特征民办高校中层管理干部学习发展能力的差异性分析；二是不同个体特征民办高校中层管理干部创新改进能力的差异性分析。

---

① 彭聃龄：《普通心理学》，北京师范大学出版社 2012 年版，第 153 页。

一　民办高校中层管理干部的个体特征与学习发展能力的差异性分析

（一）民办高校不同性别中层管理干部的学习发展能力

1. 统计结果

对民办高校不同性别的中层管理干部学习发展能力进行比较分析，学习发展能力均值男性大于女性，经T检验，F值为0.848，自由度178，P值为0.045，小于显著性水平0.05，说明管理干部男性和女性之间的学习发展能力有显著性差异，且男性大于女性，如表5-64所示。

表5-64　　不同性别管理干部学习发展能力差异性分析

性别	个案数	平均值	标准差	F值	显著性
男	94	0.1428	0.9599	0.848	0.045
女	86	-0.1561	1.0250		

2. 结论分析

本研究选取民办高校中层管理干部对争取校外学习机会、挖掘学习资源的能力进行调查，结果显示男性干部学习发展能力略强于女性。

（二）民办高校不同年龄中层管理干部的学习发展能力

1. 统计结果

对民办高校不同年龄段中层管理干部的学习发展能力进行分析，其均值由低到高依次为41—50岁人员、30岁及以下人员、31—40岁人员、51岁及以上人员，经方差齐性检验方差齐，方差分析：F值为2.079，P大于0.05，说明四个年龄段的管理干部在学习发展能力方面没有显著性差异，如表5-65所示。

表5-65　　不同年龄管理干部学习发展能力差异性分析

年龄	个案数	平均值	标准差	显著性
30岁及以下	34	(0.2742)	0.8844	0.105
31—40岁	92	0.1438	1.0628	
41—50岁	45	(0.0007)	0.9443	
51岁及以上	9	(0.4305)	0.7940	
总计	180	0.0000	1.0000	

进行多重比较分析后发现，在30岁及以下年龄与31—40岁年龄段之间存在显著性差异，P值为0.037，且31—40岁年龄学习发展能力较强，如表5－66所示。

表5－66 不同年龄管理干部学习发展能力多重比较分析

年龄	年龄	平均值差值（I—J）	标准误差	显著性
30岁及以下	31—40岁	－0.4180	0.1989	0.037
	41—50岁	－0.2735	0.2252	0.226
	51岁及以上	0.1563	0.3715	0.674
31—40岁	30岁及以下	0.4180	0.1989	0.037
	41—50岁	0.1445	0.1803	0.424
	51岁及以上	0.5743	0.3461	0.099
41—50岁	30岁及以下	0.2735	0.2252	0.226
	31—40岁	－0.1445	0.1803	0.424
	51岁及以上	0.4298	0.3619	0.237
51岁及以上	30岁及以下	－0.1563	0.3715	0.674
	31—40岁	－0.5743	0.3461	0.099
	41—50岁	－0.4298	0.3619	0.237

2. 结论分析

本研究结论，民办高校中层管理干部30岁以下的新任干部与31—40岁之间的成长型干部在学习发展能力上有一定差异，显示新上任年轻干部有较强的学习发展能力，而其余各个年龄段的学习发展能力不足。

（三）民办高校不同政治面貌中层管理干部的学习发展能力

1. 统计结果

对民办高校不同政治面貌中层管理干部的学习发展能力进行分析，其均值由低到高依次为中共党员、民主党派、共青团员、群众，经方差齐性检验方差齐，方差分析：F值为1.884，P大于0.05，说明不同政治面貌的管理干部在学习发展能力方面没有显著性差异，如表5－67所示。

表 5－67 不同政治面貌管理干部学习发展能力差异性分析

政治面貌	个案数	平均值	标准差	显著性
中共党员	149	0.0599	0.9957	0.134
民主党派	9	0.1267	0.9164	
群众	17	(0.5197)	0.9826	
共青团员	5	(0.2448)	1.0636	
总计	180	0.0000	1.0000	

进行多重比较分析后发现，党员干部与非党员干部之间学习发展能力存在显著性差异，且党员的学习发展能力不足，如表 5－68 所示。

表 5－68 不同政治面貌管理干部学习发展能力多重比较分析

政治面貌	政治面貌	平均值差值（I—J）	标准误差	显著性
中共党员	民主党派	－0.0669	0.3407	0.8450
	群众	0.5796	0.2541	0.0240
	共青团员	0.3046	0.4513	0.5010
民主党派	中共党员	0.0669	0.3407	0.8450
	群众	0.6465	0.4092	0.1160
	共青团员	0.3715	0.5537	0.5030
群众	中共党员	－0.5796	0.2541	0.0240
	民主党派	－0.6465	0.4092	0.1160
	共青团员	－0.2750	0.5050	0.5870
共青团员	中共党员	－0.3046	0.4513	0.5010
	民主党派	－0.3715	0.5537	0.5030
	群众	0.2750	0.5050	0.5870

2. 结论分析

本研究结论在相关性分析没有统计学意义，但进一步做两两比较显示党员身份的干部与非党员身份的干部之间的学习发展能力存在显著性差异，党员干部的学习发展能力不强。

（四）民办高校不同学历学位中层管理干部的学习发展能力

1. 统计结果

对民办高校不同学历学位中层管理干部的学习发展能力进行分析，其均值由低到高依次为硕士研究生、本科及以下人员、博士研究生，经方差齐性检验，F 值为 1.114，P 大于 0.05，说明不同学历学位的管理干部在学习发展能力方面没有显著性差异，如表 5－69 所示。

表 5－69　不同学历学位管理干部学习发展能力差异性分析

学历学位	个案数	平均值	标准差	显著性
本科及以下	74	(0.0000)	1.0409	0.330
硕士研究生	102	0.0287	0.9769	
博士研究生	4	(0.7320)	0.6552	
总计	180	0.0000	1.0000	

2. 结论分析

本研究结论在具有不同学历学位的中层管理干部之间，学习发展能力没有统计学意义，但从均值看，本科及以下学历者学习发展能力较弱，博士研究生学历学位最高，硕士次之，说明目前在中层管理干部任职条件中将学历学位确定为硕士及以上有一定的合理性。

（五）民办高校不同专业技术职务中层管理干部的学习发展能力

1. 统计结果

对民办高校不同专业技术职务中层管理干部的学习发展能力进行分析，其均值由低到高依次为中级、副高级、初级、正高级经方差齐性检验方差齐，方差分析：F 值为 0.792，P 大于 0.05，说明不同专业技术职务的民办高校中层管理干部在学习发展能力方面没有显著性差异，如表 5－70 所示。

表 5－70　不同专业技术职务的管理干部学习发展力差异性分析

专业技术职务	个案数	平均值	标准差	显著性
初级	49	(0.1272)	0.9536	0.911
中级	61	0.0620	1.0097	
副高级	63	0.0799	1.0357	
正高级	7	(0.3690)	0.9400	
总计	180	0.0000	1.0000	

2. 结论分析

本研究显示，在民办高校具有不同专业技术职务中层管理干部之间，学习发展能力没有统计学意义。这个统计结果让民办高校的高层管理者担忧，因为在被调查样本中有一大部分是教学院部、科研院所的正副职，在民办高校进入快速发展与品牌提升阶段，教学院部与科研院所承担着教学、科研、社会服务等各个方面的重要任务。特别是在品牌创建阶段，政府、社会第三方、学生、家长等的评价均起到非常重要的作用。如政府有重点项目、重点实验室、工程技术中心、创新中心等项目；社会第三方机构有民办高校排名，排名的指标要看学校教学、科研方面取得的成果，比如发表论文、专利等；学生、家长要看毕业生就业后的薪酬待遇，学生个人发展前景等；用人单位要看学生的动手能力和职业精神等。做好这些工作，教学院部、科研院所的负责人，同时承担学科专业带头人的重任，没有较强的学习发展能力是很难适应学校人才培养需要的。这样的队伍现状会严重制约民办高校的健康发展与品牌形成。

（六）民办高校不同职位中层管理干部的学习发展能力

1. 统计结果

对民办高校不同职位中层管理干部的学习发展能力进行分析，其均值是正职大于副职，经 T 检验，F 值为 0.012，P 大于 0.05，说明正、副职管理干部在学习发展能力方面没有显著性差异，如表 5－71 所示。

表 5－71　不同职位管理干部学习发展能力差异性分析

职位	个案数	平均值	标准差	F 值	显著性
正职	62	0.0112	1.0608	0.012	0.913
副职	118	(0.0059)	0.9712		
总计	180	0.0000	1.0000		

2. 结论分析

本研究显示民办高校中层管理干部正、副职之间在学习发展能力方面没有差异。但从民办高校发展的实际情况看，需要中层正职具有较强的学习发展能力，才能适应学校发展的需要，这个结论需要引起民办高校管理者的高度重视。

（七）民办高校不同任职年限中层管理干部的学习发展能力

1. 统计结果

对民办高校不同任职年限中层管理干部的学习发展能力进行分析，其均值由低到高依次为6年以上、3—6年、3年及以下，经方差齐性检验，方差齐，方差分析：F值为28.327，P小于0.05，说明不同任职年限的民办高校中层管理干部在学习发展能力方面存在显著性差异，如表5－72所示。

表5－72 不同任职年限管理干部学习发展能力差异性分析

任职年限	个案数	平均值	标准差	显著性
3年及以下	66	（0.6431）	0.8385	0.000
3—6年（包括6年）	27	0.4643	0.6571	
6年以上	87	0.3438	0.9565	
总计	180	0.0000	1.0000	

进行多重比较分析后发现，在3年及以下与3—6年、6年以上均存在显著性差异，P值均为0.000，且任职年限短，学习发展能力强，如表5－73所示。

表5－73 不同任职年限管理干部学习发展能力多重比较分析

任职年限	任职年限	平均值差值（I—J）	标准误差	显著性	95%置信区间	
					下限	上限
3年及以下	3—6年（包括6年）	－1.1074	0.2000	0.000	－1.5020	－0.7128
	6年以上	－0.9869	0.1429	0.000	－1.2689	－0.7050
3—6年（包括6年）	3年及以下	1.1074	0.2000	0.000	0.7128	1.5020
	6年以上	0.1205	0.1928	0.533	－0.2600	0.5010
6年以上	3年及以下	0.9869	0.1429	0.000	0.7050	1.2689
	3—6年（包括6年）	－0.1205	0.1928	0.533	－0.5010	0.2600

2. 结论分析

本研究显示，民办高校中层管理干部任职年限3年及以下与任职3年以上群体之间的学习发展能力有差异，且新任职干部的学习发展能力强。

（八）民办高校中层管理干部学习发展能力影响因素的多元回归分析

1. 经过多元回归结果。民办高校中层管理干部个体特征中有年龄、任职年限进入回归方程，VIF值均大于1.000，不存在共线性；从回归分析结果来看，P值小于0.05，应拒绝回归系数显著性检验的零假设，说明年龄、任职年限两个自变量能够较好地解释管理干部学习发展能力的变化，如表5-74所示。

表5-74 管理干部学习发展能力影响因素的多元回归分析

模型	未标准化系数		标准化系数	t	显著性	共线性统计
	B	标准误差	Beta			容差
（常量）	1.127	0.628	—	1.794	0.075	—
1. 您的性别 *	-0.215	0.137	-0.108	-1.576	0.117	0.905
2. 您的年龄 *	-0.245	0.114	-0.192	-2.158	0.032	0.533
3. 您的政治面貌 *	-0.119	0.088	-0.090	-1.351	0.179	0.947
4. 您的学历学位 *	-0.071	0.133	-0.038	-0.530	0.597	0.841
5. 您的专业技术职务 *	-0.045	0.101	-0.039	-0.443	0.658	0.547
6. 您所在职位 *	-0.019	0.140	-0.009	-0.133	0.895	0.954
7. 您的任职年限 *	0.559	0.080	0.513	7.012	0.000	0.793

公式：f7 = 1.127 - 0.192 × 年龄 + 0.513 × 任职年限

2. 结论分析

民办高校中层管理干部的年龄、任职年限与其学习发展能力有相关性，且不同年龄、不同任职年限之间有显著性差异。且年龄呈现负相关，任职年限均值呈现正相关。说明在年龄段30岁及以下且任职年限在3年及以上的中层管理干部，其学习发展能力较强。

二 民办高校中层管理干部的个体特征与创新改进能力的差异性分析

（一）民办高校不同性别中层管理干部的创新改进能力

1. 统计结果

对民办高校不同性别中层管理干部的创新改进能力进行比较分析，创新改进能力均值女性大于男性，经T检验，F值为1.450，自由度178，P值为0.168，大于显著性水平0.05，说明民办高校中层管理干部男性和女性之间的创新改进能力没有显著性差异，如表5－75所示。

表5－75 不同性别管理干部创新改进能力差异性分析

性别	个案数	平均值	标准差	F值	显著性
男	94	－0.0985	0.9466	1.450	0.168
女	86	0.1077	1.0503		

2. 结论分析

本研究结果显示，民办高校中层管理干部的创新改进能力在不同性别之间没有差异。

（二）民办高校不同年龄中层管理干部的创新改进能力

1. 统计结果

对民办高校不同年龄段中层管理干部的创新改进能力进行分析，其均值由低到高依次为30岁及以下人员、51岁及以上人员、31—40岁人员、41—50岁人员，经方差齐性检验，F值为0.361，P大于0.05，说明四个年龄段的管理干部在创新改进能力方面没有显著性差异，如表5－76所示。

表5－76 不同年龄管理干部创新改进能力差异性分析

年龄	个案数	平均值	标准差	显著性
30岁及以下	34	（0.0157）	0.9285	0.781
31—40岁	92	0.0685	1.0949	
41—50岁	45	（0.1187）	0.8763	
51岁及以上	9	（0.0478）	0.9057	
总计	180	0.0000	1.0000	

2. 结论分析

本研究结果显示，民办高校不同年龄段中层管理干部的创新改进能力没有统计学意义。但从均值看，在30岁及以下、51岁及以上年龄段的干部创新改进能力较弱，而中间段的干部表现较好。说明新上任的年轻干部虽然学习能力较强，但经验不足，年龄较大的干部，存在职业倦怠，所以这两个年龄段的干部呈现创新改进能力不足。

（三）民办高校不同政治面貌中层管理干部的创新改进能力

1. 统计结果

对民办高校不同政治面貌中层管理干部的创新改进能力进行分析，其均值由低到高依次为中共党员、共青团员、群众、民主党派，经方差齐性检验，F值为3.157，P小于0.05，说明民办高校不同政治面貌的中层管理干部在创新改进能力方面存在显著性差异，如表5-77所示。

表5-77 不同政治面貌管理干部创新改进能力差异性分析

政治面貌	个案数	平均值	标准差	显著性
中共党员	149	(0.0980)	0.9191	0.026
民主党派	9	0.5774	0.9632	
群众	17	0.5237	1.4898	
共青团员	5	0.0995	0.6916	
总计	180	0.0000	1.0000	

进行多重比较分析后发现，党员干部的持续创新能力较弱，如表5-78所示。

表5-78 不同政治面貌管理干部创新改进能力多重比较分析

政治面貌	政治面貌	平均值差值（I—J）	标准误差	显著性
中共党员	民主党派	-0.6753	0.3372	0.0470
	群众	-0.6216	0.2515	0.0140
	共青团员	-0.1975	0.4467	0.6590
民主党派	中共党员	0.6753	0.3372	0.0470
	群众	0.0537	0.4050	0.8950
	共青团员	0.4778	0.5480	0.3840

续表

政治面貌	政治面貌	平均值差值（I—J）	标准误差	显著性
群众	中共党员	0.6216	0.2515	0.0140
	民主党派	－0.0537	0.4050	0.8950
	共青团员	0.4242	0.4998	0.3970
共青团员	中共党员	0.1975	0.4467	0.6590
	民主党派	－0.4778	0.5480	0.3840
	群众	－0.4242	0.4998	0.3970

2. 结论分析

本研究结果显示，民办高校不同政治面貌的中层管理干部之间在创新改进能力方面存在显著性差异，而且党员身份的干部创新改进能力与非党群众、民主党派干部相比均较弱，其均值与共青团员身份干部比也较弱，综合分析发现党员干部的创新改进能力最弱。党员干部是民办高校中层管理干部的主体，其创新改进能力弱，必然制约民办高校的发展，对学校而言是一个非常重要的问题。

（四）民办高校不同学历学位中层管理干部的创新改进能力

1. 统计结果

对民办高校不同学历学位中层管理干部的创新改进能力进行分析，其均值由低到高依次为硕士研究生、本科及以下人员、博士研究生，经方差齐性检验，F 值为4.686，P 小于0.05，说明不同学历学位的民办高校中层管理干部在创新改进能力方面存在显著性差异，如表5－79所示。

表5－79　　同学历学位管理干部创新改进能力差异性分析

学历学位	个案数	平均值	标准差	显著性
本科及以下	74	(0.2125)	0.9585	0.010
硕士研究生	102	0.1133	0.9810	
博士研究生	4	1.0428	1.3827	
总计	180	0.0000	1.0000	

进行多重比较分析后发现，本科学历与硕士研究生、博士研究生之间

存在显著性差异，且本科学历的中层管理干部持续改革创新能力较强，在硕士与博士学位之间没有差异，如表 5－80 所示。

表 5－80　　不同学历学位管理干部创新改进能力多重比较分析

学历学位	学历学位	平均值差值（I—J）	标准误差	显著性
本科及以下	硕士研究生	－0.3258	0.1496	0.0310
	博士研究生	－1.2553	0.5031	0.0140
硕士研究生	本科及以下	0.3258	0.1496	0.0310
	博士研究生	－0.9295	0.4995	0.0640
博士研究生	本科及以下	1.2553	0.5031	0.0140
	硕士研究生	0.9295	0.4995	0.0640

2. 结论分析

本研究结果显示，本科及以下学历的中层管理干部的创新改进能力较强，硕士学历学位的中层管理干部创新改进能力不足。进一步分析其原因，从考察内容看，本研究从研究对象撰写研究报告、发表论文、应用信息技术改进工作等几个方面进行了调研，出现这样的结果，说明民办高校硕士学历学位的中层管理干部成长动力不足，是需要重点关注的问题。

（五）民办高校不同专业技术职务中层管理干部的创新改进能力

1. 统计结果

对民办高校不同专业技术职务中层管理干部的创新改进能力进行分析，其均值由低到高依次为中级、初级、正高级、副高级，经方差齐性检验，F 值为 0.351，P 大于 0.05，说明不同专业技术职务的民办高校中层管理干部在创新改进能力方面没有显著性差异，如表 5－81 所示。

表 5－81　　不同专业技术职务的管理干部创新改进力差异性分析

专业技术职务	个案数	平均值	标准差	显著性
初级	49	(0.0566)	0.9539	0.789
中级	61	(0.0514)	0.9994	
副高级	63	0.1042	1.0552	
正高级	7	(0.0938)	0.9389	
总计	180	0.0000	1.0000	

2. 结论分析

本研究结果显示，在不同专业技术职务的中层管理干部的创新改进能力没有统计学意义。但从均值看，高级职称要比中、初级职称的干部具有较强的创新改进能力。

（六）民办高校不同职位中层管理干部的创新改进能力

1. 统计结果

对民办高校不同职位中层管理干部的创新改进能力进行分析，其均值是正职大于副职，经T检验，F值为0.016，P大于0.05，说明正、副职管理干部在创新改进能力方面没有显著性差异，如表5-82所示。

表5-82 不同职位管理干部创新改进能力差异性分析

职位	个案数	平均值	标准差	F值	显著性
正职	62	(0.0130)	1.1226	0.016	0.9
副职	118	0.0068	0.9342		
总计	180	0.0000	1.0000		

2. 结论分析

本研究结果显示，民办高校中层管理干部在正职与副职之间，关于创新改进能力没有差异。从民办高校发展的实际出发，需要中层管理干部，特别是正职要具有更强的改革意识、创新意识和创新能力，才能适应学校发展的需要，目前干部队伍现状需要采取有针对性的措施强化建设，从而改变干部队伍的改革创新意识，提升干部队伍改革创新能力。

（七）民办高校不同任职年限中层管理干部的创新改进能力

1. 统计结果

对民办高校不同任职年限中层管理干部的创新改进能力进行分析，其均值由低到高依次为6年以上、3—6年、3年及以下，经方差齐性检验，F值为1.715，P大于0.05，说明不同任职年限的民办高校中层管理干部在创新改进能力方面没有显著性差异，如表5-83所示。

表 5－83　　不同任职年限管理干部创新改进能力差异性分析

任职年限	个案数	平均值	标准差	显著性
3 年及以下	66	(0.1795)	0.9624	0.183
3—6 年（包括 6 年）	27	0.1398	0.9741	
6 年以上	87	0.0928	1.0271	
总计	180	0.0000	1.0000	

2. 结论分析

本研究结果显示，在不同任职年限的中层管理干部之间，创新改进能力没有统计学意义。但从均值看，任职 6 年以上的干部要比任职 3 年及以下、3—6 年的干部具有较强的创新改进能力。这个结果也提示创新改进能力与干部的工作经验有一定的关系。

（八）民办高校中层管理干部创新改进能力影响因素的多元回归分析

1. 统计结果

经过多元回归分析，民办高校中层管理干部个体特征中有政治面貌、任职年限进入回归方程，VIF 值均大于 1.000，不存在共线性；从回归分析结果来看，P 值小于 0.05，应拒绝回归系数显著性检验的零假设，说明政治面貌、任职年限两个自变量能够较好地解释管理干部持续创新能力的变化，如表 5－84 所示。

表 5－84　　管理干部创新改进能力影响因素的多元回归分析

模型	未标准化系数		标准化系数	t	显著性	共线性统计
	B	标准误差	Beta			容差
(常量)	－1.963	0.696	—	－2.818	0.005	—
1. 您的性别 *	0.166	0.151	0.083	1.098	0.274	0.905
2. 您的年龄 *	－0.104	0.126	－0.081	－0.823	0.412	0.533
3. 您的政治面貌 *	0.258	0.098	0.196	2.641	0.009	0.947
4. 您的学历学位 *	0.278	0.148	0.148	1.879	0.062	0.841
5. 您的专业技术职务 *	0.035	0.112	0.030	0.312	0.756	0.547

续表

模型	未标准化系数		标准化系数	t	显著性	共线性统计
	B	标准误差	Beta			容差
6. 您所在职位 *	0.049	0.155	0.023	0.316	0.752	0.954
7. 您的任职年限 *	0.188	0.088	0.173	2.132	0.034	0.793

公式：f8 = -1.963 +0.196 × 政治面貌 +0.173 × 任职年限

2. 结论分析

民办高校中层管理干部政治面貌、任职年限与其持续创新能力有相关性，且不同政治面貌、不同任职年限之间有显著性差异。中共党员身份干部其持续创新能力较弱，有一定工作经验，任职年限较长的中层管理干部持续创新能力较强。

三 民办高校中层管理干部的持续创新能力

（一）民办高校30岁及以下新任职的中层管理干部，表现出较强的学习发展能力，在31—50岁之间的中层管理干部在创新改进能力方面与30岁及以下的年轻干部、51岁及以上的老干部相比有一定的优势。

（二）具有硕士、博士学历学位的中层管理干部，学习发展能力较强，而创新改进能力较弱。

（三）专业技术职务较高的中层管理干部与中、初级职称者相比，具有一定的创新改进能力。

（四）民办高校的党员干部持续创新能力较弱，应该引起高度重视。

（五）民办高校中层正、副职干部持续创新能力没有差异，这个问题从深层次反映出目前民办高校干部队伍存在严重的能力不足的危机。中层正职是一个单位、部门适应改革发展需要，实现各项工作有效推动、落实，并能够创造性开展工作的重要角色，但调查结果显示这个群体的持续创新能力与副职没有差异，表明目前中层干部中正职的能力不足更加突出。

第六章　民办高校管理干部能力提升存在问题与对策与建议

本章在分析民办高校中层管理干部所处的内、外部环境因素、个体特征因素对人才发展影响的基础上，提出有针对性的对策和建议。具体包括落实民办高校人才政策、提高民办高校人才社会地位、明确民办高校人才发展目标、创新民办高校人才发展机制四个方面的建议。

第一节　落实民办高校人才政策

民办高校从组织发展来看，是市场经济发展的产物，从组织内部运行来看，充分体现了市场经营的属性。这就说明民办高校既有教育规律的约束，也有市场规律的推动。国家关于民办高校人才政策的落实对民办高校吸引、留住、用好人才至关重要，下面从国家对民办高校政策的变化看落实民办高校人才政策的必要性。

一　民办高校人才政策分析

（一）国家有关法律法规发展历程

1997 年国务院颁布了《社会力量办学条例》，这是国家出台最早的规范民办学校管理的文件，对民办高校人才队伍只有较为初步的、粗放的基本要求。如在文件中规定了校长或者主要行政负责人的任职条件，提出参照国家举办的同级同类教育机构的校长或者主要行政负责人的任职条件执行，但是年龄可以适当放宽。这是基于当时的实际情况，民办高校建校初期基本要依靠公办高校退休的管理人员、教师作为人力资源的主要来源。同时规定了民办教育机构按照国家有关规定自主聘任教师和其他教育工作者，聘任的教师应当符合国家规定的教师资格和任职条件；也规定了教师和其他教育工作者的工资、社会保险和福利，由教育机构依法予以保障。这个文件为民办高校选聘教师和教育工作者提供了依据，也为民办高校为教职员工办理社会保险、福利提供了依据。

2002 年 12 月，全国人民代表大会常务委员会审议通过了《中华人民共和国民办教育促进法》，这部法律是国家规范民办教育管理的第一部大法，在实施 10 年后，国家组织有关部门对本法的实施情况进行了总结调研，提出了修订完善的意见。在 2013 年 6 月 29 日第十二届全国人民代表大会常务委员会第三次会议《关于修改〈中华人民共和国文物保护法〉等十二部法律的决定》时，对 2002 年颁布的《中华人民共和国民办教育促进法》作出了第一次修正，在 2016 年 11 月 7 日第十二届全国人民代表大会常务委员会第二十四次会议《关于修改〈中华人民共和国民办教育促进法〉的决定》作出了第二次修正。关于民办学校人才队伍有关规定在新版民促法的五个条款中有所体现。新版民促法进一步强调了民办学校与公办学校具有同等的法律地位，国家保障民办学校的办学自主权。国家保障民办学校举办者、校长、教职工和受教育者的合法权益。规定了民办学校的教师、受教育者与公办学校的教师、受教育者具有同等的法律地位。规定了民办学校聘任的教师，应当具有国家规定的任教资格。规定了民办学校应当依法保障教职工的工资、福利待遇和其他合法权益，并为教职工缴纳社会保险费。国家鼓励民办学校按照国家规定为教职工办理补充养老保险。同时强调了民办学校教职工在业务培训、职务聘任、教龄和工龄计算、表彰奖励、社会活动等方面依法享有与公办学校教职工同等权利。但是对于民办高校教职工到底如何落实社会保障有关待遇不是很明确，没有可操作性。新版民促法提出了民办学校分类管理的问题，举办者可以自主选择举办营利性或者非营利性民办学校，提出各地要相应出台具体的管理办法，落实对民办学校的规范管理，进一步落实教职员工的合法权益。

（二）国家法律法规的实施过程

2016 年，国务院下发了《关于鼓励社会力量兴办教育　促进民办教育健康发展的若干意见》（以下简称《若干意见》），提出建立差别化政策体系。明确指出国家积极鼓励和大力支持社会力量举办非营利性民办学校，提出完善学校、个人、政府合理分担的民办学校教职工社会保障机制。明确提出民办学校应依法为教职工足额缴纳社会保险费和住房公积金，鼓励民办学校按规定为教职工建立补充养老保险，改善教职工退休后的待遇。该文件体现了国家承认民办学校教职员工的社会保险、福利、退休待遇与公办学校有差距，又一次强调民办学校教师在资格认定、职务评聘、培养培训、评优表彰等方面与公办学校教师享有同等权利。非营利性民办学校教师享受当地公办学校同等的人才引进政策。

2016 年 12 月 30 日，教育部等五部门印发了《民办学校分类登记实施细则》，教育部等三部门印发了《营利性民办学校监督管理实施细则》；2017 年 8 月 31 日，工商总局、教育部下发了《关于营利性民办学校名称登记管理有关工作的通知》。2016 年起教育部组织修订《中华人民共和国民办教育促进法实施条例》，迄今已进行了两轮意见征求，形成了修订草案送审稿。这一系列政策文件的密集出台，最实质的突破和最核心的内容是对民办教育实行“分类管理”，即“民办学校的举办者可以自主选择设立非营利性或者营利性民办学校”，并授权省、自治区、直辖市制定各地具体办法，从而体现了国家对民办教育的高度重视和密切关注，也表达了民办教育到了应该规范的关键时期。

2017 年，教育部等十四部门印发了《中央有关部门贯彻实施〈国务院关于鼓励社会力量兴办教育促进民办教育健康发展的若干意见〉任务分工方案》的通知，将国务院的《若干意见》中提到的落实民办学校教职工与公办学校同等待遇问题明确了各个部委的具体任务，明确由教育部、人力资源社会保障部按职能分工负责。

（三）地方政府对国家法律法规的落实过程

截至 2018 年 11 月底，北京等 27 个省（区、市）印发了地方实施意见。海南、上海、天津、河北、陕西、浙江、四川、江苏、宁夏、重庆、北京出台了分类登记实施办法。陕西、四川、江苏、重庆、北京出台了营利性民办学校监管办法。浙江同步出台了包括《浙江省公共财政扶持民办教育发展实施办法》《浙江省民办学校财务管理办法》《浙江省民办学校财务清算办法》《落实民办学校办学自主权实施办法》《民办学校信息公开和信用管理办法》《浙江省民办学校教师队伍建设实施办法》等。民办学校的体制机制问题日益清晰，人才队伍的建设与发展思路逐渐厘清。

山东省人民政府办公厅在 2015 年印发了《关于开展非营利性民办学

校教师养老保险与公办学校教师同等待遇试点工作的指导意见的通知》,在德州、潍坊、青岛三个地市实施试点工作的基础上，于2018年下发了《山东省人民政府关于鼓励社会力量兴办教育促进民办教育健康发展的实施意见》，并在该文件第四条加强教师队伍建设中明确了落实民办学校教师待遇的要求。各地要将民办学校教师队伍建设纳入当地教师队伍建设整体规划。探索推行民办学校教师人事代理制度，将民办学校专任教师人员信息纳入教师统一管理平台。完善学校、个人、政府合理分担的民办学校教职工社会保障机制。民办学校应依法依规与教职工签订劳动合同，并按规定为教职工足额交纳社会保险和住房公积金。鼓励民办学校按照国家规定为教职工办理补充养老保险。持续推进非营利性民办学校教师养老保险与公办学校教师同等待遇试点工作，当地财政部门应充分考虑学校缴费规模，对参加试点的民办学校给予适当补助。引导鼓励民办学校建立不断提高教师工资和福利待遇的良性机制，合理确定并适当提高人员经费在学校支出中的比例。并明确由省人力资源社会保障厅、省教育厅（省委教育工委）、省财政厅，各市政府负责落实。山东省人民政府办公厅下发了《关于开展非营利性民办学校教师养老保险与公办学校教师同等待遇试点工作的指导意见的通知》，首次提出在非营利性民办学校开展教师参加机关事业单位养老保险试点，实现非营利性民办学校教师养老保险与公办学校教师同等待遇，济南市在贯彻执行中下发了《济南市人民政府关于鼓励和促进民办教育优质发展的意见》，明确提出支持民办学校教师队伍建设。教育行政部门应有计划地组织公办教师、管理人员到民办中小学和幼儿园支教和交流，支教人员工资福利由财政负担。公办学校教师在民办中小学和幼儿园期间身份不变，教龄连续计算，年度考核结果记入人事档案。按照属地管理原则，探索推行民办学校教师人事代理制度，将民办学校专任教师人员信息纳入全国教师信息管理系统平台。逐步落实非营利性民办学校教师养老保险平均缴费工资与公办学校同等人员一致政策，支持有条件的学校建立企业年金制度。责任单位是市人力资源社会保障局、市教育局、市财政局、各区县政府。从国家、省、市、区政策文件看，对于民办学校人才队伍建设的体制机制落地还差最后一公里。例如，济南市的文件以及部门职责分工，将关注范围圈定在民办中小学、幼儿园，对于民办高校没有提及；也没有体现如何落实山东省提出的在非营利性民办学校开展教师参加机关事业单位养老保险试点的操作路径。

综上所述，对于民办高校人才队伍建设的政策措施，目前还停留在文字上，没有落实在行动中，有关非营利性民办学校和营利性民办学校的差别化扶持政策的表述不具强制力，缺乏实践操作性，目前民办高校仍然是民办非企业法人，人才队伍的社会保障仍然按照企业管理，致使民办高校由于体制机制方面的差别，有一部分教师倾向于流向公办高校，追求体制内的社会福利待遇。

二　政策建议

第一，出台落实国家和地方政策中提出的加大财政支持力度的具体措施。如倡导非营利性导向，落实专项资金管理，创新财政扶持机制，发挥财政撬动作用，建立学校、个人、政府三者共担的民办学校教职工社会保障机制等。

第二，明确非营利性民办学校开展教师参加机关事业单位养老保险试点的路径。目前的情况将责任单位确定为教育部门和人力资源社会保障部门，但这两个部门都没有能力打破审批编制，也没有渠道将不通过编制审批的单位人员养老保险直接通向事业单位养老保险操作的有效途径。

第二节　提高民办高校人才社会地位

本研究将影响民办高校人才发展的因素以人才本身所处的环境作为分析框架，分为个体特征因素和环境因素，环境因素又分为组织外部环境、组织内部环境，通过系统的分析，认为对于民办高校人才队伍建设与发展而言，针对内、外环境主要因素是社会对于民办高校认同度较低的问题，需要进行引导、加大宣传，创造条件加以改善。

一　民办高校社会认同度低的原因分析

第一，政府有关部门对民办高校的歧视没有得到根本扭转。政府有关部门在组织会议、发布文件、通知等沟通性信息经常会不包括民办高校。使民办高校不能与公办高校获得同等的知情权。有一些政府采购项目会非常巧妙地将民办高校排除在外。如某省教育主管部门，就省级高校教师教育培训项目承担机构进行招标，在投标人资格一栏明确写出：在中国境内注册的，经机构编制部门批准设立、教育行政部门批准具有普通本科层次及以上招生资格的高校。这样就将民办高校很巧妙地排除在外，因为目前所有的民办高校都没有经过编制部门批准。

第二，企事业用人单位在招聘毕业生时尚存在对民办高校学生的歧视行为。如某省三甲医院，民办学校的学生在实习的过程中表现突出，曾多次给予表彰奖励，但在招聘护理人员时，明确规定不包括民办高校的毕业生。在校企合作的过程中，某省大型企业集团与民办高校合作，开展校企共同育人，双方在人才培养方案制订、实习实训基地共建、共同组建师资队伍、共同承担教学任务，但在毕业生就业这个环节，由于大型国有企业只招收985、211高校的毕业生，民办高校的学生很难进入该企业工作。

第三，民办高校办学经费来源单一，政府缺乏对民办高校的办学经费支持，对于政府购买服务，不能让民办高校公平参与，使民办高校失去与公办高校公平的发展机会。

以上因素是导致民办高校社会认同度低的重要原因。

二 对策建议

（一）清理对民办高校的歧视政策

建议政府各有关部门针对本领域存在的对民办高校的歧视政策进行系统梳理，对切实影响民办高校发展的予以清除。加大对民办高校教育支持政策的宣传力度，引导政府有关部门、社会企事业单位、其他社会组织在政府采购、选人用人、项目委托等过程中能够在相同条件下给予民办高校公平参与竞争的机会，促使社会逐渐形成公平对待民办高校的环境氛围。

（二）落实政府财政对民办高校的支持政策

建议政府有关部门加大对民办高校的研究，借鉴发达国家私立高等教育发达国家的做法，结合我国国情、民情，提出对民办教育公平合理的支持政策。如针对纳税人接受教育，其选择在公办高校就读与选择在民办高校就读，国家没有给予他们同样的经费支持；对于民办高校承担的教科研项目，同样属于政府立项研究的项目，但很难获得同样的研究经费的支持等。

第三节　明确民办高校人才发展目标

伴随着从精英教育阶段迈向大众化教育阶段，多样化成为高等教育发展的主要特征，高等学校分类发展是社会和教育自身双重选择的结果。民办高校选择应用型办学定位，是国家社会转型和经济结构调整的需要，也是民办高校自身具有的优势劣势、面临的机遇与挑战所决定的。民办高校应用型办学定位的战略选择，决定民办高校的人才发展有别于传统研究型大学，民办高校应理清发展思路，聚焦发展目标，更新人才发展理念，适应应用型高校办学定位对人才的要求。

一、民办高校要精准定位

高等学校分类发展是加快实现教育现代化，推动国家创新发展的必然要求。根据《国家中长期教育改革和发展规划纲要（2010—2020 年）》，高等教育的发展任务是全面提高高等教育质量、提高人才培养质量、提升科学研究水平、增强社会服务能力、优化结构办出特色。“促进高校办出特色。建立高校分类体系，实行分类管理。发挥政策指导和资源配置的作用，引导高校合理定位，克服同质化倾向，形成各自的办学理念和风格，在不同层次、不同领域办出特色，争创一流。”2014 年，国务院印发《关于加快发展现代职业教育的决定》（国发〔2014〕19 号），明确提出“引导普通本科高等学校转型发展。采取试点推动、示范引领等方式，引导一批普通本科高等学校向应用技术类型高等学校转型，重点举办本科职业教育”，“建立高等学校分类体系，实行分类管理，加快建立分类设置、评价、指导、拨款制度。招生、投入等政策措施向应用技术类型高等学校倾斜”。2017 年，国务院印发《国家教育事业发展“十三五”规划》（国发〔2017〕4 号），确定了“十三五”时期教育改革发展的指导思想、主要目标、战略任务和保障措施，强调要以创新、协调、绿色、开放、共享的发展理念统领教育改革发展，坚持党的领导，坚持社会主义办学方向，以全面提高教育质量为主题，以教育的结构性改革为主线，全面深化教育改革，加快推进教育现代化，为全面建成小康社会和实现中华民族伟大复兴的中国梦作出更大贡献。规划从提高质量、促进公平、优化结构等方面明确了一系列战略任务。在优化教育结构方面，规划提出，要加快发展现代职业教育。推进高等教育分类发展，推动具备条件的普通本科高校向应用型转变。2011 年，教育部组织普通高等学校本科教学评估工作，实现分类的院校评估，合格评估的对象是 2000 年以来未参加过院校评估的新建本科院校。2018 年，为贯彻党的十九大精神，落实立德树人根本任务，实现高等教育内涵式发展，在全面总结高等学校本科教学工作合格评估的基础上，教育部教育督导局形成《对普通高等学校本科教学工作合格评估部分评估指标的调整说明》（教督局函〔2018〕1 号），其中，二级指标“学校定位”的主要观测点“学校定位与规划”的基本要求，在“学校办学定位明确，发展目标清晰，能主动服务区域（行业）经济社会发展；规划科学合理，符合学校发展的实际需要”的基础上，将“注重办学特色培育”调整为“坚持内涵式发展，注重应用型办学特色培育”。

政府充分发挥宏观调控作用，努力构建高校分类管理体系，国家政策为民办高校发展提供了重要指导。民办高校多数为 2000 年以后建立，并且基本以服务地方经济社会发展作为办学宗旨。在高等学校分类已经从政策呼吁阶段进入具体实践阶段，民办高校应主动选择差异化发展、错位发展，明确学校定位后将进一步聚焦人才发展战略。

二　民办高校要把握规律

民办高校选择应用型办学定位，一是目标定位，要以培养应用型人才，为社会经济发展提供应用性科研成果和社会服务为主；二是类型定位，要把应用性作为学校发展的基础；三是层次定位，要以应用性本科教育为主体，同时也可以办高职教育，还可以发展继续教育和培训，进一步可以发展应用性的专业学位研究生教育；四是学科专业定位，要加大力气发展适应地方高新技术产业和新兴第三产业的专业学科，以具有地方特色的优势专业带动其他专业的发展；五是服务面向定位，为区域现代化的生产、建设、管理、服务的实际需要提供支撑。

民办高校要深刻理解应用型高校教学、科研、社会服务和文化传承功能的显著特征，也要准确把握应用型大学的主要任务。一是培养应用型人才。要形成突出实践能力培养的教学体系。应用性教育的教学就是要打破原来的学科知识结构，逐步建立以职业能力培养为主的教学体系，使学生能够胜任一些基层实际工作的需要。在应用型人才培养的教学体系中，要特别重视比如实践教学环节、实践教学体系、实践教学基地、“双师型”教师队伍等的建设。二是开展应用性研究。民办高校的教学科研人员应聚焦行业专业，开展应用技术研究与创新，通过科技成果转化落地，直接服务于地方经济社会发展，服务于行业企业的技术更新与改造，服务于应用型人才的培养。为行业改进技术，为企业解决难题，从而服务于人才培养，为学校赢得发展机遇。三是开展社区文化建设。民办高校要充分利用社区资源，培养学生的人文素养、职业道德和家国情怀，办好应用型大学的同时，要通过交流互动，影响带动社区文化发展与繁荣，同时为学校发展营造良好的文化氛围。

三　对策建议

（一）人才发展战略实现根本转变

人力资本是形成组织核心竞争能力的重要源泉。民办高校要实现可持续成长与发展，一方面，需要理性的办学定位选择和对同行竞争特点进行准确把握；另一方面，需要苦练内功来提升竞争能力，以应用型办学定位为中心，站在自身发展与人才需求的角度谋划人才发展，依靠对组织内外部人才、知识、科研、技术、管理等优势资源的系统整合，达到应用型人才培养、应用研究和实践的跨学科、跨专业、跨领域、跨界、跨阶段的多元创新要素的集聚、融合、交互、协同，使应用型办学定位在民办高校内部组织和管理上落地，形成民办高校核心能力，获得竞争优势。

（二）优化学科专业结构，培育学校办学特色

民办高校要本着有所为有所不为的思路，按照经济社会发展的需要，结合学校实际系统优化学科专业结构，使其既符合行业产业对人才的需要，也符合学校自身发展的需要。所以民办高校要对接区域发展，对接产业链构建专业集群，逐渐凝练学校优势特色学科专业，集中资源强化建设，形成特色。这样就可以实现学校举办专业具有鲜明特色优势，可以吸引优秀人才集聚，也可以吸引优质生源，培养高质量人才。

（三）创新办学体制，打造吸引人才的平台

在学校办学定位、人才培养目标定位明确，学科专业结构优化的基础上，探索人才培养路径是关键问题。民办高校如果明确培养应用型人才作

为办学目标，校企合作、开放办学就是其选择的必由之路。所以创新校企合作的体制机制，将校企双方优秀人才组建团队，使人尽其才，才尽其用，共同承担教学与应用型研究、工程任务等，逐渐形成团队优势，凸显学科专业特色，构筑吸引、留住、用好人才的平台。

第四节 创新民办高校人才发展机制

人才发展体制机制改革是全面深化改革的重要组成部分。2016 年 3 月，中共中央印发《关于深化人才发展体制机制改革的意见》（中发〔2016〕9 号），坚持聚天下英才而用之，牢固树立科学人才观，深入实施人才优先发展战略，遵循社会主义市场经济规律和人才成长规律，破除束缚人才发展的思想观念和体制机制障碍，解放和增强人才活力。改革和创新人才发展体制机制，是民办高校深化综合改革，健全促进民办高校转型发展、内涵发展、特色发展的体制机制的重要组成部分。

一 竞争择优的选聘机制

2017 年 1 月，中共中央组织部、教育部印发《高等学校领导人员管理暂行办法》，对高等学校领导人员选育管用各个环节作出具体规定，要求按照社会主义政治家、教育家的目标要求，建设一支符合好干部标准的高素质专业化领导人员队伍，把具有较高的思想政治素质和政策理论水平，摆在高等学校领导人员基本条件之首，明确规定："政治不合格、纪律规矩意识不强，在教育教学和管理活动中贯彻执行党的教育方针不力、偏离社会主义办学方向，师德师风存在问题或者有学术不端行为受到查处等情形的，不得作为考察对象。"

严把选人用人标准。选拔聘任管理干部具有全局性和基础性的地位，有利于激发管理干部保持干事创业激情，正确看待个人和集体，培养团队带好风气。要坚定不移、旗帜鲜明地坚持德才兼备、以德为先的原则，克服重专业不问政治、党的意识淡薄等倾向。管理干部任职条件包括基本条件和具体条件。任职基本条件明确规定政治素质、思想品质、工作作风、工作能力、工作表现、工作经历、年龄和身体条件等，并结合各个管理干部岗位的工作职责和任务，对拟任人选的素质、能力、工作经历和经验等作出相对具体的描述和规定，作为任职具体条件载明在各个岗位管理干部的岗位说明书中。

科学合理设置岗位。对于民办高校来说，坚持总比例控制，科学合理分配职数，保持管理干部适度合理的规模配备。干部岗位设置不仅仅是职责分工问题，而且与激励人才、留住人才密切相关。民办高校管理层级和职数到底应该设多还是设少？实践证明，管理层级应尽量减少，干部岗位职数、主要是副职岗位职数，应适当多设。管理层级多，信息传递速度慢、失真大，决策与反应迟缓，严重影响工作效率；而干部岗位适当多设，有利于留住人才和激励人才。一是被委以重任并给予相应的薪酬激励，给人才以被需要、被承认和被重视感；二是相对合理的副职岗位设置和合理分工，可以使学校各项工作置于相对稳定的管理控制之下，有利于工作开展和工作改进。这是民办高校发展现状所决定的，因为人才队伍结构相对不太合理，年轻教职工比例偏高，而学校可资利用的激励资源有限，难于满足众多员工对显性薪酬和隐性薪酬的需求，人员流动性大。

拓宽选人用人视野。用人机制灵活是民办高校最大的体制机制优势。民办高校应当视事业发展需要，坚持拓宽视野、畅通渠道，不求所有，但求所用，打破身份等限制，灵活采取多种方式，面向高校、科研院所、行业企业的退休人员、离岗人员、在职人员、自主择业军转干部等，不拘一格广泛延揽各界人才，着力选拔素质高、业务好、懂教育、善管理、愿担当的人员充实加入管理干部队伍，不断优化管理干部队伍年龄结构、学历结构、专业结构、学缘结构。

公平公正识人用人。实行按岗竞聘、同类岗位组合竞聘，完善公开竞聘上岗机制、公开招聘管理干部机制，在校内外公开公平公正选人用人。健全立体式考察工作体系，防止简单以票、以分或以学历、职称、头衔、荣誉等取人倾向，着力破除论资历、看年限、排辈分、平衡照顾等观念，大胆使用经过长期考验，基层经验丰富，综合素质过硬的管理干部，统筹用好用活各类人才资源，注重从教学科研一线选拔具有较高教学科研水平，有一定管理经验的专业技术人员到教学科研管理岗位任职，教学与管理相互促进，构建干部与教师双向交流通道。大胆选拔使用经过实践考验的优秀年轻干部，对在关键时刻或者应对重大突发事件中经受住考验、表现突出、作出重大贡献的，要大胆培养使用。对于真正忠诚且具有担当潜质的年轻干部，要予以厚爱，做到政治上信任、工作上支持、待遇上保障、心理上关怀。

二 系统有效的专业化发展机制

为建设一支符合新时期好干部标准的高素质专业化高等学校领导人员队伍，突出高等学校公益性、服务性、专业性、技术性特点，中共中央组织部、教育部印发《高等学校领导人员管理暂行办法》明确规定，担任高等学校领导人员，要具有胜任岗位职责所必需的专业知识和职业素养，熟悉高等教育工作和相关政策法规，坚持全员全过程全方位育人理念，了解和掌握思想政治工作规律、教书育人规律和学生成长规律，善于做知识分子工作，业界声誉好；具有较强的组织领导和管理能力，自觉坚持党委领导下的校长负责制，贯彻执行民主集中制，具有全局观念和改革创新精神，能够科学谋划，依法依规办事，团结合作，善于集中正确意见。

管理干部是推动民办高校事业发展的重要力量，是民办高校办学理论实践的探索者、策划者、实施者和执行者，在民办高校具有不可或缺的、举足轻重的地位和作用。但是，民办高校管理干部的履职能力常常不能很好地满足学校改革发展的现实需要，因为他们在高校工作时间一般都相对较短，相对缺乏对高等教育规律的深刻认识和准确把握。当前，我国高等教育正处于内涵发展、质量提升、改革攻坚的关键时期和全面提高人才培养能力，建设高等教育强国的关键阶段。进入新时代以来，高等教育发展取得了历史性成就，高等教育综合改革全面推进，育人方式、办学模式、管理体制和保障机制改革系统深化，民办高校改革创新的内在动力进一步增强，着力形成充满活力、富有效率、更加开放、有利于高质量发展的体制机制，大力调整优化学科结构、专业设置，加快建设高水平本科教育，深化产教融合、校企合作，提升教育服务经济社会发展能力，扩大教育对外开放，开展高水平合作办学，对民办高校管理干部的知识、能力、素质提出更高要求。提升民办高校管理干部专业化能力是一项长期而艰巨的任务。

民办高校要突出能力建设。要大力实施“干部专业化能力提升计划”，以推进管理干部高素质专业化建设为目标，以把握教育规律、提升素质能力、增强服务意识为重点，紧紧围绕高等教育创新发展、特别是民办高等教育改革和发展中的重大理论与现实问题，突出问题导向、实践导向，引导和帮助干部丰富专业知识、提升专业能力、锤炼专业作风、培育专业精神。大力加强党的教育方针、教育政策法规、现代教育理论、现代管理理论、业务知识技能等方面务实管用的专题培训；大力加强科学人文素养涵养，开展互联网、大数据、云计算、人工智能等新知识新技能学习培训；突出岗位历练，选拔管理干部到基层岗位、重点和艰苦岗位挂职锻炼，安排管理干部轮岗，创造管理干部多岗位锻炼的机会；大力提升学历层次，更新知识体系，健全知识结构；组织实施海外研修，拓宽国际视野。

三　着眼未来的培养机制

发现"培养"选拔优秀年轻干部是加强领导班子和干部队伍建设的一项基础性工程，中共中央办公厅印发《关于适应新时代要求大力发现培养选拔优秀年轻干部的意见》（中办发〔2018〕41 号），遵循干部成长规律，按照拓宽来源、优化结构、改进方式、提高质量的要求，进一步创新理念、创新思路、创新模式，以大力发现培养为基础，以强化实践锻炼为重点，以确保选准用好为根本，以从严管理监督为保障，健全完善年轻干部选拔、培育、管理、使用环环相扣又统筹推进的全链条机制。形成优秀年轻干部不断涌现的生动局面，把各方面、各领域优秀领导人才聚集到领导干部队伍中来。民办高校要切实贯彻落实全国教育大会和组织工作会议精神，像重视年轻教师培养一样重视年轻管理干部培养，着力打造高素质专业化高等学校年轻干部队伍。

实施年轻干部成长工程。年轻干部的成长要靠组织培养。年轻干部成长的一个基本规律，就是需要经过必要的台阶、递进式的历练和培养。民办高校要以更长远的眼光、更有效的举措，及早发现、及时培养优秀年轻干部，为有潜力和发展前途的年轻干部铺设一个个"台阶"，实际上就是向他们压担子。台阶也是年轻干部接受组织检阅的舞台，把年轻干部放到一个个"台阶"上，才能对其德才、潜能有比较真切具体的了解。民办高校要遵循管理干部成长规律，以提高政治觉悟、管理能力、专业水平和职业素养为重点，以培养锻炼为基础，实现常态化培养，合理化配备，制度化运行。加大年轻干部校外挂职锻炼力度，把年轻干部挂职作为培养锻炼干部的重要途径，严格挂职条件，切实把综合素质好、有培养前途的优秀年轻干部选派出来，并从严抓好管理。坚持对口挂职原则，安排挂职干部到与原职务相对应的岗位上锻炼，正职可相应挂副职。加大年轻干部在校内不同单位部门之间的轮岗交流力度，多岗位培养锻炼年轻干部，不断提高他们的综合能力，在关键时刻压担子，使之承担急难险重任务，不断提高他们驾驭复杂局面、处理复杂矛盾和工作上独当一面的能力。选拔年轻干部在艰苦岗位任职，使之在条件艰苦、基础差或者环境复杂的单位部门经受考验，接受锻炼。对有培养前途的优秀年轻干部，在遵循干部成长规律的基础上，要不拘一格大胆破格使用。

四　目标导向的激励机制

激励的本质是员工通过积极的努力实现组织目标的意愿，而这种努力以能够满足员工的某些需要为前提。民办高校管理干部不仅将薪酬分配看作重要需求，而且将组织赋予的工作职责和工作权限视为更加重要的需求，越来越重视在组织中获得更多、更广泛的发展空间以及提高自身终生就业能力的机会。民办高校注重选择奋发有为、成就动机强、想干能干的人担任管理干部，通过目标激励，制定切实可行、有挑战性的目标来激发动机，指导行为，使个人的需要与组织的目标结合起来，激励人们奋发工作，不断取得进步。

民办高校引入任期目标机制。实行任期制和任期目标责任制，推动管理干部认真履行职责，完成任期目标任务，是体现改革精神，加强管理的重要举措，对于推进管理干部“能上能下”，促进管理干部忠于职守，激发队伍活力具有重要作用。任期目标内容应当注重打基础、利长远、求实效，将学校发展愿景落实为中长期发展目标，在每一阶段的中长期发展规划中，将中长期发展目标分解落实为几个重大关键的行动计划，通过完成行动计划，使学校发展实现新的跨越、进入新的阶段。管理干部依据各单位部门职责或岗位职责，分解制定聘期关键业绩指标，再具体落实为每个年度的关键业绩指标和工作计划。经过自上而下、自下而上的目标分解和任务分析，对未来工作达成了共识，落实了责任，取得了承诺，管理干部牢记组织嘱托，背负履行职责、践行承诺的动力和压力，努力地朝着实现目标的方向去努力工作。

五　科学合理的评价机制

考核评价是民办高校管理干部选聘、任用、薪酬、奖惩等人事管理的基础和依据，是调动民办高校管理干部工作积极性、主动性、创造性的“指挥棒”。它不仅是民办高校对管理干部实施管理的手段，也是促进管理干部成长发展的方式。

民办高校引入绩效管理体系，将任期目标与考核评价相挂钩，做到任期有责任、考核有标准、奖惩有依据；实行分类考核，建立以胜任力为重点的试用期考核制度，以业绩为中心的年度考核和任期考核，突出中长期目标导向。考核评价民办高校管理干部要坚持德才兼备，注重对能力、实绩和贡献进行评价，克服唯学历、唯职称、唯论文等倾向。坚持全面考核与突出重点相结合，全面考核管理干部的政治素质、业务能力、资历贡献等内容，同时针对当前管理干部队伍发展的突出问题和薄弱环节，进行重点考察和评价。坚持发展性评价与奖惩性评价相结合，充分发挥发展性评价的导向引领作用，合理发挥奖惩性评价的激励约束作用。坚持分类考核与分层考核相结合的原则，科学设计职能管理干部和教学科研业务管理干部、正职与副职的考核内容，同类管理干部统一标准，合理量化工作业绩，形成体现科学发展观要求，坚持考核方式方法和结果运用相结合的原则，丰富评价手段，科学灵活采用考试、评审、考评结合、考核认定、个人述职、面试答辩、实践操作、业绩展示等不同方式，发挥多元评价主体作用。合理运用上级评价、同级评价、下级评价、自我评价等多种评价主体的意见，综合运用日常考核、年度考核、专项考核、任期考核多种方式，注重工作实绩和日常表现，实现管理干部考核经常化、制度化、全覆盖，增强考核评价的针对性，把考核结果与选拔任用、培养教育、管理监督、激励约束、追责问责等紧密结合起来，形成推动管理干部和学校共同发展的有效机制。完善动态管理机制。完善干部转岗制度，拓宽干部分流渠道，管理干部退出领导岗位后，适合继续从事专业工作的，鼓励和支持其后续职业发展。支持双肩挑干部回归教学科研岗位，给予一定的学术恢复期或成长期。

下篇　民办高校教师能力建设研究

第七章　研究思路与研究现状

第一节　研究内容

一　研究内容

（一）梳理民办高校教师能力的现状

首先，查阅国内外关于民办高校教师能力提升方面文献，梳理分析目前的研究情况和本项目进行研究的理论依据；其次，通过选取5所民办高校作为案例学校，设计并发放问卷、作深度访谈，通过调查全面了解民办高校教师能力评价和提升现状，分析其中存在的主要问题，对民办高校教师能力现状的调查结果进行统计分析汇总，为进一步研究教师能力的影响和制约因素提供基础数据。

（二）分析制约民办高校教师能力与水平的主要因素

在对民办高校教师能力现状进行梳理和分析的基础上，对调查数据进一步整理，采用主成分分析法对调查问卷中的每个项目进行分析，形成各项目的因素载荷量汇总表并进行统计学分析，找出影响和制约教师能力的主要因素，为提出教师能力提升策略打下基础。

（三）探讨民办高校教师能力评价体系的构建

从民办高校实现复合型、应用型、技能型人才培养目标对教师的需求出发，结合调查对象对教师应具备能力的数据分析结果，确定教师能力构成，以此作为评价指标，利用多元回归分析，确定各指标权重；利用模糊综合评价法建立教师能力评价模型。该模型的建立将为教师能力科学评价提供参考借鉴，增强评价的科学性。

（四）提出有效的民办高校教师能力提升策略

以教师个性特征为依据对教师进行分类，根据每类教师的教师能力呈现出的不同特点，分别查找制约因素，对症下药，科学制定教师能力提升政策，对不同类型教师进行分类培养。在此基础上，依据系统性、实用性和发展性原则，从教师培养、教师激励等方面，提出具有一般意义的、可实施的教师能力提升策略，并为政府相关部门改善民办高校教师能力发展的外环境提出意见和建议。

二 研究意义

理论意义。服务于应用型人才培养，界定与民办高校人才培养目标相适应的教师能力的构成和内涵；通过对教师教学能力方面进行研究、调查，掌握相关方面原始数据，为进一步完善民办高校教师能力研究方面相关理论提供资料积累。

现实意义。选取科学的教师能力评价方法，构建科学有效的评价模型，为民办高校公平、公正进行教师能力评价提供借鉴；通过实证研究确定教师能力影响和制约因素，科学指导民办高校构建教师能力提升机制，为教育行政部门出台提升教师能力相关政策提供意见和建议。

第二节 研究设计与研究方法

一 研究设计

（一）数据来源

本研究选择 5 所民办高校的教学管理人员、专任教师作为研究对象，在 YC 学院、WJ 学院、XH 学院、NS 学院、XD 学院通过问卷调查收集教师有关教学能力的数据进行研究；这 5 所民办院校涵盖了两种投资形式，即集团投资办学和个人滚动积累资金办学；学科包括综合类院校、医学专门院校，两个办学层次即本科、专科学历教育。对研究民办高校教师教学能力提升策略有一定的代表性。

（二）样本说明

1. 预研究取样

在 YC 学院教学管理人员和教师队伍名册中，随机抽取 120 名为预调查的被试取样。组织问卷调查，发放问卷后当场收回，共发放调查问卷 120 份，收回 104 份，回收率 86.67%；有效问卷 104 份，有效率 100%。

其中男教师 24 人，女教师 80 人；年龄在 35 岁以下的教师 75 人，36—55 岁的 16 人，56 岁以上的 13 人；教龄在 3 年以下的 52 人，4—10 年的 48 人，11 年以上的 4 人；正高职称教师 6 人，副高职称 6 人，中级职称 45 人，初级职称 44 人，无职称 3 人；博士学位教师 4 人，硕士学位 65 人，学士学位 28 人，无学位 7 人。

2. 正式研究取样

选择在五所民办高校工作一年以上的教学管理人员和教师参与问卷调查，发放问卷 1200 份，收回有效问卷 1077 份，回收率为 89.75%，有效问卷 1077 份，有效率为 100%。教师的具体分布为：男教师 354 人，女教师 720 人；年龄在 35 岁以下的教师 798 人，36—55 岁的 204 人，56 岁以上的 67 人；教龄在 3 年以下的 385 人，4—10 年的 493 人，11 年以上的 180 人；正高职称教师 47 人，副高职称 117 人，中级职称 475 人，初级职称 366 人，无职称 59 人；博士学位教师 22 人，硕士学位 691 人，学士学位 289 人，无学位 71 人。

（三）数据分析方法

用经过预试修订的问卷进行正式施测，收集上来的数据由 SPSS20.0 软件进行统计分析。对于教师不同个体特征对教师各项教学能力等的比较，根据数据特点采用方差分析或者方差齐性检验，将教师教学能力结构各个组成部分与教师个体特征进行多元回归分析，探讨民办高校不同个体特征教师在各校教学能力方面的差异。采用模糊数学中的结构方程，用 AMOS17.0 进行分析，构建教师能力评价模型。

二 研究方法

（一）统计分析方法

根据数据特点采用方差分析或者齐性检验、多元回归分析等方法进行研究。

（二）一般变量定义

本研究基本信息给出了教师个体特征包括性别、年龄、教龄、职称、学位五个部分。其中，职称包括正高职称、副高职称、中级职称、初级职称、无职称五个职级；学位包括博士、硕士、学士、无学位四个层次；按年龄将教师划分三种类型：第一，小于 35 岁（青年教师，用 N1 表示），第二，36—55 岁（中年教师，用 N2 表示），第三，56 岁以上（老年教师用 N3 表示）；按教龄将教师划分三种类型：第一，0—3 年（新进型教师，用 J1 表示），4—10 年（成长型教师，用 J2 表示），11 年以上（成熟型教师，用 J3 表示）。

本研究所用调查问卷的量表通过里克特五点量表的设计方法，由 1—5 分别赋值为：5 = 非常满意，4 = 比较满意，3 = 满意，2 = 比较不满意，1 = 非常不满意。

1. 多元回归模型中变量的说明

由于本研究代表教师个体特征的 5 个变量中，3 个是非数值型变量，采用引入虚拟变量的形式建立回归模型。

第一，为了表示不同的性别，定义：

$$Q_2 = \begin{cases} 0，男性 \\ 1，女性 \end{cases}$$

第二，为了表示不同的职称，定义：

$$Q_{6-1} = \begin{cases} 1，正高 \\ 0，其他 \end{cases} \quad Q_{6-2} = \begin{cases} 1，副高 \\ 0，其他 \end{cases} \quad Q_{6-3} = \begin{cases} 1，中级 \\ 0，其他 \end{cases}$$

$$Q_{6-4} = \begin{cases} 1，初级 \\ 0，其他 \end{cases}$$

当 $Q_{6-1} = Q_{6-2} = Q_{6-3} = Q_{6-4} = 0$ 时，表示无职称。

第三，为了表示不同的学位，定义：

$$Q_{5-1} = \begin{cases} 1，博士 \\ 0，其他 \end{cases} \quad Q_{5-2} = \begin{cases} 1，硕士 \\ 0，其他 \end{cases} \quad Q_{5-3} = \begin{cases} 1，学士 \\ 0，其他 \end{cases}$$

当 $Q_{5-1} = Q_{5-2} = Q_{5-3} = 0$ 时，表示无学位。

为了建立回归模型，首先将学识基础等 10 项教师专项能力作为因变量与教师个体特征进行了回归；其次将教师能力整体为因变量与学识基础等 10 项教师专项能力进行回归。多元回归方程公式如下：

$$Y = C + k_1x_1 + k_2x_2 + \cdots + k_nx_n + \mu$$

2. 变量间的逻辑关系

本研究通过设计的调查问卷，首先，将教师个体特征与学识基础、认知能力、职业道德、沟通能力、社会服务能力、操作能力、教学改革能力、科研能力、自我监控能力、专业实践能力进行多元回归分析，考察教师个体特征对教师能力某一个方面的影响。最后，选择不同年龄、不同教龄的教师，对其教师专项能力进行比较分析，考察不同年龄、教龄教师能力的差异，从而揭示民办高校教师能力影响因素。

第三节　教师能力研究现状

国内研究部分，我们重点关注了国内学者对于教师能力内涵的界定，教师能力可以细分为哪些具体的能力，或者通过哪些表现对教师能力的整体情况进行衡量；教师能力主要受哪些因素影响，如何采取科学有效的方法对教师能力进行评价等。希望通过梳理这些研究，为进一步厘清教师能力结构、影响因素，制定教师能力评价办法，提出教师能力提升策略奠定基础。

一　教师能力结构

很多学者采用不同研究方法、从不同角度对教师能力进行了研究。陈娟等[①]通过探索性因子分析和验证性因子分析，构建了高校教师能力构成模型，认为高校教师的能力应该包括技巧、知识和思维、价值观、特质、团队合作精神五个维度，其中技巧因子是高校教师能力的第一因子。

张波[②]通过问卷调查法得出，教师能力结构应该由教学能力、科研能力、管理能力、创造能力四部分组成，并对每个组成部分分别进行了细分。

李田伟等[③]在文献分析法和行为事件访谈的基础上，选取来自云南、成都、重庆 3 个地区 16 所高校的在编教师进行了调查，通过主成分分析法、正交极大旋转法，将问卷题目归因 11 个因了，分别是：教学能力、科研能力、自我发展设计、知识更新、自我平衡、成就动机、资源开发能力、资源整合能力、创造力、人际影响力、关系协调能力。

---

① 陈娟、田凌云、马跃如：《高校教师能力模型构建研究——基于探索性因子分析和验证性因子分析》，《高等财经教育研究》2012 年第 3 期。

② 张波：《论教师能力结构的建构》，《教育探索》2007 年第 1 期。

③ 李田伟、李福源：《高校教师能力素质模型》，《中国健康心理学杂志》2013 年第 3 期。

任伟宁等[①]运用美国社会心理学家戴维·麦克米兰关于能力素质的模型理论，将教师能力划分为学科专业带头人能力素质和教师能力素质两个层次。通过调查访谈，认为能力素质应该划分为个性能力素质群、认知能力素质群、教学能力素质群、研究能力素质群、服务能力素质群和管理能力素质群6个能力素质群。

由以上研究可以看出，虽然这些学者观点各不相同，但大家都认同教学能力或技巧、科研能力（研究能力）是教师能力的重要组成部分，对本研究教师能力结构形成构建有重要借鉴作用。

二 教学能力结构

由于教学能力是教师能力的重要组成部分，很多学者对教师能力的研究主要是围绕教师教学能力进行的，同时教学能力研究对教师能力的分解研究有重要意义，因此有必要对教师教学能力的研究现状进行总结。

当前，研究者们从不同角度对教师的教学能力进行了界定。一是从教育学的角度，如岳夕茜[②]认为，教学能力是以认识能力为基础，在具体学科教学活动中表现出来的一种特殊能力，主要是指将特定的知识传授给学生的能力，但这一能力并不是一种简单纯粹的能力，其本身具有复杂的结构，应该包括教学能力的智力基础、一般教学能力、具体学科教学能力。周媛媛、詹旺[③]认为，作为教学的设计者、组织者和指导者，教师的能力结构拓展为教学组织与监控能力、与学生或其他教师交流合作的能力、运用现代技术与信息的能力、教学研究能力、终身学习能力等多元化立体结构。

二是从心理学的角度，如顾明远在《教育大辞典》[④]中认为“教学能力是教师为达到教学目标，顺利从事教学活动所表现的一种心理特征，由一般能力和特殊能力组成。一般能力指教学活动所表现的认识能力，特殊

① 任伟宁、王颖：《试论地方高校教师能力素质发展体系的构建》，《广东外语外贸大学学报》2012年第1期。

② 岳夕茜：《论高校教师教学能力的基础》，《教育与职业》2011年第17期。

③ 周媛媛、詹旺：《高校教师教学能力结构与优化浅析》，《中国成人教育》2011年第7期。

④ 顾明远：《教育大辞典》，上海出版社1998年版。

能力指教师从事具体教学活动的专门能力"。

彼得·凯弗（Peter Cave）[①] 从教育学、心理学和社会学三个方面分别进行了界定：教育学角度——高校教师的教学能力主要包括教学设计能力、教学组织能力以及教学研究能力；心理学角度——主要归结为教学认知能力、教学操作能力和教学监控能力；社会学角度——主要体现为促进班级的集体参与、相互作用及构建和睦关系的能力，另外，还有在课内外对学生个人作出适当反应的能力，唤起学生学习兴趣、刺激其卷入学习和配合教学的能力，教师继续自我教育能力以及适应国际化、信息化等社会变化的实际能力等。

这些专家学者对教师能力进行了研究，作了概念界定和框架构成的描述，为我们深刻认识教师能力的内涵和构成结构提供了参考。但缺乏对于不同类型高校的具体研究，尤其是与现代职业教育体系建设要求相适应的教师能力的研究。这些研究在为我们提供参考借鉴同时，也印证了现代职业教育背景下民办高校教师能力结构研究的必要性。

三　教师能力影响因素

高校教师能力影响因素方面的研究较少，从查找文献结果来看，多数研究集中在教师能力的某个微观层面的影响因素方面，如对教师教学能力影响因素的研究。由于教师教学能力属于教师能力的一部分，因此，研究教师教学能力影响因素对笔者深入研究教师能力影响因素有较大帮助。

余承海等[②]认为影响教师教学能力的因素是复杂的，有六方面主要影响因素：师范教育的缺失、师范教育的偏颇、教师终身教育体系尚未形成、高校教师教学能力发展存在"高原期"、教学效能感的走低、教学与科研的失衡以及教学管理的偏颇等。

张大良等[③]对高校青年教师教学能力影响因素进行了研究，认为他们

---

① Peter Cave, "Education Reform in Japan in the 1990s: Individuality and Other Uncertainties", *Comparative Education*, Vol. 37, No. 2, 2001.

② 余承海、姚本先：《高校教师教学能力形成及发展的影响因素探析》，《高等农业教育》2006 年第 3 期。

③ 张大良、纪志成、周萍：《高校青年教师教学能力的评价体系与影响因素研究》，《贵州社会科学》2009 年第 9 期。

的教学能力受三方面因素影响：教师的个体特性、制度和环境因素与实践因素。其中，个体特征因素主要指教师教育理念、从业态度、自我发展的要求差异的影响；制度与环境因素主要包括制度因素、社会报偿、文化氛围造成的影响；实践因素主要包括社会实践和专业实践带来的影响。同时他们认为，在以上因素中，制度与环境因素（表现为：教育政策法规和学校对教师的评价制度、教师的社会报偿、校园文化氛围）是制约因素，教师的个体特性和实践因素（表现为：教师个人的教育理念和从业态度、自我发展的要求和专业实践）等是核心因素，对青年教师教学能力发展和提升起着举足轻重的作用。

韦雪艳等[①]认为，应该从教学实施、教学监控两个维度，来考察青年教师教学能力状况。他们对9所“211工程”重点建设高校青年教师进行了问卷调查，对调查结果进行了数据整理和分析，得出以下结论：教学研究、教学准备、教学志向显著影响了教师的教学能力，其中教学志向和教学准备比教学研究对教学实施能力影响更大，而教学研究对教学监控能力的影响最显著。

智安然[②]将影响青年教师教学能力的因素划分为内部因素和外部因素两大类。内部影响因素主要是指青年教师的个人主观因素，是个体积极主动认识世界、改造世界的一种心理倾向，包括智力水平、情感需求、需要与动机、兴趣与爱好、个性心理品质和身体素质等。外部影响因素主要是指制度政策方面因素，包括国家政策因素和学校制度因素，其中国家政策主要指国家制定的关于提升教师能力水平、增加培训机会、促进教师能力增长和发展的各项政策；学校制度因素是指学校出台的各项提升教师能力的政策措施，包括职前培养制度、入职培养制度、职后培养制度三种。在诸多因素中，个体因素是内因，任何外因都需要通过内因才能发挥作用。

张敏[③]对新教师教学能力发展制约因素进行了分析，认为可以从两方

① 韦雪艳、纪志成、周萍、陆文君：《高校青年教师教学能力影响因素与提高措施实证研究》，《现代教育管理》2011年第7期。

② 智安然：《我国高校青年教师教学能力发展研究》，硕士学位论文，南京理工大学，2013年，第31—32页。

③ 张敏：《高等院校新教师教学能力发展研究》，硕士学位论文，哈尔滨工业大学，2007年，第34—36页。

面进行说明，分别是个人因素和外部环境因素，个人因素属于微观层面因素，主要包括教师的教学实践、知识结构情况具有一定局限性等；外部环境因素属于宏观层面因素，主要包括高校教师激励机制存在偏颇、校本培训体系不健全、教学考核机制不完善等。

以上研究成果有助于帮助我们理解教师教学能力发展的轨迹，但可以发现，这些研究主要存在两个问题：一是凭主观推断和经验主义来得出结论，科学性不足；二是虽然有数据分析，但研究不够深入。对影响因素的分析，最理想、最科学的方式是采用实验控制法，虽然囿于现实情况，这有很大的困难，但仍可以对当前研究方法进行改进，提高研究的科学化水平。另外，研究者们虽然指出了影响因素的存在，但对于每个因素影响教师教学能力发展的内在机理却缺乏令人信服的论述，然而，只有找出教师教学能力的内在生成机制，才能真正对教师教学能力发展进行科学、合理、高效的干预，最终对教师综合能力提升提出有效策略。

四 教师能力评价

早在1948年，美国全国教育协会提出，作为一个专业应该符合八条评判标准：专业实践属于高度的心智活动；具有特殊的知识领域；受过专门的职业训练；经常不断地在职进修；视工作为终身从事的事业；行业内部自主制定规范标准；以服务社会为最高目的；设有健全的专业组织。为教育领域构建教师评价体系提供了借鉴。

近年来国内许多学者针对高校教师评价、教学质量评价等方面开展了一系列研究。例如，有学者对高校现行的行政管理、学生评价、教师自我管理三种模式的有效条件进行了剖析和比较分析，得出的研究结论是：高校教师教学活动过程的不可观察性、活动过程难以标准化以及产出结果难以量化等特征决定了任何单一的管理与评价模式都具有其局限性，主张对高校教师教学活动评价要刚性与柔性相结合作出评价。[①] 这个观点符合当前教育主管部门提出并引导学校要落实“办学以教师为本的理念”，在教师评价方面应更多刚性指标与柔性指标结合、定性指标与定量指标结合的

① 刘鸿渊、熊志坚：《论现行高校教师教学活动管理模式的有效性》，《江苏高教》2010年第2期。

原则。

关于高校教师教学能力评价的问题，有学者[①]在对前人文献进行研究的基础上构建了高校教师教学能力评价模型，提出了教师教学能力与纯理论、纯经验和反馈系数的关系，认为高校教师教学能力是意识常数与理论、经验、反馈系数总和的乘积。也就是说，高校教师教学能力受理论水平、实践经验、反馈信息收集后整改几个方面因素的影响。该研究从理论上讲对高校教师教学能力评价提出了依据，只限于高度概括与理论指导。也有一部分学者[②]开始关注教师教学能力评价的缺陷，为进一步完善高校教师教学能力提升机制，提高教师教学能力提出改进建议。

随着专家学者对教师教学评价的研究和高校教学管理人员的重视，有许多高校在日常教学管理工作中尝试构建教师能力评价体系，一方面为提高教师教学能力积累经验，为同行提供借鉴；另一方面为进一步研究探讨提供了案例。如有学者从教师素质、教师态度、教学内容、教学方法、教学效果 5 个方面进行了实证研究，提出了定性研究与定量研究方法相结合，对本科高校教师教学质量评价指标和权重进行确定，采用模糊综合评价模型和多元线性回归分析，对特定教师的教学质量进行了评价分析的观点。该研究选择从教师素质、教师态度、教学内容、教学方法、教学效果五个方面对教师教学评价的维度也正是目前许多高校正在实施的教师教学评价的内容和关注的重点，具有一定的代表性。也有一些高校在对教师能力结构开始关注，如徐继红[③]在博士论文中对我国高校教师教学能力结构从构成领域、工作领域、活动过程领域三个维度进行了描述，能力构成领域主要含特质、态度、知识、技能四个子维度；工作领域分为职业基本能力、微观教学能力、中观教学能力、宏观教学能力四个方面；活动过程能力领域含设计、开发、利用、管理、评价五个方面。以此形成了高校教师教学能力结构的整体框架。

---

① 陈炳权、李波勇：《高校教师教学能力评价模型的构建及其哲学反思》，《吉首大学学报》2011 年第 6 期。

② 郑延福：《本科高校教师教学质量评价研究》，博士学位论文，中国矿业大学，2012 年，第 54 页。

③ 徐继红：《高校教师教学能力结构模型研究》，博士学位论文，东北师范大学，2013 年，第 68 页。

以上研究对高校教师能力、教学能力均从不同层面进行了研究探讨，但这些研究基本都是以公办高校作为研究对象，评价要素多注重教师的基本素质、教学研究、教学内容、教学方法等方面，对教师专业实践能力的评价关注不够。

（一）教师能力评价研究

翟小宁①认为，有效评价高校教师能力，能够激发教师工作热情，提高工作效能，他利用粗糙集方法对高校教师能力评价进行了研究，该方法运用的基本思想和步骤是：首先运用关键行为事件访谈方法选择典型的高校优秀教师进行访谈，得到高校教师的特征描述；其次在高校教师特征描述基础上归纳整理出高校教师能力评价指标，并在多个高校发放问卷；最后运用粗糙集方法建立模型计算调研的结果，并对高校教师能力评价指标进行验证和重新整理。

曾宜②提出了高校教师能力评价应采用的指标，主要从教师教学能力评价和科研能力评价两方面进行。对于教师教学能力评价应采取学生网上评价、领导和同行（督导组）随堂听课相结合的方式，学生评价指标设计应根据大学教师教学能力构成要素、备课能力、传授知识的能力和组织教学的能力进行设计，领导和同行（督导组）评价指标应根据教师的个人教学方法、教学内容、教学的深浅度以及组织教学能力进行设计。对于教师科研能力评价应遵循五个原则：科学、激励与导向性、以定量评价为主、可行、灵活和适用面广的原则，评价指标依据教师科研工作设定，一级指标包括完成科研项目、发表学术论文、编写著作教材、获得成果奖励、取得各种专利、组织参与科研课题等，二级、三级指标可以依据完成的等级等内涵进行设定。

王春红等③将教师能力评价的一级指标设定为教师的基本技能、业务素质、品德教育、学生反馈、科研能力、社会交往七个方面，并对每个一

① 翟小宁：《基于粗糙集的高校教师能力评价研究》，《北京交通大学学报》2011 年第 1 期。

② 曾宜：《教学研究型大学教师能力评价研究》，硕士学位论文，湖南农业大学，2009 年，第 75 页。

③ 王春红、张弘强、齐吉泰：《主成分分析在教师能力评估中的应用》，《佳木斯大学学报》2007 年第 3 期。

级指标进行细化，划分成19个二级指标。他们认为采取主成分分析原理，应用MATLAB软件对反映教师素质的指标进行主成分分析，可以建立客观的教师能力评价模型，实现教师能力量化评价，是一种有效的评价教师教学能力的方法。

（二）细化的教师能力评价研究

蒋荣萍[①]认为，教师教学评价的基本过程应该分四个步骤进行。首先，进行教学评价的设计与组织；其次，在评价教师时建立评价指标体系，在评价学生时应选择评价工具和制定评价标准；再次，通过各种技术来收集教学评价的信息；最后，通过技术分析数据并反馈数据。

陶祥亚等[②]对高校教师教育技术能力评价进行了研究，依据该能力对教师的要求，通过对《江苏省高校教师教育技术能力指南》《高校信息化建设标准》等资料的研究，建立了教师教育技术能力评价一、二级指标层级图，如图7－1。

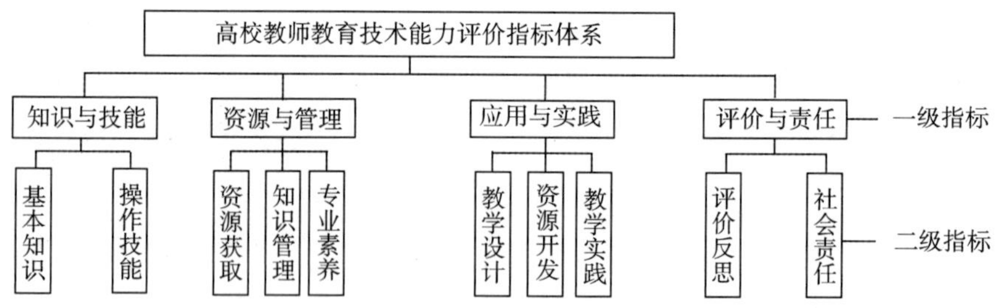

图7－1 高校教师教育技术能力评价一、二级指标层级图

该层级图包含一级指标4个，二级指标10个。他认为采取AHP法可以科学进行各指标权重的设定。

张剑平[③]认为，高校教师的科研能力主要体现在专业业务能力和辅助业务能力两个方面。其中，专业业务能力包括科研业绩及质量、专业技术

① 蒋荣萍：《高校教学评价技术的发展研究——以广西民族大学为例》，硕士学位论文，广西民族大学，2008年，第76页。

② 陶祥亚、江卫东、杨成：《高校教师教育技术能力评价体系研究》，《中国大学教学》2010年第11期。

③ 张剑平：《高校教师科研能力评价指标体系设计研究》，《黑龙江高教研究》2006年第5期。

能力、专业基础理论知识、相关专业知识、技术标准规范的熟悉程度等要素；辅助业务能力由计算机应用能力、专业外语能力和团队协调能力等要素构成，如图 7－2 所示：

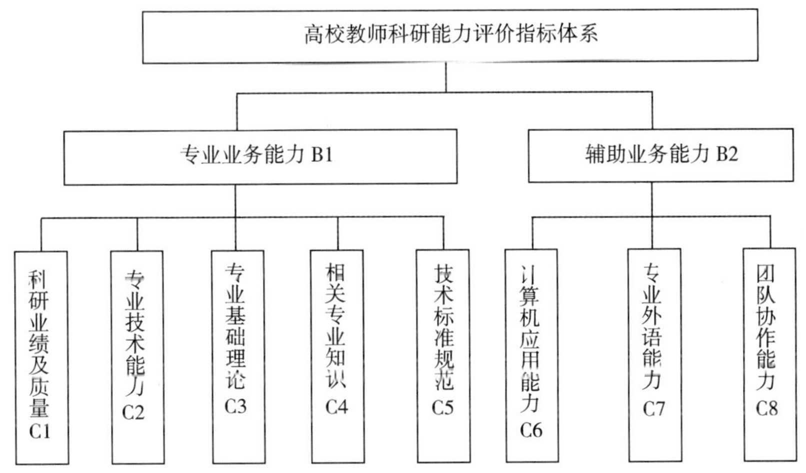

图 7－2　高校教师科研业务能力评价指标体系

对于各评价指标权重的确定应采用层次分析法（AHP）：第一步，建立判断矩阵；第二步，计算相对重要度（权重）；第三步，分析判断矩阵的相容性；第四步，进行综合重要度的计算。

陈玉琨论述了教师评价的职责评价模式、认知发展模式和活动评价模式，其中就谈到了教学设计评价、教学技术评价等内容。[①] 同时，也有学者试图构建高校教师教学能力评价的指标体系。如其木格、峻峰指出：高校教师的综合能力中应包含有教学能力，它又包括了完成教学工作量状况、培养各类学生状况、开设专业状况、承担课程状况、社会及用人单位对毕业生评价等。[②] 王景英对教学能力评价指标进行了细分，其下包含教学基本功（教态、语言与板书）、激励的方法与手段、组织与应变能力。[③] 王京文等将教学能力作为业务素质的二级指标，三级指标分为教学态度、

① 陈玉琨：《教育评价学》，人民教育出版社 1999 年版，第 113—114 页。

② 其木格、峻峰：《高校教师综合能力评价指标体系的研究》，《内蒙古师范大学学报》（哲学社会科学版）1998 年第 2 期。

③ 王景英：《教育评价理论与实践》，东北师范大学出版社 2011 年版。

课程建设、教学内容、教学方法、讲授能力、教学研究等内容。①

这些成果从细化的教师能力方面对教师能力评价做了研究，包括教师的教学能力、科研能力、教育技术能力等，为后期研究奠定了宝贵的基础，但也存在一些问题：一是评价指标体系不健全，缺乏权威性，也没有明确指标体系设计的理论基础，同时也未能进行具有高信度和高效度的实证检验。未来的研究要制订完整、可行的实施方案，强化实用价值和实证检验。二是将教师能力作为一个静态变量进行考察，而不是将教师能力作为一个连续、存在阶段性变化发展的变量来考察，虽然也有个别学者注意到了这个问题，但缺乏深入研究。三是缺乏激励机制与约束机制的耦合研究。教师能力发展具有阶段性特征，应当有适当的准入标准和优秀标准，因而，需要制定和完善阶梯性的教学能力标准体系，配套完善的物质激励、精神激励措施，充分调动教师提高自身能力的积极性。

五 教师能力提升

关于民办高校教师能力提升策略的有关文献研究较少，大部分是从地方高校的角度出发，研究如何提升教师能力的。在对教师能力提升的诸多研究中，对于如何提升教学能力的研究最多，这也表明了教学能力是教师能力的核心，在教师能力中处于重要地位；此外还涉及对于教师能力的其他能力构成，如科研能力、社会服务能力、实践能力等有关能力提升的研究，但研究文献均较少。

在教师教学能力提升方面，缪锌②认为地方高校教师教学能力发展受到教师职业机制、评价管理机制、科研机制等因素的制约，要想提高教师教学能力，需要改革教师选聘机制，引导教师重视教学，同时加强对教师教学能力的培养培训，建立合理的教学激励机制，鼓励教师参与教学活动等。

童婧③在其硕士学位论文中，较为系统地提出了高校青年教师教学能力的培养途径，认为可以从三个层面开展：一是教师层面，需要养成终身

① 王京文、胡忠望、肖建华：《基于多元评价模型构建高校教师综合素质评估指标体系》，《科技信息》（科学教研）2007 年第 22 期。

② 缪锌：《地方高校教师教学能力提升的研究与实践》，《教育理论与实践》2015 年第 33 期。

③ 童婧：《高校青年教师教学能力培养研究》，硕士学位论文，中南大学，2007 年，第 33—39 页。

学习的习惯，重视师德建设，养成教学反思的习惯，内化提升教学能力；二是学校层面，要成立教学发展中心，为教师教学活动提供必要的指导，同时改革绩效考核、发展评价等机制，加大教学的考核比重；三是国家层面，通过教学有关法律法规的完善，进一步明确和规范教师行为。

唐棒[①]通过研究提出了地方高校教师社会服务能力提升策略：一是意识形态方面，教师要认识到社会服务工作开展的重要意义；二是高校应该通过多途径培育教师的社会服务能力；三是企业层面要与高校加强合作，接纳教师来企业开展社会服务工作；四是政府也要出台政策，保障该项工作开展，使社会服务工作成为一件校企均能互惠互利的事情。

陈欢[②]在对陕西民办高校教师能力进行调查的基础上，提出了有针对性的教师能力提升建议：一是在情感上，通过完善聘用制增强教师归属感；二是教学管理体制上，全校各部门均应该养成重视教学的习惯，端正学生的三观；三是外部政策环境上，政府应尽快实现民办教师与公办教师同等待遇。

李燕等[③]则认为，要想提高民办高校教师能力，应该三管齐下：学校层面，给予教师主人翁的安全感，给教师提供个性化发展平台；二级学院层面，落实学校政策，根据教师意愿分类制订教师发展方案；教师个人层面，要有自我发展意识，通过不断反思和多途径提高自身能力。

何书彩[④]研究了民办高校青年教师教学能力提升的路径，认为除了学校层面要加强培训、制定激励政策，教师层面要注重自我能力提升外，学校更应该加强对青年教师的人文关怀，帮助他们解决生活的后顾之忧，使青年教师能够安心开展教学工作。

尹慧平[⑤]对民办高校教师科研能力如何提升进行了研究，认为其主要

---

① 唐棒：《地方高校教师社会服务能力提升研究》，硕士学位论文，湖南农业大学，2017年，第35—41页。

② 陈欢：《“十三五”期间陕西民办高校教师能力提升路径——以青年教师队伍为例》，《现代商贸工业》2017年第4期。

③ 李燕、李佳：《职业教育背景下民办高校青年教师能力提升的研究》，《太原城市职业技术学院学报》2017年第11期。

④ 何书彩：《新时期民办高校青年教师教学能力提升的路径分析》，《中国成人教育》2018年第17期。

⑤ 尹慧平：《民办高校教师科研能力提升对策研究》，《科教导刊》2017年第23期。

制约因素为民办高校教师教学任务重、自身科研能力不足、科研经费少等，可以通过寻找科研型高校对口帮扶、科研资源共享、降低教师教学压力等途径，为教师科研能力提升创造条件。

综上可见，目前专家学者对于教师能力提升策略已有一些研究，提出的建议涵盖高校、政府、教师个人甚至企业等主体，对于教师能力组成尤其是教学能力提升也进行了研究，相对比较全面。但针对不同个体特征教师能力提升研究较少，尤其是对于民办高校教师能力提升的系统研究，较为缺乏，这些是本研究需要重点探讨和解决的问题。

第四节 国外应用科技大学对教师能力的要求

为了进一步明确教师能力的具体表现形式，更加全面地提出教师能力的内涵与结构，我们还对国外高校教师能力情况进行了研究，如伦弗克曼尼等人，于1988年在总结前人研究的基础上制定了一个教师评价系统，其中涉及教学能力的有制订教学计划的能力、教学活动能力、课堂管理能力、知识传授能力等。[①] 道格拉斯·米勒等提出了六项主要的教学能力：思考和计划能力、导入能力、质疑能力、探究能力、鼓励能力、学习能力。[②] 美国专业教学标准委员会从学生发展需要的角度分别提出了五项教师专业能力标准：教师应致力于学生及其他们的学习；教师具有他们要教的学科知识以及知道如何把这些知识教给学生；教师有责任管理和控制学生的学习；教师应系统地反思自己的实践和从经验中学习；教师应是学习社会中的一员。

此外，我们对国外教师能力的研究主要是通过分析国外应用科技大学教师能力要求来梳理的。国外应用科技大学经过了一段时间的发展，形成了较为成熟的运行机制，对于培养应用型人才相适应的师资队伍应具备的能力素质，有着较为明确具体的要求。现将比较典型的德国、澳大利亚的应用科技大学对教师能力要求总结如下。

---

① Manning, Renfro C., "Teacher Evaluation Handbook: Step—by—tsep Techniques & Forms for Improving Instruction Engle Wood Cliffs", *J. prentice Hall*, 1988.

② Douglas R. Miller, Gary S. Bilkin & Jerry L. Gray, "Educational Psychology—an Introduction", *Wm. C. Brown Company Publisher*, 1982, pp. 512—519.

一　德国的应用科技大学

德国政府颁发的《高等教育总法》对教授资格进行了严格的规定：大学讲师、高级助理和学术助理要有博士学位，学术雇员要有硕士学位。此外，多数学校要求教师必须做到学术与实践的统一，一般需要具备两个基本条件：一为学术性，即应聘者必须获得博士学位，并通过高等学校教授资格考试，或者是某一学科的专家；二为实践性，即除了外语和数学专业外，其他专业的教授应在本专业从业经历至少达5年以上（其中3年在高等学校以外其他单位）。

二　澳大利亚的TAFE学院

学校对教师的知识、技能、素质的要求十分严格和明确：一是通过高等院校培养出来的、具有高学历和高素质、丰富的专业知识，取得所授专业的学历文凭；二是取得教育专业的本科文凭；三是有3—5年与专业教学相关的行业专业实践工作经验或经过培训，并取得行业四级证书。具体规定会因州和专业不同有些差异，但实践经验、技能证书、教育学习，这三者缺一不可。之外，还必须掌握熟练的教学方法，能够应用现代教育信息、编写教学计划和指导学生实践，尤其要具备培养学生创新能力、教育学生如何做人等能力。

由此可见，应用科技大学对教师能力的要求，除了需要具备一般教学能力外，不同职称级别教师需要具备相应的学识基础，重点强调教师的企业行业实践能力，教师应具备相应专业的职业能力，把该行业的最新知识传授给学生；同时要通过不同途径不断促进自身能力发展，保持与时俱进。

在以上研究的基础上，本研究初步形成职业教育体系下民办高校教师能力结构，包括学识基础、职业能力、教学能力和发展能力四部分。其中职业能力包括专业实践能力、沟通能力、职业操守，教学能力包括认知能力、操作能力、监控能力，发展能力包括研究能力和创新能力。

第八章　民办高校教师能力结构与特点

第一节　民办高校教师能力结构

一　预研究问卷调查

（一）预研究取样

依据初步形成的教师能力结构，编制教师能力结构调查问卷，主要包括学识基础、专业实践能力、沟通能力、职业操守、认知能力、操作能力、监控能力、研究能力和创新能力 9 个维度，选择某民办本科院校——YC 学校不同层面的教师（包括高层领导、中层领导、专任教师）作为调查对象，发放问卷进行调查研究。共发放调查问卷 120 份，收回 104 份，回收率 86.67%；有效问卷 104 份，有效率 100%。

（二）信度与效度分析

使用 SPSS20.0 软件对调查结果进行统计分析，经信度检验，Cronbach's Alpha 值为 0.922，表明问卷有较高的信度。采用具有 Kaiser 标准化的正交旋转法进行因子分析，抽取特征值大于 1 的因子，最终得到 9 个公共因子，累计贡献率为 78.224%，表明这 9 个公共因子可以较好解释其自变量，其内涵意义与之前问卷设计时的 9 个维度基本相一致。该调查分析结果表明了本研究初步形成的教师能力结构具有一定合理性。

表 8－1　　初始特征值与方差解释

因子	初始特征值	方差解释量（%）	累计方差解释量（%）
1	20.810	27.026	27.026
2	9.596	12.462	39.488
3	7.175	9.318	48.806

续表

因子	初始特征值	方差解释量（%）	累计方差解释量（%）
4	5.084	6.602	55.408
5	4.564	5.927	61.335
6	4.052	5.262	66.597
7	3.251	4.222	70.819
8	2.886	3.749	74.568
9	2.815	3.656	78.224

（三）探索性因子分析

经过KMO检验，《民办高校教师能力情况调查问卷》的KMO值为0.946，适合做多因素分析。对问卷中的82个问题（共93个问题，未包括问题1—11）进行分析，得到各问题的成分矩阵，如表8-2所示，从中可见各问题项对9个公因子的解释情况。

表8-2　民办高校教师能力构成载荷量表

项目号	学识基础	认知能力	职业道德	社会服务能力	沟通能力	操作能力	教学改革能力	科研能力	自我监控能力	专业实践能力
9										
10										
11	0.676									
12	0.602									
13		0.542								
14		0.325								
15		0.722								
16		0.825								
17		0.845								
18			0.475							
19			0.607							
20			0.478							

续表

项目号	学识基础	认知能力	职业道德	社会服务能力	沟通能力	操作能力	教学改革能力	科研能力	自我监控能力	专业实践能力
21			0.461							
22			0.616							
23										
24				0.334						
25				0.568						
26				0.825						
27				0.618						
28					0.478					
29					0.582					
30					0.599					
31					0.559					
32						0.442				
33						0.504				
34						0.482				
35						0.523				
36						0.741				
37						0.776				
38						0.508				
39						0.488				
40							0.609			
41							0.621			
42							0.842			
43							0.811			
44										
45										
46										

续表

项目号	学识基础	认知能力	职业道德	社会服务能力	沟通能力	操作能力	教学改革能力	科研能力	自我监控能力	专业实践能力
47								0.414		
48								0.607		
49								0.751		
50									0.723	
51									0.396	
52									0.697	
53									0.521	
54									0.693	
55									0.623	
56									0.472	
57										
58										0.55
59										0.498
60										
61										0.629

本研究把对各公因子解释度高的问题归集在一起，作为对该公因子的解释问题，对预研究的问卷进行整理，形成了最终的正式问卷，具体见附录2，共有61个问题。

二　预研究深度访谈

选择民办高校分管教学校长2名、教务处处长2名、专任教师6名，作为访谈对象，通过访谈形式对民办高校教师应该具备的能力内涵与结构情况进行深入了解。

访谈结果表明，访谈对象对本研究初步形成的民办高校教师能力结构具有较高的认同度，但也提出一些不同意见，总结为以下几点。

应用型大学教师应该重点突出专业实践能力，这与职业能力不是相同的概念；对应用型大学来讲，社会服务能力很重要，这是教师发展能力的重要体现，但框架中未体现出来；教师创新能力与科研能力有重叠部分，而教学改革是教师创新能力的重要表现；职业操守的描述不太准确，不如职业道德更恰当。

我们针对访谈提出的建议组织了讨论，认为多数意见比较中肯，应该对教师能力结构进行调整：去掉职业能力，将专业实践能力作为第二大项教师应该具备的能力；用职业道德替代职业操守的描述，用教学改革替代创新能力；教师发展能力细分增加社会服务能力。

三 民办高校教师能力结构与概念界定

（一）教师能力结构与概念界定

1. 民办高校教师能力结构

通过以上研究，我们形成了民办高校教师能力结构，如图 8 - 1 所示，主要由学识基础、专业实践能力、教学能力、发展能力四大部分组成。而教学能力又包括认知能力、操作能力、自我监控能力、沟通能力、职业道德；发展能力又包括科研能力、教学改革能力、社会服务能力等。①

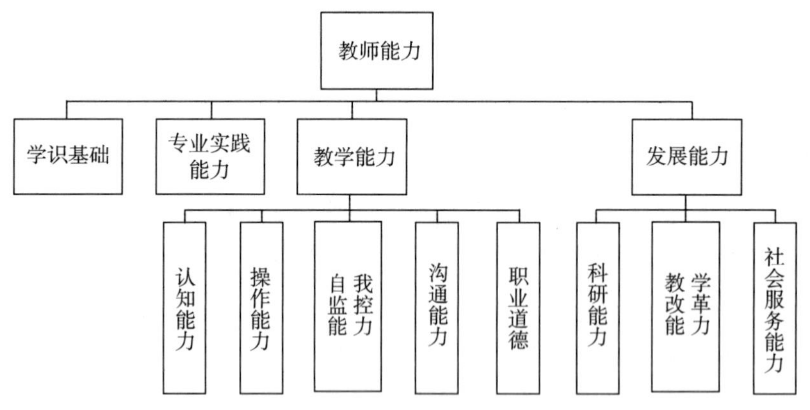

图 8 - 1 民办高校教师能力结构

① 刘翠兰、征艳珂、张婷婷：《现代职业教育背景下山东民办高校教师能力结构研究》，《中国职业技术教育》2014 年第 24 期。

2. 各项能力概念界定

学识基础。是指教师应具备相应学科专业的学问和知识，可以借助相应程度的学历学位、专业技术职称进行衡量。

专业实践能力。是指从事和胜任教师所在学科专业领域对应的职业岗位的能力，具体表现为企业经历时间长短、职业动手操作能力、职业资格证书获取等方面情况。

教学能力。是指教师表现在教学活动过程中的影响教学活动效率的个性特征，它是多种能力的组合，一般来讲，主要包括教学认知能力、教学操作能力、教学监控能力、沟通能力和职业道德。教学认知能力是指教师对教学目标、教学任务、学习者特点、教学方法与策略以及教学情境的分析判断能力；教学操作能力是指教师在进行教学操作的过程中，在对教学目标、教学任务、学习者特点、教学方法与策略以及教学情境分析判断的基础上，对教学内容、教学结构及整个教学过程科学策划的教学设计能力和通过言语及非言语表达，选择和运用教学媒体、把握和呈现教材、对学生学习效果进行评价的教学实施能力的综合；教学监控能力是指教师根据实际教学情况对整个教学过程进行不断调整的能力，具体表现为对教学活动进行主动、积极的计划、检查、评价、反馈、控制和调节的能力；沟通能力主要是指教师人际沟通水平，通过各种方式表达和传达自己意见的能力，包括与领导、同事、学生的交流达到的效果；职业道德主要是指教师遵循学校各项工作规范，投身教育事业的热情，敬业精神和工作责任感。

发展能力。是指教师提升自身学识基础能力、教学能力等各方面能力水平的潜在能力，主要包括教师科研能力、教学改革能力和社会服务能力。科研能力是指教师利用科研手段和装备，为了认识客观事物的内在本质和运动规律而进行的调查研究、实验、试制等一系列的研究活动的能力和水平，其物化的表现有：发表论文、出版著作、研究的课题、获得的发明专利等。教学改革能力是指教师在教学实践过程中，应用先进教育教学理念和思想，对教学内容、方法、手段等进行改革，以提高教学质量和教学效果的能力。社会服务能力是指教师运用学科专业知识和理论，在各种实践活动领域中不断提供具有经济价值、社会价值、生态价值的新思想、新理论、新方法和新发明，将研究成果应用于生产实践，服务社会经济发展的能力。

（二）民办高校教师能力结构特点

在现代职业教育体系构建过程中，民办高校的办学定位已经发生了变化，人才培养目标是培养应用型人才，与之相对应的教师能力也发生了变化。虽然学识基础和教学能力仍然是其重要组成部分，但民办高校教师能力结构有其自身特点。

第一，体现了现代职业教育的要求。应用型本科教育是现代职业教育体系的重要组成部分，教师具备较强的专业实践能力有利于学生专业能力、实践能力、职业能力的培养，对应用型人才培养质量至关重要，有利于现代职业教育体系的构建。

第二，注重教学改革。改变传统观念中过于重视教师科研能力，将科研作为教师发展能力的唯一衡量依据的情况，提出教师必须进行教学改革，将精力放在教学上，具备教学探索和创新精神，倡导教学改革学术化。

第三，将教师职业道德，即师德，列为教师能力的重要组成部分。目前社会对教师职业道德有一定要求，但极少将其与教师能力关联起来，本研究认为，教师职业道德除了能够约束教师遵循学校各项工作规范外，更重要的是对教师投身教育事业的热情、敬业精神和工作责任感有较大影响。

第四，各能力组成部分之间相互影响。虽然将教师能力结构划分为几个部分，但各组成部分并不是孤立的存在。在教师能力构成的四个一级指标能力中，教学能力是教师能力的核心组成部分，反映了教师对于教学基本工作完成的能力情况，其他三种能力的增强将会使教学能力增强，形成良性循环；职业道德是教学能力的组成部分，但对教师能力所有组成部分都会产生一定的影响，对教师能力整体情况至关重要。

综上所述，本研究认为，民办高校教师能力结构应该由学识基础、专业实践能力、教学能力和发展能力四部分有机组成，单独突出某一方面或某几个方面都是不科学的，它是一个系统的存在，有其自身特点。按照该结构来培养师资队伍，将有利于应用型人才的培养，为现代职业教育体系构建作出贡献。

第二节　民办高校教师能力特点

通过问卷调查，我们分别对民办高校教师的学识基础、教学能力、发展能力、专业实践能力等代表教师能力的变量进行了分析，发现呈现出以下特点。

一　学识基础整体薄弱

本研究对民办高校教师的学识基础主要从教师教龄、专业技术职称、具有的学历学位三个方面进行了考察，结果显示，在目前民办高校教师队伍中，教师整体学识基础较为薄弱。具体情况分述如下：

（一）多数教师教龄短

抽样调查显示，在被调查样本 1077 名教师中，教龄在 3 年及以下的教师有 385 人，占比 35.7%，这部分教师多属于新引进的年轻教师，教学经验不足；教龄在 4—10 年的教师有 493 人，占比 45.8%，这部分教师处于快速成长期，有一定的教学经验，但不够成熟稳定；教龄在 11 年及以上的教师有 180 人，占比 16.7%，这部分教师有着丰富的教学经验，教学能力成熟稳定是各专业教师团队的核心力量。从调查结果看，新进教师所占比例较大，这表明民办高校多数教师处在教学经验不足或者教学能力发展初级阶段。

（二）高级职称教师比例低

在被调查样本中，正高职称教师 47 人，仅占比 4.4%；副高职称教师 117 人，占比 10.7%；中级职称教师 475 人，占比 44.1%，属于主体部分；初级职称教师 366 人，占比 34.0%，无职称教师 59 人，占比 5.5%。由此可见，民办高校教师主体为中级职称，高级职称教师较少，不满足民办高校教学建设与人才培养的需要，未达到国家对高校高级职称教师达到专任教师总数 30% 的比例要求。

（三）硕士学位教师是主体，博士学位教师少

在被调查样本中，教师的学位分布显示，博士学位教师 22 人，仅占比 2.0%；硕士学位教师 691 人，占 64.2%，属于教师队伍构成主体部分；学士学位教师 289 人，占比 26.8%；无学位教师有 71 人，占比 6.6%。该项数据表明，民办高校教师高学历人数较少，学历学缘结构不合理，将对学校学科专业建设水平提高产生不利影响。

二　教学能力相对较强

民办高校大多数定位为教学型院校，在民办高校任教的教师主要任务

是教学。本研究对民办高校教师教学能力从教学认知能力、教师职业道德、教师的沟通能力、教师教学操作能力和自我监控能力5个方面进行了考察，具体分析如下：

（一）民办高校教师有较强的教学认知能力

1. 教师非常关注学生的学习主动性

如图8-2可以看出，在被调查的1077名教师中，对学生学习主动性非常关注和比较关注的教师比例分别为48.4%和45.8%，占教师主体的94.2%，表明大部分教师能够研究学生的特点，留意学生的学习情况，具有依据学生学习主动性调整和作出具体教学计划的意愿。

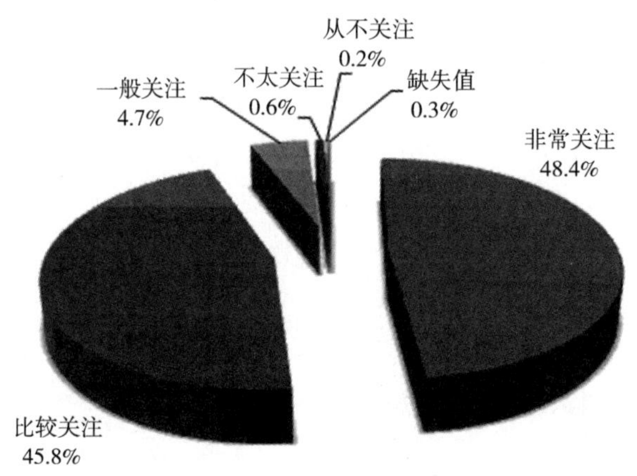

图8-2 对学生学习主动性关注情况

2. 教师对学生学习兴趣关注程度高

如图8-3可以看出，在被调查样本中，对学生学习兴趣非常关注和比较关注的教师比例分别占比到50%和45.2%，占教师主体的95.2%，表明大部分教师关注学生学习状况，留意学生是否对教师授课内容感兴趣，而不是盲目地讲、不管学生的反应，有较强地调动学生学习兴趣的意愿。

3. 教师注重授课内容的系统性

如图8-4可以看出，在被调查样本中，老师对自己讲授课程内容系统性非常关注和比较关注的比例分别为54%和41.5%，占教师主体的95.5%。表明大部分教师在准备教学和组织教学的过程中，关注授课内容的系统性，能够意识到课程内容与学生应该掌握知识的符合度，授课内容

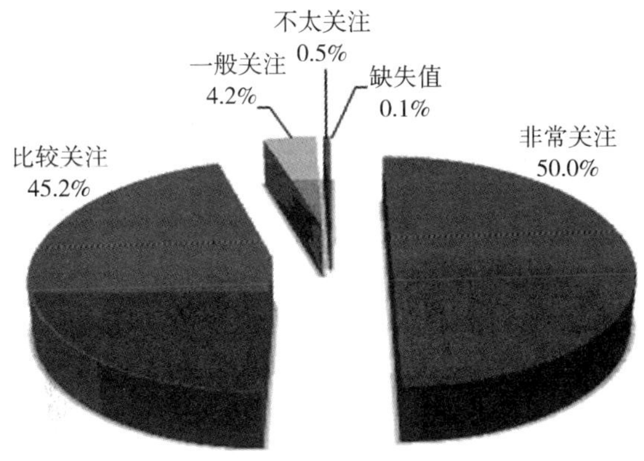

图 8－3　对教授学生学习兴趣关注情况

对学生学习兴趣以及教学效果的影响，有意识地将课程内容进行整合优化，使课程内容支持对学生知识、能力、素质的培养要求。

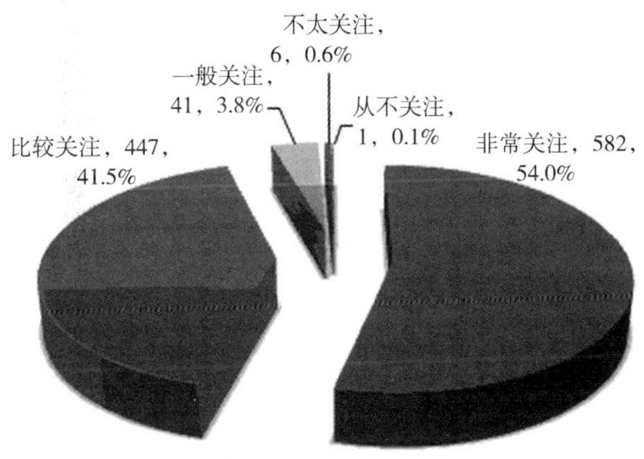

图 8－4　对讲授课程教学内容系统性的关注程度

4. 教师非常关注课程内容对学生适岗能力的贡献度

如图 8－5 可以看出，被调查样本中，自己讲授课程内容对学生适岗能力的贡献度非常关注和比较关注的教师比例分别为 50. 7% 和 40. 7%，占教师主体的 91. 4%，表明大部分教师意识到在应用型人才培养过程中，教师研究人才培养目标、研究课程体系、研究课程内容，关注课程内容对毕业要求的支持度，关注培养目标与岗位要求的符合度。授课不仅是传授知识，在授课过程中不仅关注课程内容，还关注授课内容的实用性、对学生将来成长的贡献度。大部分教师有提升授课内容对学生未来发展贡献度的意愿。

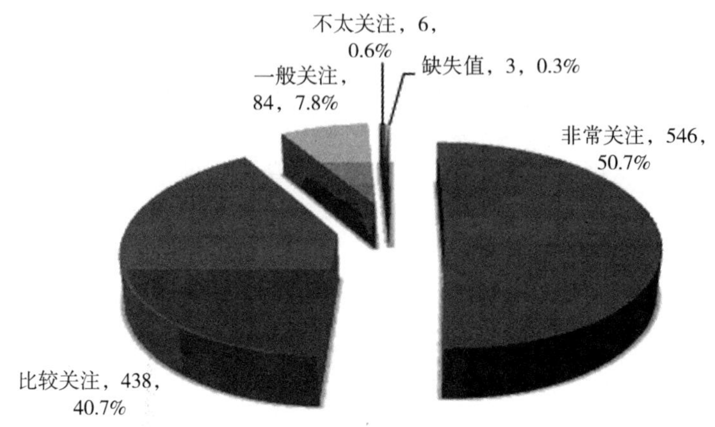

图 8－5　对所讲授课程教学内容对学生适岗能力的贡献度关注情况

5. 教师关注讲授课程与其他课程的关联度

如图 8－6 可以看出，被调查样本中，对自己讲授课程与其他课程内容关联度非常关注和比较关注的教师比例分别为 46.7% 和 44.6%，合计占教师主体的 91.3%。表明大部分教师认为授课不仅需要关注自己课程的教学内容，还需要处理好自己所教授课程与相关课程内容之间的关系，通过对关联课程教学内容的整合，提高教学内容的系统性，认为这一做法更加有助于人才培养目标的实现。

综上可见，教师已经意识到了在授课过程中，关注学生的学习主动性和学习兴趣，意识到需要关注授课内容的系统性，需要提升课程内容对学生适岗能力的贡献度，并且能够主动处理好与其他课程之间的关系，这些情况均表明民办高校的教师具有良好的教学认知能力。

（二）职业道德整体较好

1. 大部分教师认为责任感对教学质量和教学效果有重要影响

调查结果如图 8－7，有 72.2% 的教师认为责任感对教学质量和效果有着非常重要的影响，25.3% 的教师认为是比较重要，没有教师认为责任感不重要。这表明民办高校教师队伍中大部分教师认可责任感对教学质量和教学效果的影响。

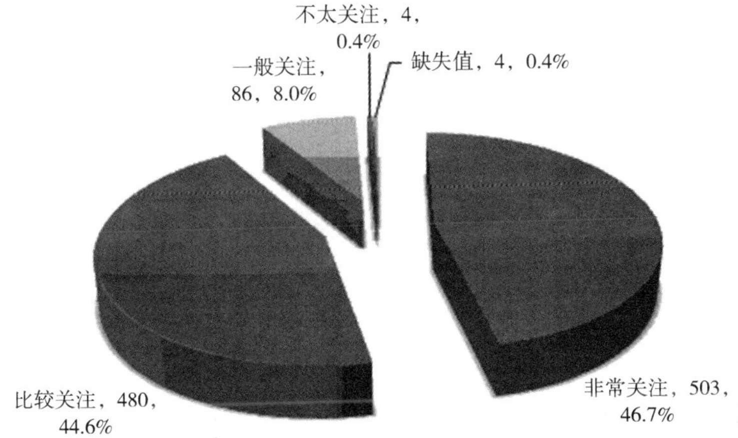

图 8－6　对所讲授课程教学内容与相关课程的关联性关注情况

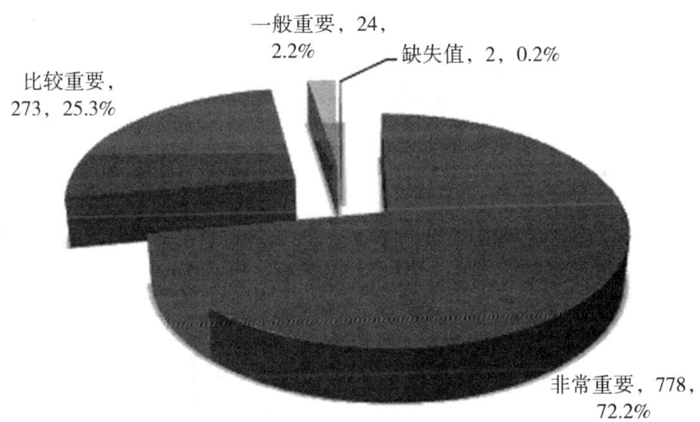

图 8－7　您认为教师的责任感对教学质量和教学效果的影响程度

2. 大部分教师自我评价工作责任感良好

调查结果如图 8－8，有 65.1% 的教师认为自己责任感非常强烈，32.2% 的教师认为比较强烈，这两部分教师合计占比 97.3%。这表明大部分教师认可责任感是从教的重要职业素养，且自我评价较高。

3. 教师认为教学团队具有较强的敬业精神

调查结果如图 8－9，认为自己所在单位教师敬业精神非常强有 53%，认为比较强的有 39.3%，这两部分教师合计占比 92.3%。这表明大部分教师认为自己所在教学团队教师具有较好的敬业精神，被调查教师处在一

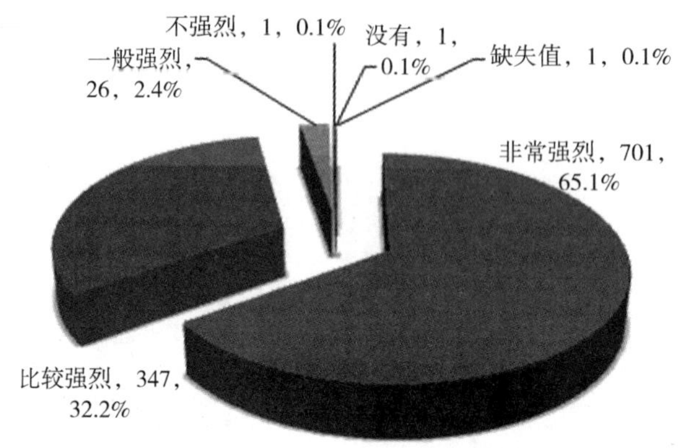

图 8－8 您本人的教师责任感情况

个同事工作氛围良好的环境中。

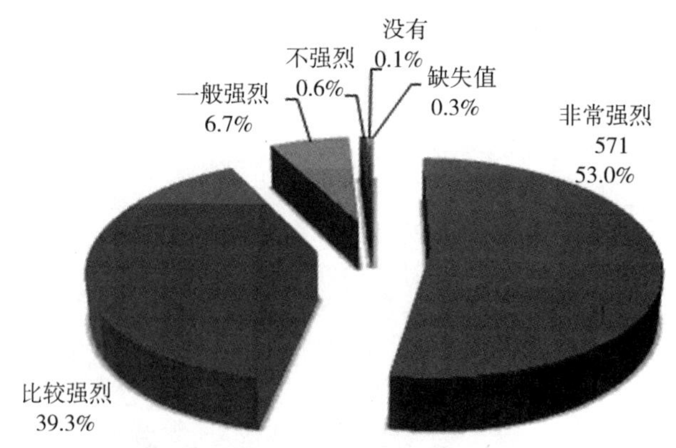

图 8－9 您目前所在单位同事敬业精神情况

4. 教师认为自己具有较强的奉献精神

调查结果如图 8－10，教师认为自己有非常强的奉献精神的占 50.2%，认为自己奉献精神较强的教师占 42.7%，这两部分教师合计占比 92.9%，表明了大部分教师认为自己具有较强的奉献精神。

5. 大部分教师非常热爱自己目前从事的教学工作

调查结果如图 8－11，有 64.7% 的教师非常热爱自己的教学工作，有 29.8% 的教师认为自己比较热爱教学事业，这两部分教师合计占比 94.5%，表明了民办高校大部分教师热爱自己的教学工作。

综上可见，民办高校的教师主体能够认识到责任感对教学质量和教学

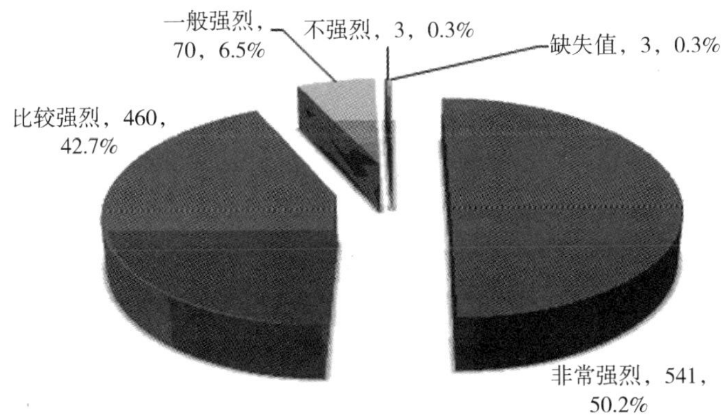

图 8-10　您本人在教学工作中的奉献精神情况

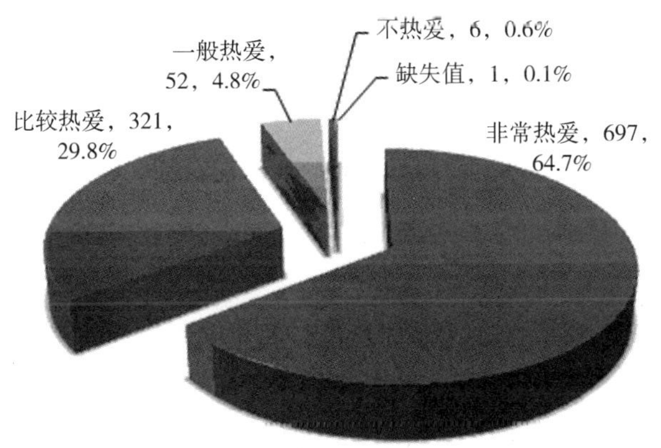

图 8-11　对自己目前从事的教学事业热爱情况

效果提升的重要性，能够热爱自己目前从事的教育事业，具有较强的敬业精神和奉献意识，教师所在单位也有较好的工作氛围。

（三）多数教师与学生、同事沟通情况较好，与企业沟通情况不理想

1. 多数教师经常与学生进行交流

调查结果如图 8-12，36.3% 的教师一直和学生保持注意交流，另有 51.8% 的教师表示经常与学生交流，这两部分合计占比 88.1%，由此可见，大多数教师有着经常与学生进行沟通交流的习惯。

2. 多数教师与同事共同开展交流与合作

如图 8-13 所示，在被调查样本中有 32.1% 的教师一直保持着和同事开展讨论、进行集体备课、合作进行课题研究的习惯，另有 50.2% 的

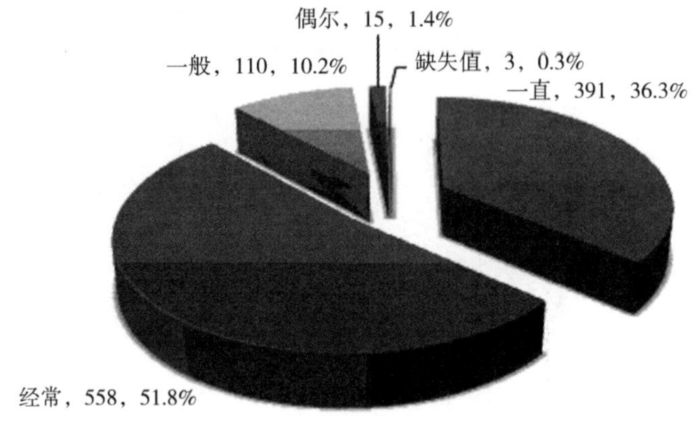

图 8－12　您是否经常和学生进行交流

教师经常与同事开展合作交流，二者合计占比 82.3%，因此，可以说民办高校的大多数教师注重并经常与同事开展合作交流活动。

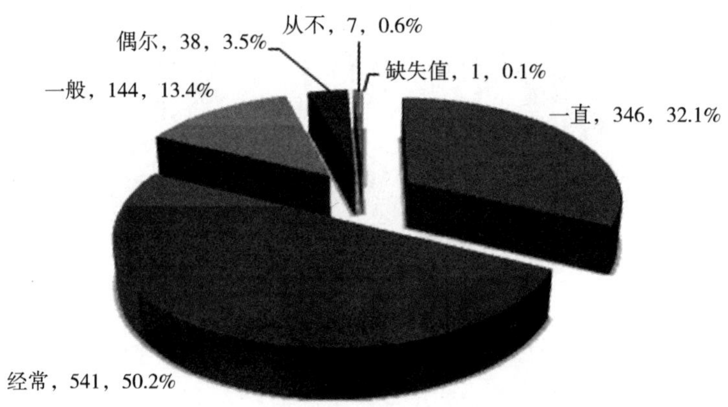

图 8－13　您是否经常和同事讨论、集体备课、共作课题

3. 多数教师没有经常与相关行业企业进行沟通合作

如图 8－14 所示，在被调查样本中有 14.5% 的教师一直保持着与行业企业进行沟通合作的习惯，另有 24.8% 的教师与行业企业经常保持开展合作沟通活动，这二者合计比例为 39.3%，这表明民办高校教师多数并不经常与行业企业进行沟通合作。这是目前培养应用型人才师资队伍的短板。

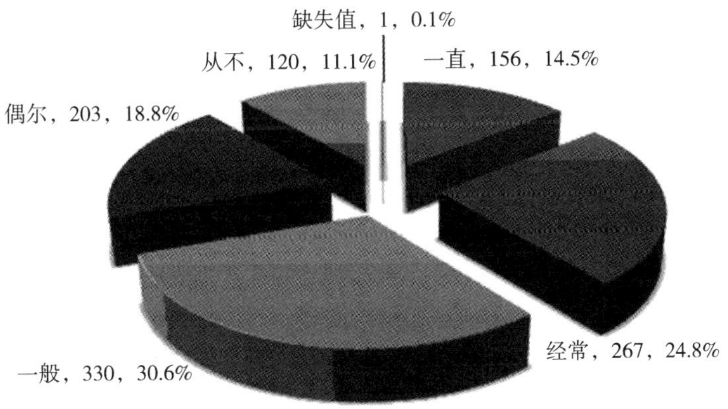

图 8－14　您是否经常与相关行业企业进行沟通合作

4. 多数教师认为团队精神非常重要

如图 8－15 所示，在被调查样本中，认为工作中团队精神非常重要的教师占 65.6%，认为比较重要的占 30.3%，这两部分合计占比 95.9%，表明民办高校绝大多数教师能够充分认识到团队精神在工作中的重要性。

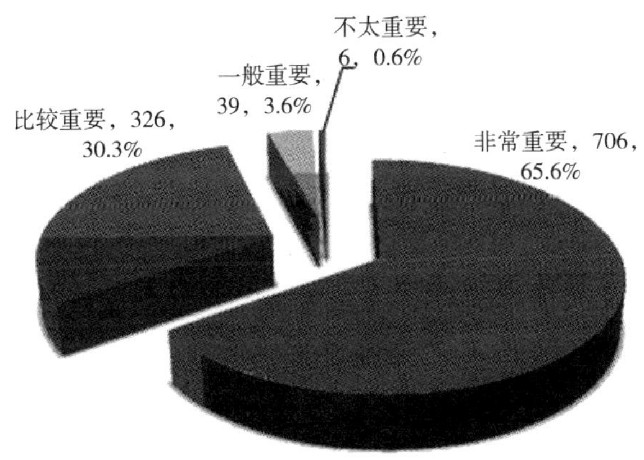

图 8－15　您认为工作中团队精神的重要程度

综上所述，从总体来看，民办高校教师具有一定的沟通能力，具体表现为：多数教师能够经常与学生和同事进行沟通交流，并认可团队精神在工作中的重要位置。但多数教师与专业相关行业企业开展的沟通交流较少，这表明了一方面教师在对外交流方面沟通能力有待提高；另一方面反映了教师在专业实践方面开展的工作少，不利于教师专业实践能力的提升。

（四）教学操作能力较强

1. 多数教师经常根据学生特点进行教学调整

如图 8－16 所示，在被调查样本中一直和经常有根据学生特点进行教学调整的教师比例分别为 25.2% 和 56.5%，这两部分合计占比 81.7%，表明民办高校多数教师对教学情况会经常进行反思，愿意并能够依据学生特点对教学进行调整。

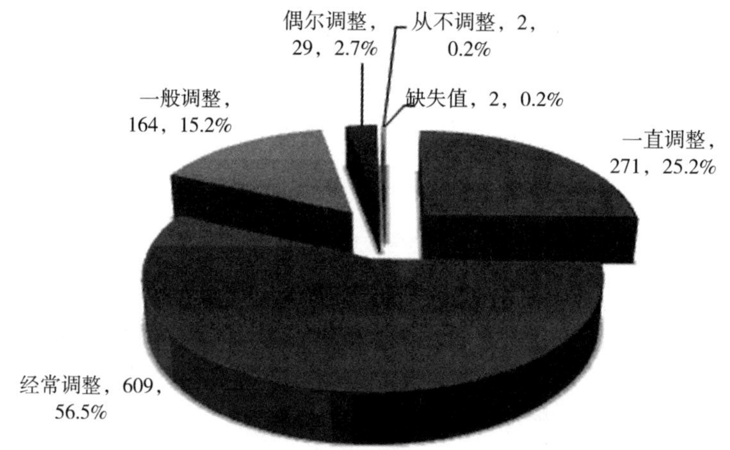

图 8－16 您是否经常根据学生特点进行教学调整

2. 大部分教师重视教态

如图 8－17 所示，在被调查样本中，分别有 48.3% 和 43.4% 的教师认为自己能够一直和经常有意识的采取措施端正自己的教态，两者合计占比 91.7%，这一结果表明民办高校多数教师关注自己的教态，并且能够经常主动采取措施，进行调整，以庄重得体的教态面对学生。

3. 多数教师经常采取措施改革对学生学习效果的评价方式

如图 8－18 所示，在被调查样本中，有 29.8% 的教师一直主动采取措施对学生学习效果评价方式进行改革，有 44.2% 的教师经常采取措施改革对学生学习效果评价方式，两者合计占比 74%，表明民办高校多数教师已经有了针对学生学习效果进行评价方式改革的意识，并且会经常根据课程特点进行有针对性的改革。

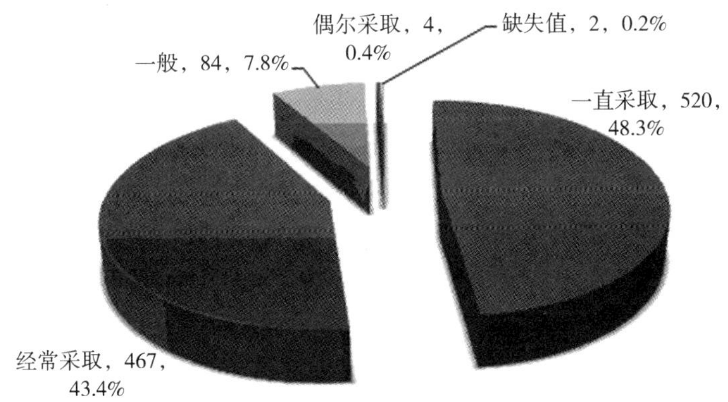

图 8－17　您有意识采取措施端正自己教态的情况

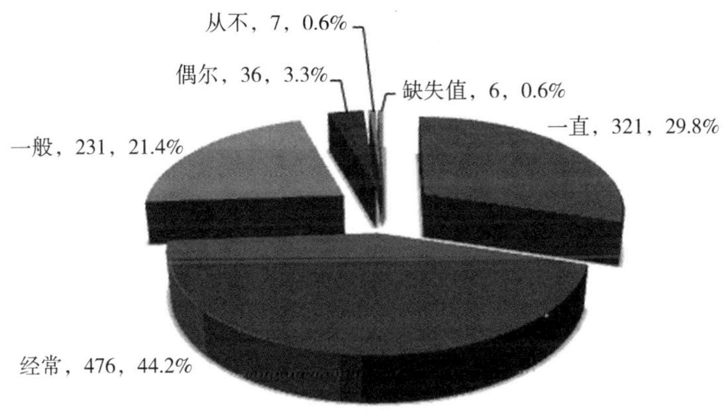

图 8－18　您是否采取措施对学生学习效果评价方式进行改革

4. 大多数民办高校教师能够较为熟练地使用现代教育技术

如图 8－19 所示，在被调查样本中，能够非常熟练和比较熟练使用现代教育技术的教师分别占 34.4% 和 53.1%，这二者合计占比 87.5%，表明民办高校大部分教师在教学过程中经常使用现代教育技术，具有将该技术熟练应用到教学中去的能力。

综上可见，民办高校多数教师能够依据学生特点授课和调整教学内容，经常有意识地端正自己的教态，采取一定措施进行学生评价方式的改革，能够在课堂上熟练使用现代教育技术。因此，可以认为民办高校教师具有较好的教学操作能力。

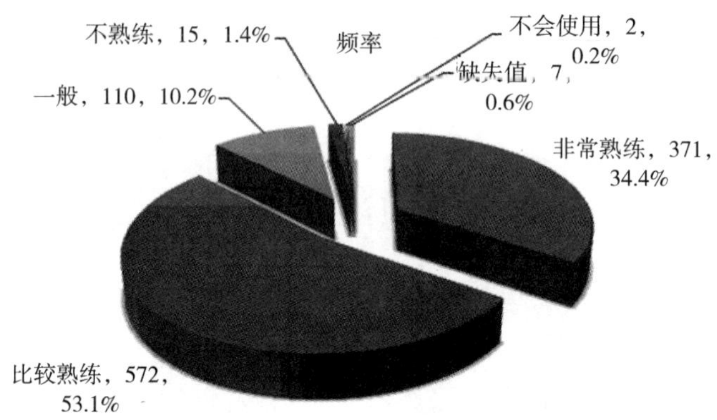

图 8－19　您使用现代教育技术的熟练程度如何

（五）有一定的自我监控能力

1. 多数教师经常对教学过程进行总结和反思

如图 8－20 所示，在被调查样本中，一直能够对教学进行总结和反思的教师占 37%，经常进行总结和反思的教师占 52.6%，这二者合计占比 89.5%，表明民办高校多数教师在进行完教学后，及时进行总结反思，为以后的教学改进打下基础。

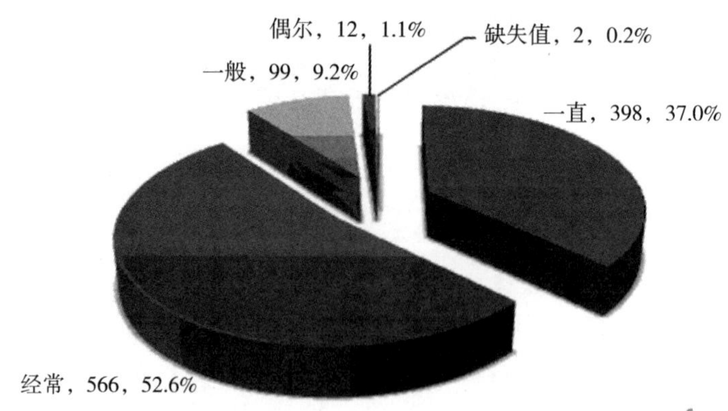

图 8－20　您是否经常对教学过程进行总结和反思

2. 多数教师认为总结和反思对自己教学效果提升作用较大

如图 8－21 所示，在被调查样本中有 24.6% 的教师认为进行教学总结和反思对教学效果有很大的提升作用，认为提升作用较大的占 61.7%，这二者合计占比 86.3%，表明民办高校多数教师认可教学总结和反思在提升教学效果中的作用。

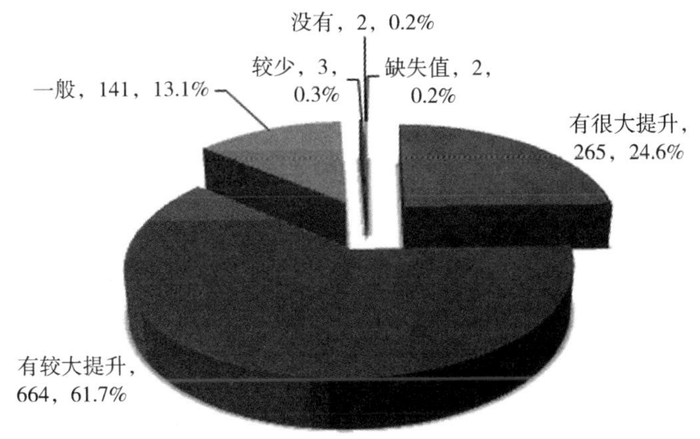

图 8－21　在您对教学过程进行总结和反思后，教学效果提升情况

3. 教师和教学督导员沟通交流情况一般

如图 8－22 所示，在被调查样本中，一直与教学督导员进行沟通交流的教师占 16.7%，能够经常进行沟通交流的教师占 39.2%，二者合计占比 55.9%。另有 29.9% 的教师与督导员沟通交流情况一般，从总体看，教师与教学督导员沟通交流存在问题，不能满足有效改进教学，促进教学能力提升的需要。

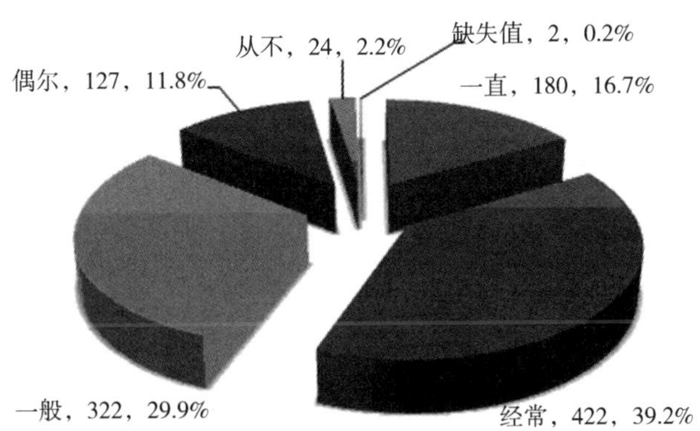

图 8－22　您和教学督导员沟通交流的频率

4. 多数教师认可与督导员交流沟通会提升教学效果

如图 8－23 所示，在被调查样本中，有 19.4% 的教师认为与教学督导员进行沟通交流会带来教学效果的极大提升，另有 50.5% 的教师认为会带来很大提升，这二者合计占比 69.9%，表明民办高校多数教师认可教学督导将会对自己教学能力提升、改进教学、达到预期教学效果会带来好的影响，且影响和提升作用较大。

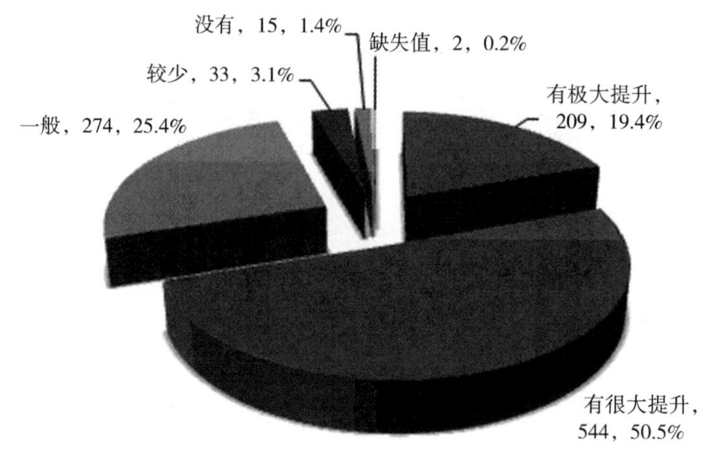

图 8－23　在您和教学督导员沟通交流后，教学效果提升情况

5. 多数教师认为学生评教对自己改进教学有较大帮助

如图 8－24 所示，在被调查样本中，有 21.5% 的教师认为学生评教活动对自己改进教学针对性强，对提升课堂教学效果有很大影响，另有 46.2% 的教师认为有较大影响，这二者合计占比 67.8%，表明民办高校多数教师比较认可学生评教活动的开展情况，认为对教师及时了解学生需求，掌握学生学习情况有较强的针对性，对改进教学，达到预期教学效果会带来较大的正向影响。

综上所述，民办高校教师具有一定的教学自我监控能力，具体表现为大部分教师认为对教学进行总结和反思对自己改进教学、达到预期教学效果会有帮助，能够经常开展教学工作的自我反思和总结；有一部分教师认为经常和督导员进行沟通交流有利于及时发现问题，找到改进机会，提高教学质量，但是实际与督导员进行有效沟通交流的情况不是很理想。即在督导评教的过程中，并非每位教师都能够做到积极主动与督导员沟通交流，这个问题需要从教师以及督导员双方分析原因，利用好促进教师提升教学水平的机会；在学生评教方面，半数以上的教师还是认为该活动对自

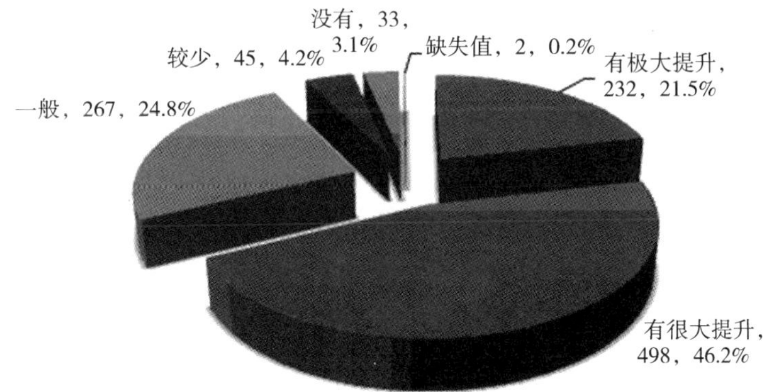

图 8-24　学生评教活动对您的教学效果提升带来的影响

身及时掌握学生学习情况，有针对性地改进教学有较大作用，值得学校重视，并扩大对学生群体的覆盖面。

从以上研究分析可见，目前民办高校教师从整体情况看，教学能力相对较强，这也是民办高校自建校以来一直抓的一项重点工作，为进一步建设应用型高校，培养应用型人才积累了一定经验。

三　发展能力不足

从整体结构看，民办高校，年轻教师居多，在被调查样本中，年龄在35岁以下的教师占比74.09%，教师自身发展提升既是学校关注的重点，也是教师成长的需要。本研究结合民办高校实际从教师的教学改革能力、科研能力、社会服务能力三个方面进行考察，具体如下：

（一）教学改革能力一般

1. 多数教师教学改革成果少

教师教学改革成果主要关注教师参与教材建设、教学课题研究和获得教学改革成果奖励等方面。如图8-25所示，在被调查样本中，没有参编教材、参与教改课题、获得教学成果奖的教师占65.2%，有1—3项教改成果的教师占比24.9%，这两部分合计占比90.1%，表明了民办高校多数教师未做过教学改革相关工作，取得的成果非常少。

2. 大部分教师认为教学改革对教学效果有较大的影响

如图8-26所示，在被调查样本中，有28.8%的教师认为开展教学

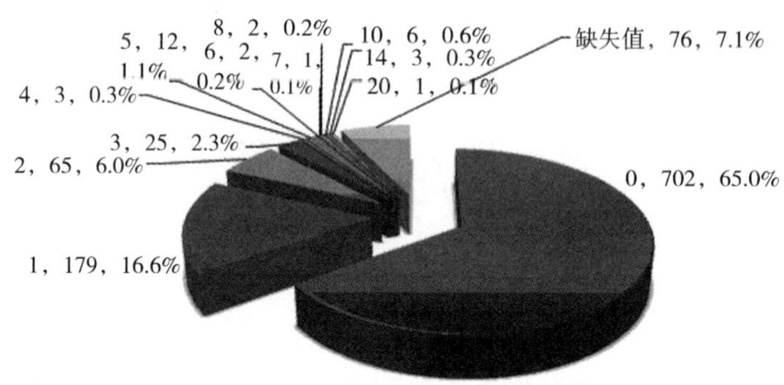

图 8-25 您的参编教材、参与教改课题、获得教学成果奖数量

改革对教学效果有非常大的影响，还有 48.8% 的教师认为教学改革对教学效果影响程度比较大，这二者合计占比 77.6%，表明多数教师认可教学改革活动，对教学改革的重要性有较为一致的认识，认为该项工作开展会对教学效果提升有较大的帮助。

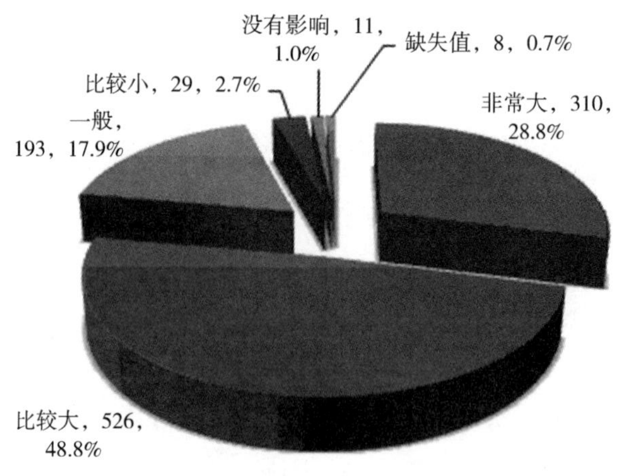

图 8-26 您认为教学改革对教学效果的影响程度

综上可见，民办高校多数教师意识到教学改革对教学的重要影响，认为学校出台了一些鼓励教师进行教学改革的措施，力度较大，能够对自己起到较好的正向激励作用，但是目前教师在教改方面，取得的相关成果较少。这表明了目前民办高校教师教学改革有一定的认识，但是行动较少，成果较少。说明这支年轻的队伍总体教学改革能力较弱，自身能力提升是迫切需要，学校也要更加关注创造必要的条件，激励教师积极探索教学改

革实践。

（二）科研能力较弱

1. 多数教师发表论文少，核心期刊论文更少

科研能力的考察指标相对比较客观，多数高校考察教师科研工作业绩都要看发表论文的数量和层次，从而判断教师的科研水平。在民办高校教师虽然以教学为主要工作任务，但是年轻教师发展既要有实践锻炼，又要有自主学习、思考、研究、发现问题、解决问题的意识和能力。在公开期刊发表论文就是一个系统思考、总结经验、研究问题，与同行分享的机会，也是年轻教师成长的途径。如图 8-27 所示，在被调查样本中，近三年没有发过论文的教师占 21.5%，发表 1—3 篇论文的教师合计占比为 54.0%，发表论文数量在 4 篇以上的教师占 21.3%，表明教师发表论文数量少。

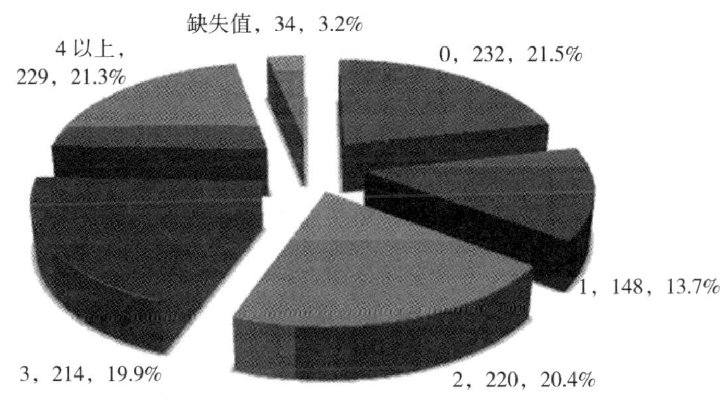

图 8-27　近三年您发表的期刊论文数量

如图 8-28 所示，近三年没有在核心期刊发表论文的教师占 65.8%，在核心期刊发表 1 篇论文的教师占 17.1%，表明多数教师发表论文质量不高，核心期刊论文比例非常低。

2. 多数教师参与科研课题数量少，其中高级别科研课题和横向课题比例低

如图 8-29 所示，在被调查样本中，近三年没有参与科研课题研究的教师占 49.1%，参与 1 项课题的教师占 20.8%，二者合计占比 69.7%，表明多数教师很少参与科研课题研究。

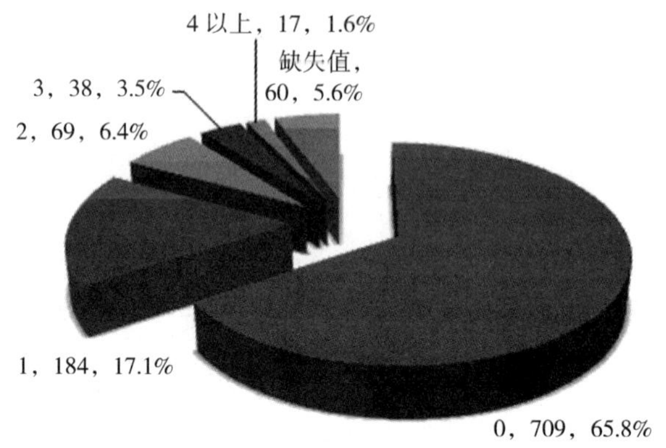

图 8－28　其中核心期刊数量

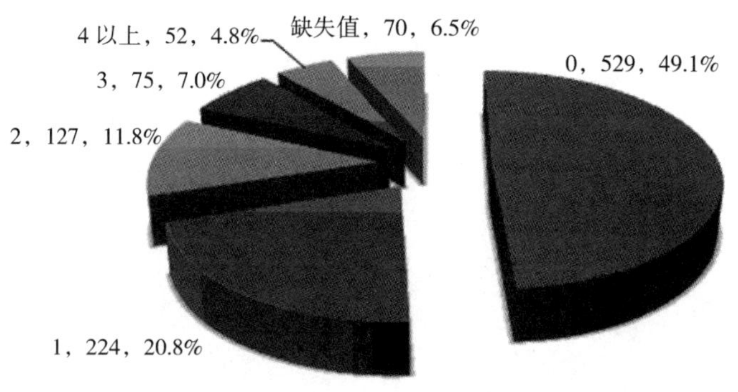

图 8－29　近三年您参与科研课题数量

如图 8－30 所示，在参与的科研课题中，参与 1 项校级课题的教师占 23.6%，与参与 1 项课题的教师比例吻合度高，表明多数教师参与的科研课题为校级课题，级别不高。

如图 8－31 所示，近三年没有参与横向课题研究的教师占 77.3%，参与 1 项横向课题的教师仅占 10.6%，二者合计占比 87.9%，表明大部分教师极少参与横向课题研究，为企业提供的服务更少。

3. 教师近三年获得专利数量非常少，与之对应，被企业应用的比例非常低

如图 8－32 所示，近三年没有专利的教师比例 87.8%，获得 1—3 项专利的教师合计占 4.0%，表明近三年教师获得专利数量非常少。

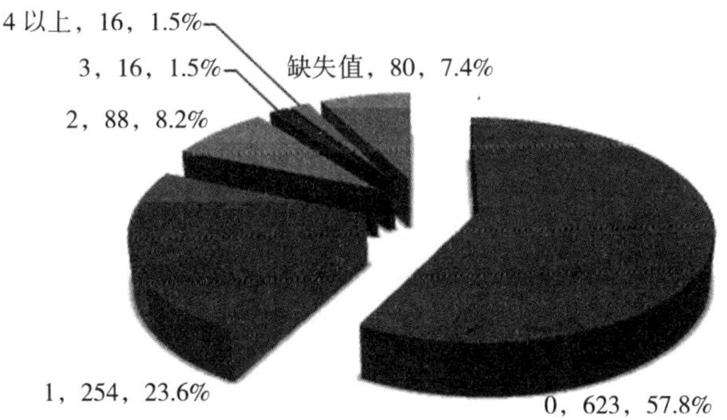

图 8－30　其中校级课题数量

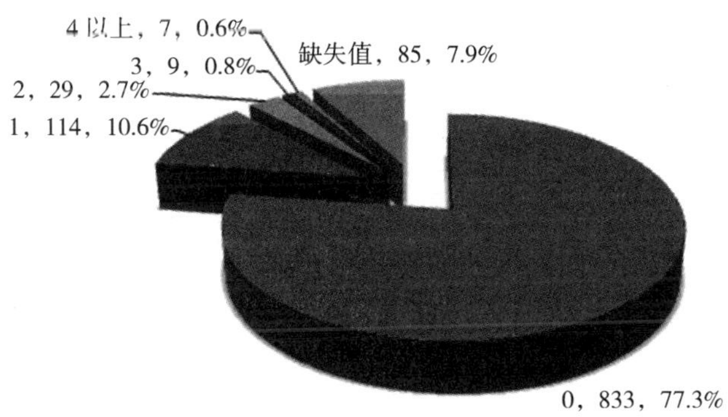

图 8－31　横向课题数量

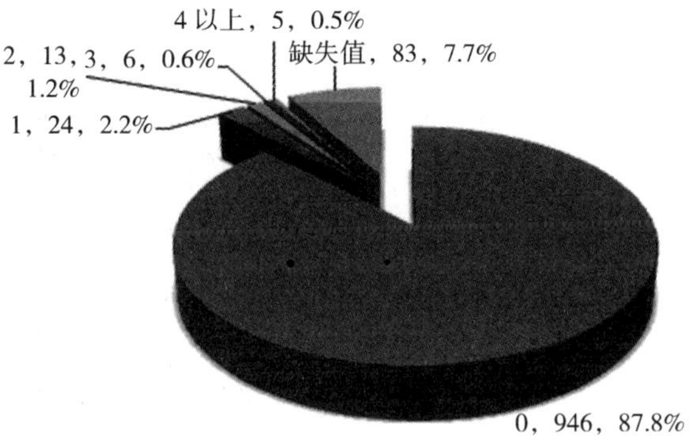

图 8－32　近三年您获得专利数量—1

如图 8－33 所示，有 1 项专利被企业采取应用的教师占 1.6%，所有被采取的教师合计占比 2.7%，表明在教师获得的较少的专利里面，被企业采取应用的比例低。

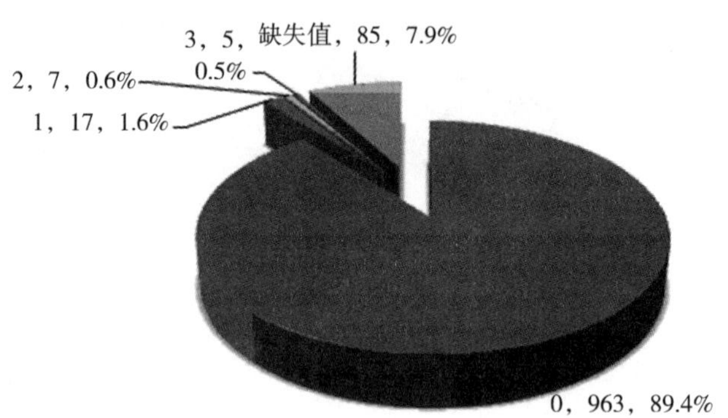

图 8－33　其中被企业采取应用数量—2

4. 多数教师比较积极参与科研工作

如图 8－34 所示，在被调查样本中，非常积极和比较积极参加科研工作的教师分别占 29.2% 和 46.2%，这两部分教师合计占比 75.4%，这表明多数教师愿意参与科研工作，且具有较高的积极性。

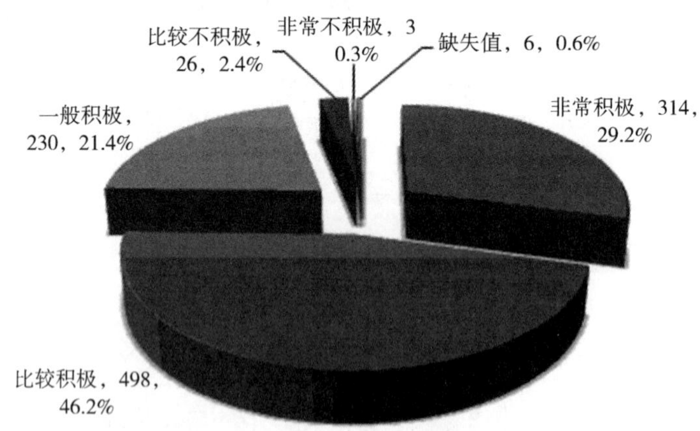

图 8－34　您参与科研工作积极性的情况

综上可见，多数教师能够以积极的态度参与科研工作，认为科研可以对教学产生推动作用。但从科研成果的统计结果来看，教师成果非常少；

发表论文数量不多，且高层次期刊论文少；参与科研课题数量较少，多数为校级课题，参与企业的横向课题数量少；获得的专利数量很少，被企业应用的更少。这进一步说明民办高校教师整体科研能力弱，虽然教师有较高的积极性，但各种原因导致可以获得的参与科研的机会有限，这是需要进一步关注的问题。

（三）社会服务意愿较强，但表现情况并不是很好

1. 大部分教师提供过不同形式的社会服务

据调查显示（见图 8-35），参与过横向课题的教师占 17.5%，有完成科研成果转化的教师占 13.7%，提供过咨询服务的教师占 25.5%，提供过社会培训服务的教师占 23.4%，这部分教师合计占比 80.1%。这表明多数教师有提供社会服务的经历，具有一定的提供社会服务的能力。

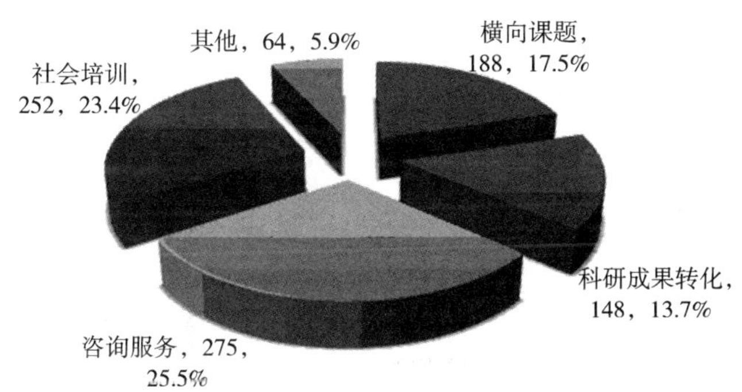

图 8-35　社会服务情况

2. 多数教师具有较强的提供社会服务意愿

据调查显示（见图 8-36），在被调查样本中非常愿意和比较愿意提供社会服务的教师分别占 36.9% 和 48.1%，合计占比 85%。这表明多数教师愿意提供社会服务。

3. 经常从事与所学专业或教学相关的社会服务或兼职的教师比例低

据调查显示（见图 8-37），一直从事与所学专业或教学相关的社会服务或兼职的教师占 11%，经常从事的教师占 16.2%，这两部分教师合计占比 27.2%，表明经常从事与所学专业或教学相关的社会服务或兼职的教师比例较低；一般和偶尔从事与所学专业或教学相关的社会服务或兼

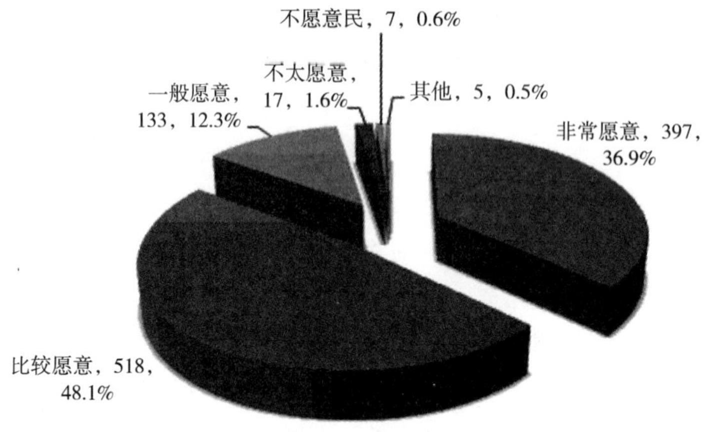

图 8-36 在完成教学工作基础上，您对于提供社会服务的意愿如何

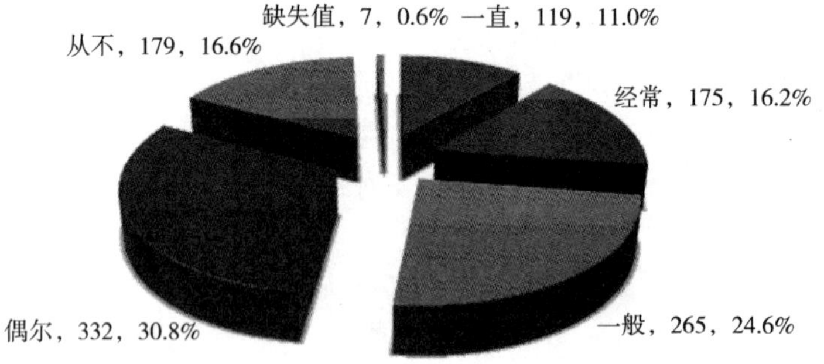

图 8-37 从事与专业或教学相关的社会服务或兼职情况

职的教师合计占比 55.4%，还有 16.6% 的教师从未进行过专业教学相关社会服务，表明多数教师从事与自身专业教学相关的社会服务但频率低。

综上所述，在民办高校教师中，教师虽然有自我发展提升的意愿和想法，但由于教学改革能力较弱，成果较少；科研能力弱，科研工作参与度不高，获得的科研成果少；参与社会服务的教师数量更少。这个结果和民办高校办学定位与人才培养目标定位存在较大的差距，需要学校加大改革研究的力度，强化人才队伍建设，也需要年轻教师本人进一步明确自身发展方向，要有针对性规划自身发展目标，提高发展能力与水平。

四　专业实践能力有待进一步提升

1. 教师企业工作经历少，挂职锻炼时间短

如图 8－38 所示，在被调查样本中，没有在企业从事专业工作的教师占 54.4%，工作年限为 1 年、2 年和 3 年的分别占 10.1%、7% 和 4.3%，表明多数教师未在企业做过专业工作，教师总体来看，企业专业工作经历不足。

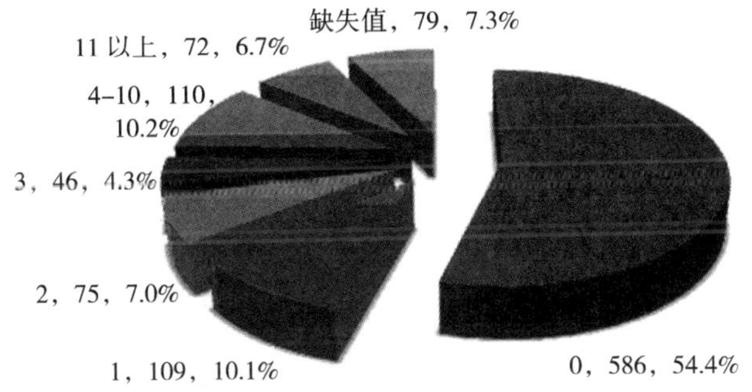

图 8－38　您在企业从事专业工作的年限

如图 8－39 所示，没有在企业挂职锻炼过的教师占 62.4%，挂职锻炼时间为 1 个月、2 个月和 3 个月的分别占 6.4%、4.9% 和 3.9%，表明多数教师没有在企业挂职锻炼的经历。

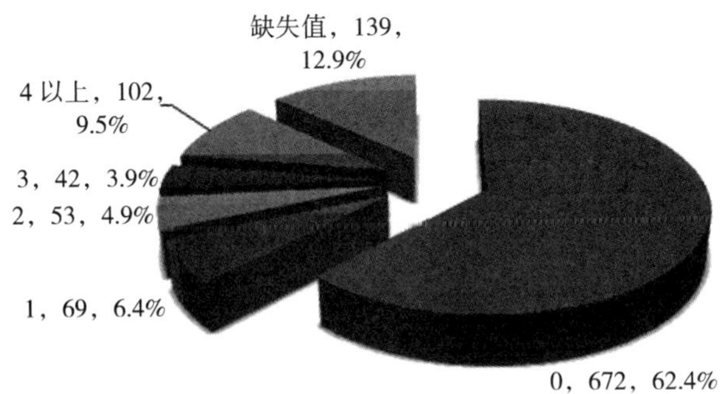

图 8－39　您在企业挂职锻炼的时间有几个月

2. 部分曾在企业任职的教师，其岗位与专业相关度较高

如图 8 - 40 所示，在被调查样本中，有 27.9% 的教师曾在企业任职时岗位与专业非常相关，有 34% 的比较相关，二者合计占比 61.9%，表明民办高校有一部分来源于企业的教师在企业任职的岗位与目前所教授的专业具有较高的相关度，在企业的任职经历对教师专业实践能力提升有一定帮助。

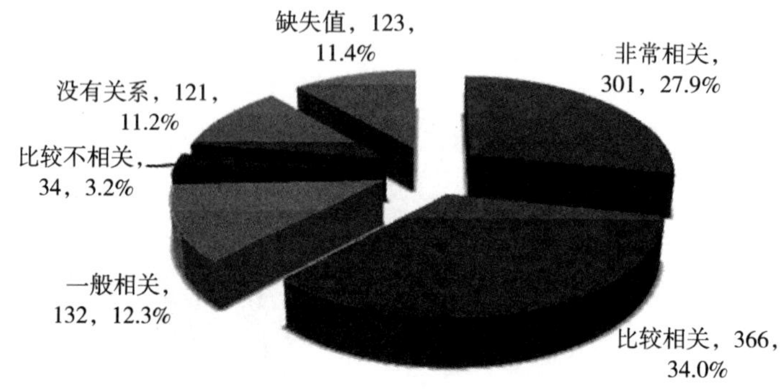

图 8 - 40　您在企业任职时的岗位与您专业的相关程度如何

3. 多数教师认为自己的专业实践能力能够满足教学要求

如图 8 - 41 所示，在被调查样本中，有 21.1% 的教师认为自身的专业实践能力非常满足目前的教学需要，有 51.8% 的教师认为比较满足，二者合计占比 72.9%，表明大部分教师对自身的专业实践能力情况比较满意，认为能够满足目前教学需要。这个调查结果说明目前民办高校的教师对行业企业缺乏了解，在企业来源教师占比不高，近三年参与企业锻炼机会少的情况下，教师对自身的专业实践能力还比较满意，这是对民办高校管理者敲响的警钟，说明教师队伍建设与发展理念引领和政策引导均不够。

4. 多数教师在授课过程中重视职业技能传授

如图 8 - 42 所示，在被调查样本中，有 36.7% 的教师在教学过程中非常注重职业技能的传授，有 48% 的教师认为自己比较注重职业技能传授，二者合计占比 84.7%，这个结果表明民办高校的大部分教师认识到应用型人才培养，职业技能教育对学生将来工作的重要性，在授课过程中都能主动在教学内容中融入职业技能教育，但是对职业技能的先进性、实用性以及与企业对接程度需要高度关注。

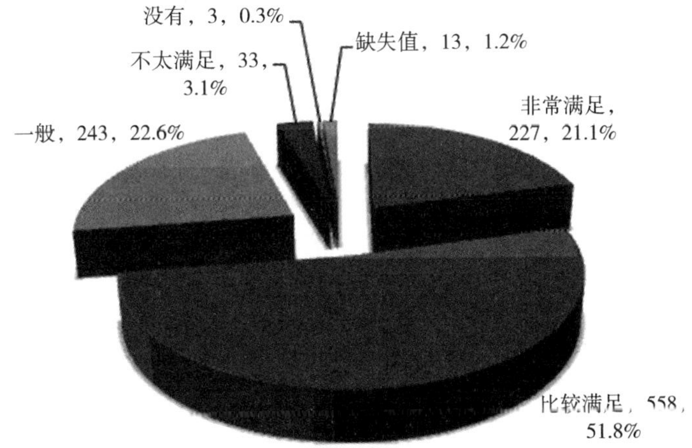

图 8-41　您自身的专业实践能力是否满足教学要求

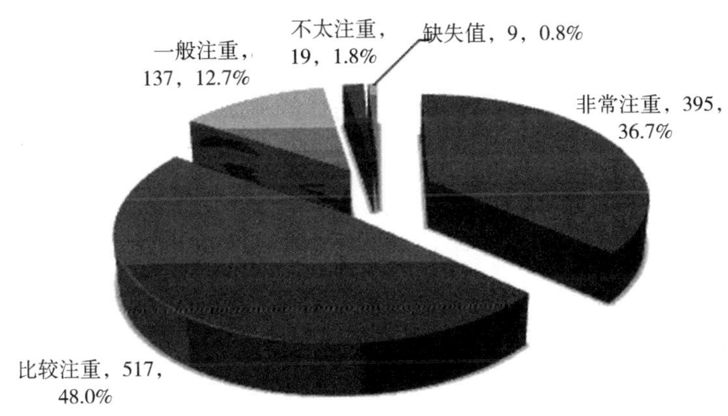

图 8-42　在您授课的过程中，是否注重职业技能的传授

综上可见，从教师的主观能动性来看，多数教师已经意识到职业技能在授课内容中的重要地位，认为目前自身的专业实践能力已经能够满足教学需要。但从企业经历来看，教师整体实践教学能力较弱，具体表现为：在企业从事过专业工作的教师比例小，在企业挂职锻炼的教师比例偏低，这将不利于教师专业实践能力的积累和提高，尤其是民办高校多数定位于应用型人才培养，对教师专业实践能力有着更高的要求，因此民办高校教师必须通过多种途径提升专业实践能力。

第九章　民办高校教师个体特征对教师能力的影响

《国家中长期教育改革和发展规划纲要（2010—2020 年）》提出："努力造就一支师德高尚、业务精湛、结构合理、充满活力的高素质专业化教师队伍。"从中央到地方积极采取措施推进教师队伍建设，各个学校高度重视，取得了一系列建设成果。民办高校教师能力受到不同方面因素的影响，其中个体特征是很重要的一个方面，研究不同个体特征教师能力状况，对于分类制订培养方案、有针对性地提高教师能力有重要意义。本章将分别研究性别、年龄、教龄、学位、职称五项个体特征与教师各项能力构成之间的关系，探讨不同个体特征教师能力有何特点，为制定教师能力提升策略提供依据。

第一节　教师个体特征与学识基础关系分析

教育大计，教师为本。提高教育教学质量，教师队伍是关键。学识基础是教师是否具备发展后劲的重要指标，下面对不同个体特征教师的学识基础进行分析。

一　关于学识基础考察的重点

本研究对于学识基础的考察重点主要关注教师本身具有的学科专业知识与能力。按照传统评价指标设定了学历学位、教龄经验、专业技术职务职称等方面。

二　不同个体特征教师的学识基础

（一）性别与教师学识基础的关系

1. 统计结果

对民办高校不同性别教师的学识基础进行分析，发现在学识基础均值方面，男性教师略大于女性教师。但方差齐性检验 F 值为 1.456，P 值大于显著性水平 0.05，如表 9－1 所示，表明男性教师和女性教师之间的学识基础没有显著性差异。

表 9－1 不同性别的教师学识基础的比较分析

性别	教师人数	均值	标准差	方差齐性检验	显著性
男	354	22.26	5.599	1.456	0.234
女	720	21.75	4.623		
合计	1074	21.91	4.965		

2. 结论分析

从以上统计情况看，民办高校女教师占的比例较大，为 67.04%，成为民办高校教师队伍的主体，承担着重要的育人工作。从性别与学识基础关系分析看没有显著性差异，这是 1949 年以来强调男女平等，重视发展教育的结果。而文教卫生等行业又是女性就业重点关注的领域，民办高校教师以年轻女性较多，虽然从考察的三个指标分析性别差异不显著，但联系教师专业实践能力、社会服务能力等方面，优化结构也是民办高校面临的重要工作。

（二）年龄与教师学识基础的关系

1. 统计结果

对民办高校不同年龄教师的学识基础进行分析，如表 9－2 所示，调查结果表明学识基础均值由低到高依次为青年教师、中年教师、老年教师。经方差齐性检验，F 值为 11.233，P 小于 0.001，说明三个年龄段的教师在学识基础方面存在显著性差异。

表 9－2 不同年龄组教师学识基础的比较分析

教师年龄组	教师人数	均值	标准差	方差齐性检验	显著性
青年教师	798	21.52	4.699	11.233	0.000
中年教师	204	22.73	4.812		
老年教师	75	23.87	7.051		
总数	1077	21.91	4.965		

为进一步研究三个年龄段教师学识基础的差异，对不同年龄组教师的学识基础两两进行比较，结果如表 9 - 3 所示，调查结果表明中年教师与老年教师之间学识基础不存在显著性差异，而青年教师与中年教师、老年教师之间的学识基础存在较大差异。

表 9 - 3　　不同年龄组教师学识能力多重比较分析

(I) Q1 年龄调整	(J) Q1 年龄调整	均值差 (I—J)	标准差	显著性	95% 置信区间	
					下限	上限
青年教师	中年教师	- 1. 204 *	0. 386	0. 002	- 1. 96	- 0. 45
	老年教师	- 2. 345 *	0. 594	0. 000	- 3. 51	- 1. 18
中年教师	青年教师	1. 204 *	0. 386	0. 002	0. 45	1. 96
	老年教师	- 1. 141	0. 664	0. 086	- 2. 44	0. 16
老年教师	青年教师	2. 345 *	0. 594	0. 000	1. 18	3. 51
	中年教师	1. 141	0. 664	0. 086	- 0. 16	2. 44

* 均值差的显著性水平为 0. 05。

2. 结论分析

从以上统计结果看，不同年龄段教师之间的学识基础有着较大差距，且随着年龄增长学识水平也在增长，这个结果与我们的感性认知比较相符。通过进一步分析发现，青年教师与中、老年教师之间学识水平差异较大。在民办高校青年教师所占比例较大，这个结果提示民办高校要想提高教师队伍整体能力，青年教师的培养非常重要，提高青年教师学识基础是教师队伍建设的关键点。

（三）教龄与教师学识基础的关系

1. 统计结果

如表 9 - 4 所示，民办高校不同教龄教师的学识基础进行分析，其均值由低到高依次为新进型教师、成长型教师、成熟型教师。这一结果表明随着教学工作经历的增长，教师在不断提高自己的学识水平，教龄越长教师学识基础越扎实。

在此基础上，进一步对新进型教师、成长型教师、成熟型教师的学识基础进行两两比较分析，结果如表 9 - 5 所示，成长型教师、成熟型教师学识基础差异性并不显著，而新进型教师与成长型教师、成熟型教师之间学识基础存在显著性差异。

表 9－4　　不同教龄教师学识基础的比较分析

教师级别	教师人数	均值	标准差	方差齐性检验	显著性
新进型教师	385	20.43	3.945	28.621	0.000
成长型教师	493	22.64	4.901		
成熟型教师	199	22.99	6.106		
总数	1077	21.91	4.965		

表 9－5　　不同教龄组教师学识基础多重比较分析

(I) Q3 年龄调整	(J) Q3 年龄调整	均值差 (I—J)	标准差	显著性	95% 置信区间	
					下限	上限
新进型教师	成长型教师	－2.213 *	0.329	0.000	－2.86	－1.57
	成熟型教师	－2.564 *	0.423	0.000	－3.39	－1.73
成长型教师	新进型教师	2.213 *	0.329	0.000	1.57	2.86
	成熟型教师	－0.351	0.407	0.388	－1.15	0.45
成熟型教师	新进型教师	2.564 *	0.423	0.000	1.73	3.39
	成长型教师	0.351	0.407	0.388	－0.45	1.15

* 均值差的显著性水平为 0.05。

2. 结论分析

从以上统计结果看，这个结论与上述青年教师学识基础较弱，且与中老年教师差距较大这一结论有相同之处，民办高校新进教师多为刚毕业的学生，在学识基础方面有较大提升空间。

（四）学位与教师学识基础的关系

1. 统计结果

民办高校不同学位教师的学识基础均值由低到高依次为无学位教师、硕士学位教师、学士学位教师和博士学位教师，如表 9－6 所示，且不同学位教师之间的学识基础有显著性差异。

表 9－6　　不同学位的教师学识基础的比较分析

学位	教师人数	均值	标准差	方差齐性检验	
博士	22	24.14	4.931	F 值 5.744	显著性 0.001
硕士	691	21.57	4.804		
学士	289	22.75	5.365		
无	71	21.30	4.344		
合计	1073	21.92	4.968		

进一步对博士、硕士、学士和无学位教师的学识基础进行两两比较分析，如表 9－7 所示，博士学位和学士学位教师之间学识基础无显著性差异，而博士学位教师和硕士、无学位教师之间学识基础有显著性差异。

表 9－7　　不同学位教师的学识基础多重比较分析

(I) 5. 学位	(J) 5. 学位	均值差 (I—J)	标准差	显著性	95% 置信区间	
					下限	上限
博士	硕士	2.566 *	1.069	0.017	0.47	4.66
	学士	1.385	1.092	0.205	－0.76	3.53
	无	2.841 *	1.204	0.019	0.48	5.20
硕士	博士	－2.566 *	1.069	0.017	－4.66	－0.47
	学士	－1.181 *	0.346	0.001	－1.86	－0.50
	无	0.274	0.615	0.656	－0.93	1.48
学士	博士	－1.385	1.092	0.205	－3.53	0.76
	硕士	1.181 *	0.346	0.001	0.50	1.86
	无	1.455 *	0.654	0.026	0.17	2.74
无	博士	－2.841 *	1.204	0.019	－5.20	－0.48
	硕士	－0.274	0.615	0.656	－1.48	0.93
	学士	－1.455 *	0.654	0.026	－2.74	－0.17

* 均值差的显著性水平为 0.05。

2. 结论分析

以上调查结果显示，学士学位教师学识基础高于硕士学位教师，一般来讲学历越高学识基础越扎实，水平越高，而这一调查结果与我们的认知假设略有不符，对照民办高校目前教师队伍现状，我们发现教师队伍中有部分高职称教师为从其他学校聘请过来的退休教师或即将退休教师，他们评审职称时间较早，之后并未注重对学历学位提升，因此出现了学士学位教师学识基础均值高于硕士学位教师的情况。两两比较的结果与上述学士学位教师学识基础高于硕士学位教师相吻合。民办高校从外校聘请高职称教师，这是体制机制灵活，自主选人用人的优势，充分利用好这部分资源将有益于民办高校教师队伍建设。

（五）职称与教师学识基础的关系

1. 统计结果

如表 9－8 所示，在被调查样本中，民办高校教师学识基础均值由低到高依次为无职称、助教、讲师、副教授和教授，即学识基础随着职称晋升而改善，且经方差齐性检验，不同职称教师的学识基础有显著性差异。

表 9－8 不同职称的教师学识基础的比较分析

职称	教师人数	均值	标准差	方差齐性检验	
教授	47	25.49	8.477	F 值 17.512	显著性 0.000
副教授	117	22.83	5.045		
讲师	475	22.55	4.790		
助教	366	20.70	4.312		
无职称	59	20.08	3.525		
总计	1064	21.94	4.971		

2. 结论分析

从以上调查结果看，民办高校教师随着职称晋升学识基础与水平也在提升，这与人们日常对高校教师的认知是一致的，职称越高，学识基础越好，在教学、科研等方面越可能有较强的能力，同时也从侧面证明了通过采取职称评聘这一措施，可以有效提高教师改善自身学识基础的积极性。

综合以上分析可知，将教师个体特征与学识基础关系总结如下，详见表 9－9，不同性别教师之间学识基础无显著性差异，而不同年龄、教龄、学位和职称教师的学识基础存在显著性差异。因此，要提升教师学识基础，除了年龄、教龄无法短时间改变外，通过采取措施激励教师提升自己的学位和晋升更高职称，将更有利于改善教师学识基础和提高学术水平。

表 9-9　教师个体特征与学识基础的关系

个体特征	是否存在显著性差异	均值呈现特点	需要加强培养对象
性别	否	基本无差别	无
年龄	是	与年龄成正比	青年教师
教龄	是	新进型教师较低	新进型教师
学位	是	无学位教师较低	无学位教师
职称	是	与职称成正比	中级及以下职称教师

第二节　教师个体特征与教学能力关系分析

教学能力是教师要具备的核心能力，本研究从教师认知能力、职业道德、社会服务能力、沟通能力、教学操作能力 5 个方面进行分析。

一　教师个体特征与认知能力的关系分析

（一）性别与教师认知能力的关系

1. 统计结果

如表 9-10 所示，男性教师认知能力均值略大于女性教师，F 值 1.755，P 值大于 0.05，表明男教师与女教师的认知能力并无显著性差异。

表 9-10　不同性别组教师认知能力的比较分析

教师年龄组	教师人数	均值	标准差	方差齐性检验	显著性
男性教师	798	22.32	2.677	1.755	0.173
女性教师	204	22.01	2.452		
总数	1077	22.11	2.537		

2. 结论分析

本研究考察民办高校教师的认知能力主要针对教师对学生群体的关注度、对教授课程的研究与关注程度以及对人才培养目标能否实现的关注程度，这是作为教师最基本的要求。从调查分析结果看，性别对教师认知能力没有影响。

（二）年龄与教师认知能力的关系

1. 统计结果

如表 9－11 所示，在被调查样本中，民办高校不同年龄组教师的认知能力显示，认知能力均值由低到高依次为青年教师、中年教师、老年教师，经方差齐性检验，P 值小于 0.05，表明民办高校不同年龄教师的认知能力有显著性差异。

表 9－11　不同年龄组教师认知能力的比较分析

教师年龄组	教师人数	均值	标准差	方差齐性检验	显著性
青年教师	798	21.93	2.570	8.728	0.000
中年教师	204	22.57	2.345		
老年教师	75	22.84	2.433		
总数	1077	22.11	2.537		

对三个年龄组教师的认知能力进行两两比较分析，发现中年教师与老年教师的认知能力没有显著性差异，而青年与中年教师和老年教师在认知能力方面有显著性差异，如表 9－12 所示。

表 9－12　不同年龄教师认知能力的多重比较分析

（I）Q1 年龄调整	（J）Q1 年龄调整	均值差（I—J）	标准误	显著性	95% 置信区间	
					下限	上限
青年教师	中年教师	－0.647 *	0.198	0.001	－1.04	－0.26
	老年教师	－0.914 *	0.304	0.003	－1.51	－0.32
中年教师	青年教师	0.647 *	0.198	0.001	0.26	1.04
	老年教师	－0.266	0.340	0.434	－0.93	0.40
老年教师	青年教师	0.914 *	0.304	0.003	0.32	1.51
	中年教师	0.266	0.340	0.434	－0.40	0.93

＊ 均值差的显著性水平为 0.05。

2. 结论分析

从以上调查结果看，民办高校不同年龄段教师的认知能力存在显著性差异，而且中、老年教师水平较高，且两者之间没有显著性差异。而青年教师与中、老年教师之间有较大的差异，表明青年教师是加强培养建设的重点。

（三）教龄与教师认知能力的关系

1. 统计结果

对民办高校不同教龄教师的认知能力进行调查分析，结果如表 9－13 所示，认知能力均值由低到高依次为：新进型教师、成长型教师、成熟型教师；经方差齐性检验，P 值为 0.006，小于 0.05，表明不同教龄的教师在认知能力方面有显著性差异。

表 9－13　不同教龄教师认知能力的比较分析

教师级别	教师人数	均值	标准差	方差齐性检验	显著性
新进型教师	385	21.85	2.546	5.178	0.006
成长型教师	493	22.13	2.519		
成熟型教师	199	22.56	2.512		
总数	1077	22.11	2.537		

对不同教龄组教师的认知能力进行两两比较分析，结果如表 9－14 所示，新进型教师与成长型教师认知能力没有显著性差异，而新进型教师与成熟型教师、成长型教师与成熟型教师之间的认知能力 P 值均小于 0.05，说明他们之间的认知能力存在显著性差异。

表 9－14　不同教龄教师之间各项教学能力的多重比较分析

（I）Q3 年龄调整	（J）Q3 年龄调整	均值差（I—J）	标准差	显著性	95% 置信区间	
					下限	上限
新进型教师	成长型教师	－0.277	0.172	0.107	－0.61	0.06
	成熟型教师	－0.708 *	0.221	0.001	－1.14	－0.28
成长型教师	新进型教师	0.277	0.172	0.107	－0.06	0.61
	成熟型教师	－0.431 *	0.212	0.043	－0.85	－0.01

续表

(I) Q3 年龄调整	(J) Q3 年龄调整	均值差 (I—J)	标准误	显著性	95% 置信区间	
					下限	上限
成熟型教师	新进型教师	0.708 *	0.221	0.001	0.28	1.14
	成长型教师	0.431 *	0.212	0.043	0.01	0.85

* 均值差的显著性水平为 0.05。

2. 结论分析

结合上述年龄与认知能力关系的研究结果看，中年教师和老年教师认知能力没有显著性差异，而成长型教师和成熟型教师认知能力有显著性差异，可见中年教师并不完全对应成长型教师，教师的年龄与教龄并不完全对应，不同教龄的教师认知能力的差异性更大。因此，在进行教师能力培养政策制定时，应该注重按照不同教龄分类培养，可以提高培养培训工作的针对性和有效性。

（四）学位与教师认知能力的关系

1. 统计结果

如表 9 - 15 所示，对民办高校具有不同学位教师认知能力进行分析，其均值由高到低依次为无学位教师、学士学位教师、硕士学位教师、博士学位教师；方差齐性检验结果显示 P 值小于 0.05，这说明不同学位教师的认知能力存在显著性差异。

表 9 - 15　　不同学位的教师认知能力的比较分析

学位	教师人数	均值	标准差	方差齐性检验	
博士	22	21.45	2.521	F 值 9.400	显著性 0.000
硕士	691	21.90	2.542		
学士	289	22.38	2.496		
无	71	23.38	1.945		
合计	1073	22.12	2.523		

在此基础上，进一步对不同学位教师的认知能力进行两两比较分析，结果如表 9 - 16 所示，博士与硕士、学士学位教师之间的认知能力没有显著性差异，无学位教师与各个学位教师、硕士与学士学位教师之间的认知

能力有显著性差异。

表 9-16　　不同学位教师之间各项教学能力的多重比较分析

(I) 5. 学位	(J) 5. 学位	均值差 (I—J)	标准差	显著性	95% 置信区间	
					下限	上限
博士	硕士	-0.444	0.540	0.411	-1.50	0.62
	学士	-0.923	0.552	0.095	-2.01	0.16
	无	-1.926 *	0.609	0.002	-3.12	-0.73
硕士	博士	0.444	0.540	0.411	-0.62	1.50
	学士	-0.478 *	0.175	0.006	-0.82	-0.14
	无	-1.482 *	0.311	0.000	-2.09	-0.87
学士	博士	0.923	0.552	0.095	-0.16	2.01
	硕士	0.478 *	0.175	0.006	0.14	0.82
	无	-1.003 *	0.330	0.002	-1.65	-0.35
无	博士	1.926 *	0.609	0.002	0.73	3.12
	硕士	1.482 *	0.311	0.000	0.87	2.09
	学士	1.003 *	0.330	0.002	0.35	1.65

* 均值差的显著性水平为 0.05。

2. 结论分析

这一研究结果与我们的认知假设有不相符之处，一般人认为随着学历增加教师认知能力应该是逐渐增强的，而调查结果显示相反。对这一情况进一步了解发现，民办高校教师学位主体是硕士和学士，这些人也是授课的主体，具有一定的认知能力，而博士学位教师的科研工作多于教学工作，因此教学认知能力存在严重不足。而无学位教师，一般为老教师或者从行业企业聘请的技术人员，教学经验丰富但未取得学位，属于特殊聘用的人员，他们具有很好的教学认知能力。因此，在民办高校需要提升教学认知能力的主体反而是具有高学历的博士和硕士学位的教师。

（五）职称与教师认知能力的关系

1. 统计结果

如表 9-17 所示，民办高校不同职称教师的认知能力均值，由高到低依次为：教授、副教授、讲师和助教、无职称教师，方差齐性检验 P 值为 0.035，小于 0.05，说明不同职称教师之间的认知能力有显著性差异。

表 9－17　　不同职称的教师认知能力的比较分析

职称	教师人数	均值	标准差	方差齐性检验	
教授	47	23.02	2.445	F 值 2.588	显著性 0.035
副教授	117	22.49	2.644		
讲师	475	22.03	2.442		
助教	366	22.03	2.478		
无职称	59	21.85	2.917		
合计	1064	22.11	2.513		

对不同职称教师认知能力进行多重比较分析，结果如表 9－18 所示，教授与讲师、助教和无职称教师之间的认知能力有显著性差异，而教授与副教授、副教授与讲师、助教和无职称教师、讲师与助教和无职称教师之间的认知能力均没有显著性差异。

表 9－18　　不同职称教师之间认知能力的多重比较分析

(I) 6. 职称	(J) 6. 职称	均值差 (I—J)	标准差	显著性	95% 置信区间	
					下限	上限
教授	副教授	0.534	0.433	0.217	－0.31	1.38
	讲师	0.990 *	0.383	0.010	0.24	1.74
	助教	0.991 *	0.388	0.011	0.23	1.75
	无职称	1.174 *	0.490	0.017	0.21	2.13
副教授	教授	－0.534	0.433	0.217	－1.38	0.31
	讲师	0.456	0.259	0.078	－0.05	0.96
	助教	0.457	0.266	0.086	－0.06	0.98
	无职称	0.640	0.400	0.110	－0.15	1.42

续表

(I) 6. 职称	(J) 6. 职称	均值差 (I—J)	标准差	显著性	95% 置信区间	
					下限	上限
讲师	教授	-0.990 *	0.383	0.010	-1.74	-0.24
	副教授	-0.456	0.259	0.078	-0.96	0.05
	助教	0.002	0.174	0.993	-0.34	0.34
	无职称	0.184	0.346	0.595	-0.49	0.86
助教	教授	-0.991 *	0.388	0.011	-1.75	-0.23
	副教授	-0.457	0.266	0.086	-0.98	0.06
	讲师	-0.002	0.174	0.993	-0.34	0.34
	无职称	0.183	0.351	0.604	-0.51	0.87
无职称	教授	-1.174 *	0.490	0.017	-2.13	-0.21
	副教授	-0.640	0.400	0.110	-1.42	0.15
	讲师	-0.184	0.346	0.595	-0.86	0.49
	助教	-0.183	0.351	0.604	-0.87	0.51

* 均值差的显著性水平为 0.05。

2. 结论分析

从以上调查结果看，不同职称教师之间的认知能力有显著性差异，说明不同职称教师之间的认知能力不同，随着教师职称的提升，教学认知能力逐步提高，这个结果与我们的认知假设基本相符。但进一步分析发现相邻职称级别教师间认知能力差异并不显著。尤其是中级及以下职称教师，他们一般入职时间较短，教学经验较少，与高级职称教师之间有较为显著的差距，这部分教师需要重点进行教学认知能力的培养。

综上所述，除性别因素以外，民办高校不同年龄、教龄、职称、学位教师的认知能力均存在显著性差异，详见表 9-19。因此，我们在进行师资队伍建设时，除了优先选用成熟型、高职称的教师来提升队伍实力以外，还应该注重教师队伍中青年教师、中级及以下职称教师以及高学历教师的教学认知能力培养。

表 9－19　教师个体特征与认知能力关系

个体特征	是否存在显著性差异	均值呈现特点	需要加强培养对象
性别	否	基本无差别	无
年龄	是	青年教师较低	青年教师
教龄	是	成熟型教师较高	新进型、成长型教师
学位	是	与学位成反比	博士、硕士、学士学位教师
职称	是	与职称成正比	中级及以下职称教师

二　教师个体特征与职业道德的关系分析

（一）性别与教师职业道德的关系

1. 统计结果

如表 9－20 所示，对不同性别教师的职业道德有关问题进行调查结果显示，男性教师均值略高于女性教师，经方差齐性检验，P 值为 0.312，大于 0.05，说明不同性别的教师在职业道德方面没有显著性差异。

表 9－20　不同性别教师职业道德的比较分析

教师性别	教师人数	均值	标准差	方差齐性检验	显著性
男性	354	22.89	2.378	1.165	0.312
女性	720	22.68	2.342		
缺失值	3	23.67	2.309		
总数	1077	22.75	2.354		

2. 结论分析

从事教师职业道德是底线，在被调查样本中，关于教师职业道德没有因性别出现差异。

（二）年龄与教师职业道德的关系

1. 统计结果

民办高校不同年龄组教师的职业道德有关问题的调查，结果如表 9－21 所示，均值由低到高依次为青年教师、中年教师、老年教师，但经方差齐性检验，P 值为 0.051，大于 0.05，说明三个年龄段的教师在职业道德方面没有显著性差异。

表 9－21　　不同性别教师职业道德的比较分析

教师年龄组	教师人数	均值	标准差	方差齐性检验	显著性
青年教师	798	22.68	2.367	2.989	0.051
中年教师	204	22.82	2.428		
老年教师	75	23.36	1.908		
总数	1077	22.75	2.354		

2. 结论分析

从以上调查统计结果看，在民办高校教师队伍中，关于职业道德没有因年龄不同而出现差异。

（三）教龄与教师职业道德的关系

1. 统计结果

民办高校不同教龄教师的职业道德调查，结果如表 9－22 所示，均值由低到高依次为新进型教师、成长型教师、成熟型教师，但经方差齐性检验，P 值为 0.110，大于 0.05，说明三个类型的教师在职业道德方面没有显著性差异。

表 9－22　　不同教龄教师职业道德的比较分析

教师级别	教师人数	均值	标准差	方差齐性检验	显著性
新进型教师	385	22.59	2.247	2.210	0.110
成长型教师	493	22.76	2.431		
成熟型教师	199	23.03	2.349		
总数	1077	22.75	2.354		

2. 结论分析

从以上调查统计结果看，民办高校教师的职业道德没有因教龄不同而出现差异。

（四）学位与教师职业道德的关系

1. 统计结果

如表 9－23 所示，民办高校不同学位教师的职业道德均值由低到高依次为硕士学位教师、博士学位教师、学士学位教师、无学位教师，但经方差齐性检验，P 值为 0.100，大于 0.05，说明不同学位的教师职业道德没有显著性差异。

表 9－23　不同学位教师职业道德的比较分析

职称	教师人数	均值	标准差	方差齐性检验	显著性
博士	22	22.82	2.462	1.948	0.100
硕士	691	22.63	2.274		
学士	289	22.84	2.583		
无	71	23.61	1.793		
总计	1064	22.74	2.347		

2. 结论分析

从以上调查统计结果看，民办高校教师的职业道德没有因学位不同而出现差异。

（五）职称与教师职业道德的关系

1. 统计结果

民办高校具有不同职称的教师的职业道德调查，结果如表 9－24 所示，其均值由高到低依次为教授、无职称教师、副教授、讲师、助教，但方差齐性检验 P 值为 0.100，大于 0.05，说明不同职称教师之间的职业道德没有显著性差异。

表 9－24　不同职称的教师职业道德的比较分析

职称	教师人数	均值	标准差	方差齐性检验	显著性
教授	47	23.30	2.084	1.948	0.100
副教授	117	22.84	2.629		
讲师	475	22.77	2.200		
助教	366	22.53	2.482		
无职称	59	23.15	2.156		
总计	1064	22.74	2.347		

2. 结论分析

从以上调查统计结果看，民办高校教师的职业道德没有因职称不同而出现差异。

由以上调查结果可知，民办高校不同性别、年龄、教龄、学位、职称的教师职业道德并没有显著性差异，表明大部分教师注重自我道德修养，秉持着对教育事业的热爱而从事教学工作，在个体特征方面均未有显著性差异。因此在进行师德教育和职业道德培养时，可以不必区分教师个体特征和进行分类培养，所有教师可以接受同样的职业道德提高培养培训。

三 教师个体特征与社会服务能力的关系分析

（一）性别与教师社会服务能力的关系

1. 统计结果

如表 9－25 所示，男性教师和女性教师，在社会服务能力方面均值男性大于女性，T 检验 P 值大于 0.05，说明不同性别教师的社会服务能力没有显著性差异。

表 9－25 不同性别的教师社会服务能力的比较分析

性别	教师人数	均值	标准差	方差齐性检验	显著性
男	354	16.25	2.425	1.087	0.337
女	720	15.94	2.140		
合计	1074	21.91	4.965		

2. 结论分析

从以上调查统计结果看，民办高校教师的社会服务能力没有因性别不同而出现差异。在目前民办高校中，青年女性教师所占比例过大，可能受二胎政策的影响，女性教师在完成教学任务后很难有精力开展社会服务，而男性教师在开展社会服务方面相对体现出优势。这个结果表明民办高校要进一步鼓励支持男性教师增强开展社会服务的积极性和能力，才能更好地适应应用型人才培养。

（二）年龄与教师社会服务能力的关系

1. 统计结果

如表 9－26 所示，民办高校不同年龄组教师的社会服务能力均值由低到高依次为青年教师、中年教师、老年教师，方差齐性检验，P 值小于

0.05，显示三个年龄段的教师在社会服务能力方面有显著性差异。

表 9－26　　不同年龄组教师社会服务能力的比较分析

教师年龄组	教师人数	均值	标准差	方差齐性检验	显著性
青年教师	798	13.36	3.285	6.363	0.002
中年教师	204	13.65	3.372		
老年教师	75	14.76	3.242		
总数	1077	13.51	3.315		

如表 9－27 所示，对民办高校不同年龄组教师两两进行比较分析发现，青年教师与中年教师社会服务能力没有显著性差异，但青年教师和中年教师均与老年教师的社会服务能力有显著性差异。

表 9－27　　不同年龄教师社会服务能力多重比较分析

（I）Q1 年龄调整	（J）Q1 年龄调整	均值差（I—J）	标准差	显著性	95%置信区间	（I）Q1 年龄调整
青年教师	中年教师	－0.285	0.259	0.271	－0.79	0.22
	老年教师	－1.398 *	0.398	0.000	－2.18	－0.62
中年教师	青年教师	0.285	0.259	0.271	－0.22	0.79
	老年教师	－1.113 *	0.445	0.013	－1.99	－0.24
老年教师	青年教师	1.398 *	0.398	0.000	0.62	2.18
	中年教师	1.113 *	0.445	0.013	0.24	1.99

* 均值差的显著性水平为 0.05。

2. 结论分析

对这一结果进行深入调查发现，老年教师多为高职称、成熟型教师，具有丰富的教学和科研工作经验，社会服务能力较强，且工作压力和工作强度略低于中青年教师，他们的自有时间较为宽裕，所以能够且具备提供社会服务的条件，他们的社会服务能力显著高于中青年教师。

（三）教龄与教师社会服务能力的关系

1. 统计结果

调查结果如表 9－28 所示，民办高校不同教龄教师社会服务能力均值最高的为成熟型教师，最低的为成长型教师。经方差齐性检验，F 值为 3.983，P 值为 0.019，说明不同教龄的教师社会服务能力有显著性差异。

表 9－28　　不同教龄教师社会服务能力的比较分析

教师级别	教师人数	均值	标准差	方差齐性检验	显著性
新进型教师	385	13.38	3.150	3.983	0.019
成长型教师	493	13.37	3.360		
成熟型教师	199	14.11	3.462		
总数	1077	13.51	3.315		

如表 9－29 所示，对民办高校不同教龄教师的社会服务能力进行两两比较分析，发现新进型教师与成长型教师在社会服务能力方面没有显著性差异，但新进型教师与成熟型教师、成长型教师与成熟型教师之间社会服务能力有显著性差异。

表 9－29　　不同教龄教师社会服务能力多重比较分析

(I) Q3 教龄调整	(J) Q3 教龄调整	均值差 (I—J)	标准差	显著性	95% 置信区间	
					下限	上限
新进型教师	成长型教师	0.011	0.225	0.960	－0.43	0.45
	成熟型教师	－0.726 *	0.289	0.012	－1.29	－0.16
成长型教师	新进型教师	－0.011	0.225	0.960	－0.45	0.43
	成熟型教师	－0.737 *	0.278	0.008	－1.28	－0.19
成熟型教师	新进型教师	0.726 *	0.289	0.012	0.16	1.29
	成长型教师	0.737 *	0.278	0.008	0.19	1.28

* 均值差的显著性水平为 0.05。

2. 结论分析

从以上调查分析结果看，结论是在教师教龄、年龄与社会服务能力之间关系的研究结果有相同之处，即老年教师与成熟型教师均为社会服务能力最强的，他们是提供社会服务活动的主力，但这部分教师不是整个教师队伍的主体。因此要想增强学校整体社会服务能力，要在提高中青年教师与新进型和成长型教师社会服务能力方面下功夫。

（四）学位与教师社会服务能力的关系

1. 统计结果

如表9－30所示，民办高校不同学位教师社会服务能力均值由低到高依次为硕士学位、博士学位、学士学位、无学历学位人员，经方差齐性检验，F值是9.840，P值小于0.05，说明不同学位教师的社会服务能力有显著性差异。

表9－30　不同学位的教师社会服务能力的比较分析

学位	教师人数	均值	标准差	方差齐性检验	显著性
博士	22	13.36	3.619	F值 9.840	0.000
硕士	691	13.26	3.235		
学士	289	13.63	3.351		
无	71	15.45	3.197		
合计	1073	13.51	3.312		

如表9－31所示，对民办高校不同学位教师社会服务能力两两进行比较，结果无学位教师与有学位教师之间社会服务能力均存在显著性差异，而博士学位教师、硕士学位教师、学士学位教师相互之间社会服务能力没有显著性差异。

表9－31　不同学位教师社会服务能力多重比较分析

(I) 5. 学位	(J) 5. 学位	均值差(I—J)	标准差	显著性	95% 置信区间	
					下限	上限
博士	硕士	0.106	0.709	0.881	－1.28	1.50
	学士	－0.266	0.724	0.713	－1.69	1.15
	无	－2.087 *	0.798	0.009	－3.65	－0.52
硕士	博士	－0.106	0.709	0.881	－1.50	1.28
	学士	－0.372	0.229	0.105	－0.82	0.08
	无	－2.193 *	0.408	0.000	－2.99	－1.39
学士	博士	0.266	0.724	0.713	－1.15	1.69
	硕士	0.372	0.229	0.105	－0.08	0.82
	无	－1.821 *	0.433	0.000	－2.67	－0.97

续表

(I) 5. 学位	(J) 5. 学位	均值差 (I—J)	标准差	显著性	95% 置信区间	
					下限	上限
无	博士	2.087 *	0.798	0.009	0.52	3.65
	硕士	2.193 *	0.408	0.000	1.39	2.99
	学士	1.821 *	0.433	0.000	0.97	2.67

* 均值差的显著性水平为 0.05。

2. 结论分析

社会服务能力均值最高的为无学位教师，学士、硕士、博士学位教师社会服务能力略有差异，但差异不大。这个结果表明社会服务能力差异主要存在于无学位教师与有学位教师之间，且无学位教师社会服务能力显著高于其他学位教师。出现这一结果的原因在于，民办高校多数无学位教师并不是新进教师或者资历浅的低学历学位教师，反之他们主要为老教师，这与上述不同年龄、教龄教师社会服务能力研究结果是一致的，这就不难理解为何会出现无学位教师却有较高的社会服务能力这一情况。

(五) 职称与教师社会服务能力的关系

1. 统计结果

如表 9 - 32 所示，对民办高校具有不同职称教师的社会服务能力进行调查分析，其均值由高到低依次为教授、无职称教师、副教授、讲师和助教，方差齐性检验 P 值小于 0.05，说明不同职称教师的社会服务能力有显著性差异。

表 9 - 32　　不同职称的教师社会服务能力的比较分析

职称	教师人数	均值	标准差	方差齐性检验	显著性
教授	47	15.19	2.968	F 值 5.983	0.000
副教授	117	13.86	3.393		
讲师	475	13.44	3.309		
助教	366	13.09	3.160		
无职称	59	14.37	3.801		
总计	1064	13.50	3.313		

如表9－33所示，对民办高校不同职称教师社会服务能力两两进行比较，结果显示除了教授与讲师、教授与助教之间的社会服务能力有显著性差异外，其他各级别职称教师相互之间在社会服务能力方面均无显著性差异。

表9－33　　不同职称教师社会服务能力多重比较分析

(I) 6. 职称	(J) 6. 职称	均值差 (I—J)	标准差	显著性	95% 置信区间	
					下限	上限
教授	副教授	1.328 *	0.567	0.019	0.22	2.44
	讲师	1.749 *	0.502	0.001	0.76	2.73
	助教	2.101 *	0.509	0.000	1.10	3.10
	无职称	0.819	0.642	0.202	－0.44	2.08
副教授	教授	1.328 *	0.567	0.019	－2.44	－0.22
	讲师	0.421	0.339	0.214	－0.24	1.09
	助教	0.773 *	0.349	0.027	0.09	1.46
	无职称	－0.510	0.524	0.331	－1.54	0.52
讲师	教授	－1.749 *	0.502	0.001	－2.73	－0.76
	副教授	－0.421	0.339	0.214	－1.09	0.24
	助教	0.352	0.228	0.124	－0.10	0.80
	无职称	－0.931 *	0.453	0.040	－1.82	－0.04
助教	教授	－2.101 *	0.509	0.000	－3.10	－1.10
	副教授	－0.773 *	0.349	0.027	－1.46	－0.09
	讲师	－0.352	0.228	0.124	－0.80	0.10
	无职称	－1.283 *	0.461	0.005	－2.19	－0.38
无职称	教授	－0.819	0.642	0.202	－2.08	0.44
	副教授	0.510	0.524	0.331	－0.52	1.54
	讲师	0.931 *	0.453	0.040	0.04	1.82
	助教	1.283 *	0.461	0.005	0.38	2.19

* 均值差的显著性水平为0.05。

2. 结论分析

这里需要特别进行解释的是为何教授与无职称教师之间社会服务能力

无显著性差异，且无职称教师社会服务能力相对较高。这又一次印证了民办高校为培养应用型人才，从行业企业聘请了一些专业技术人员，他们专业实践能力强，拥有丰富的工作经验，具有较强的社会服务能力。因此，按照《国家职业教师改革方案》，重点加强初级和中级职称教师企业实践锻炼提升其社会服务能力是整个队伍社会服务能力提升的关键。

综上所述，与社会服务能力有显著关联的个体特征是教师的年龄、教龄、学位、职称，男女教师社会服务能力基本无差异，详见表9－34。

表9－34 教师个体特征与社会服务能力关系

个体特征	是否存在显著性差异	均值呈现特点	需要加强培养对象
性别	否	基本无差别	无
年龄	是	老年教师较高	中青年教师
教龄	是	成熟型教师较高	新进型、成长型教师
学位	是	无学位教师较高	博士、硕士、学士学位教师
职称	是	教授、无职称教师较高	初中级职称教师

四 教师不同个体特征与沟通能力的关系分析

（一）性别与教师沟通能力的关系

1. 统计结果

如表9－35所示，对民办高校不同性别教师的沟通能力进行分析，经T检验，F为2.456，P值大于0.05，说明不同性别教师的沟通能力没有显著性差异。

表9－35 不同性别教师沟通的比较分析

教师性别	教师人数	均值	标准差	方差齐性检验	显著性
男性	353	32.99	4.442	2.456	0.086
女性	720	32.92	3.888		
总数	1076	32.95	4.079		

2. 结论分析

从以上调查统计结果看，民办高校教师的沟通能力没有因性别不同而出现差异。

（二）年龄与教师沟通能力的关系

1. 统计结果

如表 9－36 所示，民办高校不同年龄教师的沟通能力均值由低到高依次为青年教师、中年教师、老年教师；经方差齐性检验，P 值为 0.260，大于 0.05，说明三个年龄段的教师在沟通能力方面没有显著性差异。

表 9－36　不同年龄组教师沟通能力的比较分析

教师年龄组	教师人数	均值	标准差	方差齐性检验	显著性
青年教师	798	15.98	2.237	1.348	0.260
中年教师	204	16.23	2.250		
老年教师	75	16.27	2.298		
总数	1077	16.05	2.244		

2. 结论分析

从以上调查统计结果看，民办高校教师的沟通能力没有因年龄不同而出现差异。

（三）教龄与教师沟通能力的关系

1. 统计结果

如表 9－37 所示，民办高校不同教龄教师的沟通能力均值由低到高依次为新进型教师、成长型教师、成熟型教师，方差齐性检验 P 值为 0.159，大于 0.05，说明不同教龄的教师在沟通能力方面没有显著性差异。

表 9－37　不同教龄教师沟通能力的比较分析

教师类型	教师人数	均值	标准差	方差齐性检验	显著性
新进型教师	385	15.91	2.187	11.839	0.159
成长型教师	493	16.06	2.274		
成熟型教师	199	16.29	2.270		
总数	1077	16.05	2.244		

2. 结论分析

从以上调查统计结果看，民办高校教师的沟通能力没有因教龄不同而出现差异。

（四）学位与教师沟通能力的关系

1. 统计结果

对民办高校具有不同学位的教师的沟通能力进行调查分析，结果如表9－38所示，其均值由高到低依次为无学位教师、学士学位教师、硕士学位教师和博士学位教师，F值为6.086，P值小于0.05，表明不同学位教师沟通能力有显著性差异。

表9－38 不同学位的教师沟通能力的比较分析

学位	教师人数	均值	标准差	方差齐性检验	显著性
博士	22	15.36	2.460	6.086	0.000
硕士	691	15.89	2.235		
学士	289	16.26	2.143		
无	71	16.89	2.315		
合计	1073	16.04	2.237		

对不同学位教师的沟通能力进行两两比较，如表9－39所示，发现无学位教师和博士学位教师、硕士学位教师之间，以及在硕士学位教师和学士学位教师之间存在显著性差异，其他各级别学位教师相互之间沟通能力并不存在显著性差异。

表9－39 不同学位的教师沟通能力的多重比较

(I) 5. 学位	(J) 5. 学位	均值差 (I—J)	标准差	显著性	95% 置信区间	
					下限	上限
博士	硕士	－0.526	0.481	0.274	－1.47	0.42
	学士	－0.892	0.491	0.070	－1.86	0.07
	无	－1.524*	0.542	0.005	－2.59	－0.46
硕士	博士	0.526	0.481	0.274	－0.42	1.47
	学士	－0.366*	0.156	0.019	－0.67	－0.06
	无	－0.997*	0.277	0.000	－1.54	－0.45
学士	博士	0.892	0.491	0.070	－0.07	1.86
	硕士	0.366*	0.156	0.019	0.06	0.67
	无	－0.631*	0.294	0.032	－1.21	－0.05

续表

(I) 5. 学位	(J) 5. 学位	均值差 (I—J)	标准差	显著性	95% 置信区间	
					下限	上限
无	博士	1.524 *	0.542	0.005	0.46	2.59
	硕士	0.997 *	0.277	0.000	0.45	1.54
	学士	0.631 *	0.294	0.032	0.05	1.21

* 均值差的显著性水平为 0.05。

2. 结论分析

由以上调查统计分析发现，无学位教师的沟通能力显著高于有学位教师，而其中沟通能力相对较弱的是博士学位教师。这一结果反映了具有不同学位教师的教学工作开展情况，无学位教师多数为老教师，资历深、工作经验丰富，无论是与学生沟通还是与同事交流均无障碍，他们也比较注重沟通交流；博士学位教师教学经历和教学工作开展均较少，这使其沟通交流能力不能得到很好的锻炼，沟通交流能力存在不足。

(五) 职称与教师沟通能力的关系

1. 统计结果

如表 9－40 所示，对民办高校具有不同职称教师的沟通能力进行调查分析，其均值由高到低依次为教授、副教授、讲师、助教和无职称教师，F 值为 1.872，P 值为 0.113，说明不同职称教师之间的沟通能力没有显著性差异。

表 9－40　　不同职称的教师沟通能力的比较分析

职称	教师人数	均值	标准差	方差齐性检验	显著性
教授	47	16.45	2.357	1.872	0.113
副教授	117	16.40	2.248		
讲师	475	15.99	2.222		
助教	366	15.89	2.189		
无职称	59	16.34	2.550		
总计	1064	16.04	2.242		

2. 结论分析

从以上调查统计结果看，民办高校教师的沟通能力没有因职称不同而出现差异。

(六) 教师沟通能力影响因素的多元回归分析

1. 统计结果

经过多元回归分析，如表9-41所示，教师个体特征中只有学位一项进入回归方程，VIF值均为1.000；从回归分析结果来看，P值小于显著性水平0.05，应拒绝回归系数显著性检验的零假设，说明学位这个自变量能够较好地解释沟通能力的变化。

表9-41 关于沟通能力的多元回归分析系数表

模型	非标准化系数		标准系数	t	显著性.	共线性统计量	
	B	标准误差	试用版			容差	VIF
(常量)	14.987	0.265	—	56.497	0.000	—	—
5. 学位	0.442	0.108	0.125	4.093	0.000	1.000	1.000

公式：fc6 = 14.987 + 0.125 * 学位

2. 结论分析

综上所述，年龄、性别、教龄和职称与民办高校教师的沟通能力之间无显著性差异，学位与沟通能力存在显著性差异。结合多元回归也证实了民办高校不同学位教师的沟通能力有显著性差异，反映出民办高校不同学历学位的教师在沟通能力方面的不同表现。特别是对于高学历学位教师增强沟通能力是非常急切的，因为民办高校为了满足教育部合法合规性评估，新引进教师均为博士、硕士学位，如果这部分教师没有良好的沟通能力，学校教学、科研、社会服务工作均很难取得较好的成绩。

表9-42 教师个体特征与沟通交流能力关系

个体特征	是否存在显著性差异	均值呈现特点	需要加强培养对象
性别	否	基本无差别	无
年龄	否	基本无差别	无
教龄	否	基本无差别	无
学位	是	博士学位教师较低	博士学位教师
职称	否	基本无差别	无

五 教师不同个体特征与教学操作能力的关系分析

（一）性别与教师教学操作能力的关系

1. 统计结果

如表 9－43 所示，对民办高校不同性别教师的教学操作能力进行调查，男性教师均值略高于女性教师；经方差齐性检验，F 值为 0.553，P 值为 0.575，大于 0.05，说明不同性别的教师在教学操作能力方面没有显著性差异。

表 9－43 不同性别教师操作能力的比较分析

教师性别	教师人数	均值	标准差	方差齐性检验	显著性
男性	353	32.99	4.442	0.553	0.575
女性	720	32.92	3.888		
缺失值	3	35.33	5.033		
总数	1076	32.95	4.079		

2. 结论分析

从调查结果看，在民办高校教师中，没有因为性别不同对其教学操作能力产生影响。

（二）年龄与教师教学操作能力的关系

1. 统计结果

如表 9－44 所示，民办高校不同年龄教师教学操作能力调查结果显示，均值由低到高依次为：青年教师、中年教师、老年教师；经方差齐性检验，P 值为 0.087，大于 0.05，说明三个年龄段的教师在教学操作能力方面没有显著性差异。

表 9－44 不同年龄组教师操作能力的比较分析

教师年龄组	教师人数	均值	标准差	方差齐性检验	显著性
青年教师	798	32.83	4.069	2.452	0.087
中年教师	204	33.04	4.102		
老年教师	75	33.91	4.041		
总数	1077	32.95	4.079		

2. 结论分析

从以上调查统计结果看，民办高校教师的教学操作能力没有因年龄不同而出现差异。

（三）教龄与教师教学操作能力的关系

1. 统计结果

如表 9－45 所示，对民办高校不同教龄教师的教学操作能力进行调查分析，均值由低到高依次为新进型教师、成长型教师、成熟型教师；经方差齐性检验，F 值为 14.599，P 值为 0.010，小于 0.05，说明三个类型的教师在教学操作能力方面有显著性差异。

表 9－45　不同教龄教师操作能力的比较分析

教师类型	教师人数	均值	标准差	方差齐性检验	显著性
新进型教师	385	32.48	4.092	14.599	0.010
成长型教师	493	33.09	4.100		
成熟型教师	199	33.49	3.925		
总数	1077	32.95	4.029		

2. 结论分析

通过不同教龄教师教学操作能力多重进行比较分析，结果如表 9－46 所示，表明教学操作能力在新进型教师与成长型教师、成熟型教师之间均存在较显著性差异，而成长型教师与成熟型教师之间不存在显著性差异。这表明新进型教师教学经历短，缺乏经验，在教学操作方面存在不足，需要进一步提高和锻炼。

表 9－46　不同教龄的教师操作能力的多重比较

（I）Q3. 教龄调整	（J）Q3. 教龄调整	均值差（I—J）	标准差	显著性	95% 置信区间	
					下限	上限
新进型教师	成长型教师	－0.605 *	0.277	0.029	－1.15	－0.06
	成熟型教师	－1.011 *	0.355	0.005	－1.71	－0.31
成长型教师	新进型教师	0.605 *	0.277	0.029	0.06	1.15
	成熟型教师	－0.405	0.341	0.236	－1.08	0.26

续表

(I) Q3. 教龄调整	(J) Q3. 教龄调整	均值差 (I—J)	标准差	显著性	95% 置信区间	
					下限	上限
成熟型教师	新进型教师	1.011 *	0.355	0.005	0.31	1.71
	成长型教师	0.405	0.341	0.236	-0.26	1.08

* 均值差的显著性水平为 0.05。

(四) 学位与教师教学操作能力的关系

1. 统计结果

如表 9-47 所示，对民办高校具有不同学位的教师教学操作能力进行调查分析，其均值由高到低依次为：无学位教师、学士学位教师、硕士学位教师、博士学位教师；方差齐性检验 F 值为 10.060，P 值小于 0.05，标明不同学位教师教学操作能力有显著性差异。

表 9-47　　不同学位的教师操作能力的比较分析

学位	教师人数	均值	标准差	方差齐性检验	显著性
博士	22	31.00	3.207	10.060	0.000
硕士	690	32.66	4.016		
学士	289	33.25	4.063		
无	71	35.07	4.124		
合计	1072	32.94	4.072		

如表 9-48 所示，对博士、硕士、学士和无学位教师的教学操作能力进行两两比较分析，发现硕士学位教师和博士学位教师之间教学操作能力没有显著性差异，其他学位教师相互之间均存在显著性差异。

表 9-48　　不同学位教师操作能力的多重比较

(I) 5. 学位	(J) 5. 学位	均值差 (I—J)	标准差	显著性	95% 置信区间	
					下限	上限
博士	硕士	-1.655	0.871	0.058	-3.36	0.05
	学士	-2.246 *	0.889	0.012	-3.99	-0.50
	无	-4.070 *	0.981	0.000	-6.00	-2.14

续表

(I) 5. 学位	(J) 5. 学位	均值差 (I—J)	标准差	显著性	95% 置信区间	
					下限	上限
硕士	博士	1.655	0.871	0.058	-0.05	3.36
	学士	-0.591 *	0.282	0.036	-1.14	-0.04
	无	-2.415 *	0.501	0.000	-3.40	-1.43
学士	博士	2.246 *	0.889	0.012	0.50	3.99
	硕士	0.591 *	0.282	0.036	0.04	1.14
	无	-1.825 *	0.533	0.001	-2.87	-0.78
无	博士	4.070 *	0.981	0.000	2.14	6.00
	硕士	2.415 *	0.501	0.000	1.43	3.40
	学士	1.825 *	0.533	0.001	0.78	2.87

* 均值差的显著性水平为 0.05。

2. 结论分析

这个结果明显表现出学位与教师教学操作能力之间的反向关系，学位越高教学操作能力反而越低。对于民办高校而言，大部分硕士、博士学位教师为新聘用教师，教龄并不是很长，教学实践不够丰富，教学操作能力没有得到很好的锻炼，对于这部分教师需要进一步强化教学操作能力的培训。

(五) 职称与教师教学操作能力的关系

1. 统计结果

表 9-49　不同职称的教师操作能力的比较分析

职称	教师人数	均值	标准差	方差齐性检验	
教授	47	33.32	4.334	1.174	0.321
副教授	117	33.60	3.808		
讲师	475	32.79	4.073		
助教	365	32.81	4.016		
无职称	59	33.20	4.645		
总计	1063	32.93	4.072		

如表 9－49 所示，对民办高校具有不同职称教师的教学操作能力进行调查分析，其均值由高到低依次为：副教授、教授、无职称教师、助教、讲师；方差齐性检验，F 值为 1.174，P 值为 0.321，大于 0.05，表明不同职称教师的教学操作能力并无显著性差异。

2. 结论分析

这个结果与我们日常认知情况有所不同，通常认知，教师的教学操作能力应该与职称高低成正比，或者不同职称教师间教学操作能力差异显著，但调查结果并非如此。究其原因，我们所指教学操作能力既有传统教学操作，又有使用现代教育手段和进行教学改革的操作，高职称教师和低职称教师各有擅长之处，因此综合起来衡量，不同职称教师之间差异并不明显。

（六）教师教学操作能力影响因素的多元回归分析

1. 统计结果

经过多元回归分析，如表 9－50 所示，教师个体特征中只有学位这一变量进入回归方程，VIF 值均为 1.000；从回归分析结果来看，P 值小于显著性水平 0.05，说明学位这个自变量能够较好地解释教师的教学操作能力变化。

表 9－50 关于操作能力的多元回归分析系数表

模型	非标准化系数		标准系数	t	显著性.	共线性统计量	
	B	标准误差				容差	VIF
（常量）	30.728	0.481	—	63.891	0.000	—	—
5. 学位	0.926	0.196	0.144	4.735	0.000	1.000	1.000

公式：fc7 = 30.728 + 0.144 * 学位

2. 结论分析

综上所述，结合对民办高校教师教学操作能力影响因素的多元回归分析，教师的性别、年龄、职称与教学操作能力之间无显著性差异，教龄、学位与教师的教学操作能力存在显著性差异，学位作为变量可以较好地解释教师的教学操作能力，详见表 9－51。该研究结论为有针对性地制定教学促进和教师发展的措施提供依据。

表 9－51　　教师个体特征与操作能力关系

个体特征	是否存在显著性差异	均值呈现特点	需要重点关注对象
性别	否	基本无差别	无
年龄	否	基本无差别	无
教龄	是	新进型教师较低	新进型教师
学位	是	博士、硕士学位教师较低	博士、硕士学位教师
职称	否	基本无差别	无

第三节　教师个体特征与发展能力关系分析

本研究对教师发展能力的考察，主要从教学改革能力、科研能力、自我监控能力三个方面进行调查，具体分析如下：

一　教师个体特征与教学改革能力的关系分析

（一）性别与教师教学改革能力的关系

1. 统计结果

如表 9－52 所示，对民办高校不同性别教师的教学改革能力进行分析，男性教师均值略大于女性教师，但方差齐性检验 P 值大于 0.05，说明不同性别教师在教学改革能力方面不存在显著性差异。

表 9－52　　不同性别教师教学改革能力的比较分析

教师性别	教师人数	均值	标准差	方差齐性检验	显著性
男性	353	14.29	5.432	2.107	0.122
女性	720	13.67	4.265		
缺失值	3	13.33	1.528		
总数	1076	13.87	4.682		

2. 结论分析

从以上调查结果看，在民办高校教师中，不同性别对教学改革能力没有影响。

（二）年龄与教师教学改革能力的关系

1. 统计结果

如表 9－53 所示，对民办高校不同年龄教师的教学改革能力进行分析，均值由低到高依次为青年教师、中年教师和老年教师；经方差齐性检验，F 值为 33.205，P 小于 0.05，说明不同年龄教师的教学改革能力有显著性差异。

表 9－53　　不同年龄组教师教学改革能力的比较分析

教师年龄组	教师人数	均值	标准差	方差齐性检验	显著性
青年教师	798	13.34	3.731	33.205	0.000
中年教师	204	14.58	4.434		
老年教师	75	17.60	9.805		
总数	1077	13.87	4.682		

如表 9－54 所示，对不同年龄教师的教学改革能力进行两两比较分析，发现三个年龄组教师之间的教学改革能力均存在显著性差异。

表 9－54　　不同年龄组教师教学改革能力的多重比较

(I) Q1. 年龄调整	(J) Q1. 年龄调整	均值差 (I—J)	标准差	显著性	95% 置信区间	
					下限	上限
青年教师	中年教师	－1.246 *	0.357	0.000	－1.95	－0.55
	老年教师	－4.262 *	0.549	0.000	－5.34	－3.18
中年教师	青年教师	1.246 *	0.357	0.000	0.55	1.95
	老年教师	－3.017 *	0.614	0.000	－4.22	－1.81
老年教师	青年教师	4.262 *	0.549	0.000	3.18	5.34
	中年教师	3.017 *	0.614	0.000	1.81	4.22

* 均值差的显著性水平为 0.05。

2. 结论分析

教学改革工作的开展是基于熟练教学、把握教学规律的基础上，对教师教学能力有着较高的要求，这对年轻老师具有挑战性。因此不同年龄组教师之间教学改革能力存在显著性差异，表现出老年教师对教学的把握显然更好，教学改革能力更强。

（三）教龄与教师教学改革能力的关系

1. 统计结果

如表9－55所示，民办高校不同教龄教师的教学改革能力均值，由高到低依次为成熟型教师、成长型教师和新进型教师；方差齐性检验F值为44.643，P值小于0.05，表明不同教龄教师在教学改革能力方面存在显著性差异。

表9－55　不同教龄教师教学改革能力的比较分析

教师级别	教师人数	均值	标准差	方差齐性检验	显著性
新进型教师	385	12.42	3.251	44.643	0.000
成长型教师	493	14.10	4.009		
成熟型教师	199	16.09	7.034		
总数	1077	13.87	4.682		

对不同教龄教师的教学改革能力进行两两比较分析，结果如表9－56所示，三种类型教师彼此之间均存在显著性差异。

表9－56　不同教龄教师教学改革能力的多重比较

(I) Q3. 教龄调整	(J) Q3. 教龄调整	均值差 (I—J)	标准差	显著性	95% 置信区间	
					下限	上限
新进型教师	成长型教师	－1.677＊	0.306	0.000	－2.28	－1.08
	成熟型教师	－3.666＊	0.393	0.000	－4.44	－2.89
成长型教师	新进型教师	1.677＊	0.306	0.000	1.08	2.28
	成熟型教师	－1.989＊	0.378	0.000	－2.73	－1.25
成熟型教师	新进型教师	3.666＊	0.393	0.000	2.89	4.44
	成长型教师	1.989＊	0.378	0.000	1.25	2.73

＊ 均值差的显著性水平为0.05。

2. 结论分析

这一结果的呈现与上述不同年龄教师教学改革能力情况具有一致性，再次表明了教学改革工作的开展需要教师具备一定的基础，这一基础的建立需要长期积累，也表明了教学改革工作具有长期性、专业性，对教师教学经历具有较高的要求。这意味着新进教师需要花很大工夫才能具备一定的教学改革能力。

（四）学位与教师教学改革能力的关系

1. 统计结果

如表 9－57 所示，民办高校不同学位教师的教学改革能力均值由低到高依次为：硕士学位、学士学位、博士学位和无学位教师；方差齐性检验 F 值为 5.320，P 值小于 0.05，表明不同学位教师的教学改革能力差异显著。

表 9－57 不同学位的教师教学改革能力的比较分析

学位	教师人数	均值	标准差	方差齐性检验	显著性
博士	22	14.68	7.791	5.320	0.001
硕士	690	13.45	4.262		
学士	289	14.61	5.505		
无	71	14.73	2.985		
合计	1072	13.87	4.683		

对不同学位教师的教学改革能力进行两两比较分析，结果如表 9－58 所示，硕士学位教师与学士学位教师、无学位教师之间教学改革能力存在显著性差异，其他学位教师之间彼此不存在显著性差异。

表 9－58 不同学位的教师教学改革的多重比较

(I) 5. 学位	(J) 5. 学位	均值差 (I—J)	标准差	显著性	95% 置信区间	
					下限	上限
博士	硕士	－1.233	1.008	0.222	－3.21	0.75
	学士	－1.156 *	0.326	0.941	－1.80	－0.52
	无	－1.283 *	0.580	0.964	－2.42	－0.14
硕士	博士	－0.076	1.029	0.222	－2.10	1.94
	学士	1.156 *	0.326	0.000	0.52	1.80
	无	－0.127	0.617	0.027	－1.34	1.08

续表

(I) 5. 学位	(J) 5. 学位	均值差 (I—J)	标准差	显著性	95% 置信区间	
					下限	上限
学士	博士	0.051	1.136	0.941	-2.18	2.28
	硕士	1.283 *	0.580	0.000	0.14	2.42
	无	0.127	0.617	0.837	-1.08	1.34
无	博士	-1.233	1.008	0.964	-3.21	0.75
	硕士	-1.156 *	0.326	0.027	-1.80	-0.52
	学士	-1.283 *	0.580	0.837	-2.42	-0.14

* 均值差的显著性水平为 0.05。

2. 结论分析

从以上调查结果看，民办高校没有学位的教师和博士学位的教师教学改革能力突出，这一结果表明民办高校教师的教学改革主要靠具有较强专业实践能力和具有较高学历学位的教师开展，而占民办高校比例较大的硕士学位群体教师整体教学改革能力较弱，需要采取有针对性的强化措施。

（五）职称与教师教学改革能力的关系

1. 统计结果

如表 9 - 59 所示，民办高校不同职称教师的教学改革能力调查，教学改革能力均值从高到低依次为：教授、副教授、讲师、无职称教师、助教；经方差齐性检验，F 为 50.316，P 值小于 0.01，说明不同职称教师的教学改革能力有显著性差异。

表 9 - 59　不同职称的教师教学改革能力的比较分析

职称	教师人数	均值	标准差	方差齐性检验	显著性
教授	47	21.36	11.657	50.316	0.000
副教授	117	14.60	4.543		
讲师	475	14.26	3.799		
助教	365	12.35	3.051		
无职称	59	12.49	3.471		
总计	1063	13.86	4.684		

如表 9-60 所示，对不同职称教师的教学改革能力进行两两比较分析，教授的教学改革能力与其他职称的教师有较大差异，副教授与讲师、无职称教师与助教的教学改革能力差异不大。

表 9-60　　不同职称的教师教学改革能力的多重比较

(I) 6. 职称	(J) 6. 职称	均值差 (I—J)	标准差	显著性	95% 置信区间	
					下限	上限
教授	副教授	6.763 *	0.743	0.000	5.31	8.22
	讲师	7.103 *	0.658	0.000	5.81	8.39
	助教	9.008 *	0.667	0.000	7.70	10.32
	无职称	8.870 *	0.841	0.000	7.22	10.52
副教授	教授	6.763 *	0.743	0.000	-8.22	-5.31
	讲师	0.339	0.444	0.445	-0.53	1.21
	助教	2.245 *	0.457	0.000	1.35	3.14
	无职称	2.107 *	0.687	0.002	0.76	3.45
讲师	教授	-7.103 *	0.658	0.000	-8.39	-5.81
	副教授	-0.339	0.444	0.445	-1.21	0.53
	助教	1.906 *	0.299	0.000	1.32	2.49
	无职称	1.767 *	0.594	0.003	0.60	2.93
助教	教授	-9.008 *	0.667	0.000	-10.32	-7.70
	副教授	-2.245 *	0.457	0.000	-3.14	-1.35
	讲师	-1.906 *	0.299	0.000	-2.49	-1.32
	无职称	-0.138	0.604	0.819	-1.32	1.05
无职称	教授	-8.870 *	0.841	0.000	-10.52	-7.22
	副教授	-2.107 *	0.687	0.002	-3.45	-0.76
	讲师	-1.767 *	0.594	0.003	-2.93	-0.60
	助教	0.138	0.604	0.819	-1.05	1.32

* 均值差的显著性水平为 0.05。

2. 结论分析

从以上调查分析结果表明，教授教学改革能力显著高于其他职称教师，因为教学改革有些成果化的表现，这些成果的取得不经过长时间探索、研究和实践是不可能获得的；同时各学校也将教学改革成果作为职称晋升的重要依据，职称越高的教师教学改革成效也是越显著，所以呈现出高职称教师具有较强的教学改革能力是符合实际情况的。

（六）教学改革能力影响因素的多元回归分析

1. 统计结果

经过多元回归分析，如表9－61所示，经过两次回归教师个体特征中有职称、教龄两项进入回归方程，VIF值均为1.519，不存在共线性；从回归分析结果来看，P值小于显著性水平0.05，说明职称、教龄两个自变量能够较好地解释教师教学改革能力的变化。

表9－61 关于教学改革能力的多元回归分析系数

模型	非标准化系数		标准系数	t	显著性.	共线性统计量	
	B	标准误差				容差	VIF
（常量）	16.963	0.933		18.187	0.000	—	—
6. 职称	－1.413	0.187	－0.268	－7.556	0.000	0.658	1.519
Q3 教龄调整	0.819	0.232	0.125	3.523	0.000	0.658	1.519

公式：fc8＝16.963－0.268＊职称＋0.125＊Q3（教龄）

2. 结论分析

综上所述，结合多元回归分析结果，民办高校不同性别的教师之间教学改革能力无显著性差异，而不同年龄、教龄、学位、职称等其他个体特征教师教学改革能力均存在显著性差异。而职称和教龄成为最重要的因素，详见表9－62。

表9－62 教师个体特征与教学改革能力关系

个体特征	是否存在显著性差异	均值呈现特点	需要重点关注对象
性别	否	基本无差别	无
年龄	是	青年教师较低	青年教师
教龄	是	新进型教师较低	新进型教师
学位	是	硕士学位教师较低	硕士学位教师
职称	是	与职称成正比	无

二　教师个体特征与科研能力关系分析

（一）性别与教师科研能力的关系

1. 统计结果

如表 9－63 所示，对民办高校不同性别教师的科研能力进行分析，经 T 检验，F 为 0.182，P 值大于 0.05，说明男性教师和女性教师的科研能力没有显著性差异。

表 9－63　　不同性别教师科研能力的比较分析

教师年龄组	教师人数	均值	标准差	方差齐性检验	显著性
男性教师	353	16.44	6.179	0.182	0.834
女性教师	720	16.65	5.561		
总数	1073	16.58	5.870		

2. 结论分析

从以上调查结果看，民办高校不同性别的教师科研能力没有较大差异。

（二）年龄与教师科研能力的关系

1. 统计结果

如表 9－64 所示，民办高校不同年龄教师的科研能力分析，其均值最高的是中年教师，青年教师第二位，老年教师最低。经方差齐性检验，F 值为 2.420，P 值为 0.089，大于 0.05，这三个年龄段的教师在科研能力方面没有达到统计学意义上的显著性差异。

表 9－64　　不同年龄教师科研能力的比较分析

教师年龄组	教师人数	均值	标准差	方差齐性检验	显著性
青年教师	798	16.41	5.235	2.420	0.089
中年教师	204	17.38	6.941		
老年教师	75	16.24	7.308		
总数	1077	16.58	5.763		

2. 结论分析

虽然结果显示三个不同年龄段教师科研能力差异不大，但这一结果是受到调查题目设计的影响的，问卷要求填写的科研成果多为近三年成果，作为老年教师一般没有科研压力，近几年科研成果较少；而中青年教师评职称有科研成果要求，近年来努力生产科研成果，所以经综合评价会得出三个不同年龄段教师科研能力差异不大这一结果。

（三）教龄与教师科研能力的关系

1. 统计结果

如表 9－65 所示，通过对民办高校不同教龄教师的科研能力进行调查分析，科研能力均值呈现成长型教师与成熟型教师相同，新进型教师相对较低；经方差齐性检验，F 值为 21.777，P 值小于 0.05，说明不同教龄的教师在科研能力方面存在显著性差异。

表 9－65　　不同教龄教师科研能力的比较分析

教师级别	教师人数	均值	标准差	方差齐性检验	显著性
新进型教师	385	15.06	4.265	21.777	0.000
成长型教师	493	17.43	5.870		
成熟型教师	199	17.43	7.245		
总数	1077	16.58	5.763		

如表 9－66 所示，对民办高校不同教龄教师的科研能力进行两两比较分析发现，差异主要存在于新进型教师与成长型、成熟型教师之间，成长型教师与成熟型型师之间的科研能力没有显著性差异。

表 9－66　　不同教龄的教师科研能力的多重比较

(I) Q3. 教龄调整	(J) Q3. 教龄调整	均值差 (I—J)	标准差	显著性	95% 置信区间	
					下限	上限
新进型教师	成长型教师	－2.375 *	0.385	0.000	－3.13	－1.62
	成熟型教师	－2.375 *	0.494	0.000	－3.34	－1.41
成长型教师	新进型教师	2.375 *	0.385	0.000	1.62	3.13
	成熟型教师	0.000	0.475	1.000	－0.93	0.93

续表

（I）Q3. 教龄调整	（J）Q3. 教龄调整	均值差（I—J）	标准差	显著性	95% 置信区间	
					下限	上限
成熟型教师	新进型教师	2.375 *	0.494	0.000	1.41	3.34
	成长型教师	0.000	0.475	1.000	-0.93	0.93

* 均值差的显著性水平为 0.05。

2. 结论分析

科研成果需要长期积淀，大部分新进教师不可能在短期内开展科学研究，产生较多的科研成果，因此与成长型和成熟型教师相比，科研能力明显较低。

（四）学位与教师科研能力的关系

1. 统计结果

如表 9-67 所示，民办高校不同学位教师的科研能力调查，其均值由高到低依次为：博士学位教师、硕士学位教师、学士学位教师、无学位教师；方差齐性检验 F 值为 6.971，P 值小于 0.05，表明差异显著。

表 9-67　　不同学位的教师科研能力的比较分析

学位	教师人数	均值	标准差	方差齐性检验	显著性
博士	22	20.73	11.234	6.971	0.000
硕士	690	16.78	5.592		
学士	289	16.32	5.716		
无	71	14.68	4.245		
合计	1072	16.60	5.762		

对民办高校不同学位教师的科研能力进行两两比较分析，如表 9-68 所示，学士学位教师与硕士学位教师之间的科研能力不存在显著性差异，其他学位教师之间的科研能力均存在显著性差异。

表 9-68　　学位的教师科研能力的多重比较

(I) 5. 学位	(J) 5. 学位	均值差 (I—J)	标准差	显著性	95% 置信区间	
					下限	上限
博士	硕士	3.948 *	1.237	0.001	1.52	6.38
	学士	4.409 *	1.264	0.001	1.93	6.89
	无	6.051 *	1.394	0.000	3.32	8.79
硕士	博士	-3.948 *	1.237	0.001	-6.38	-1.52
	学士	0.461	0.400	0.249	-0.32	1.25
	无	2.104 *	0.712	0.003	0.71	3.50
学士	博士	-4.409 *	1.264	0.001	-6.89	-1.93
	硕士	-0.461	0.400	0.249	-1.25	0.32
	无	1.642 *	0.757	0.030	0.16	3.13
无	博士	-6.051 *	1.394	0.000	-8.79	-3.32
	硕士	-2.104 *	0.712	0.003	-3.50	-0.71
	学士	-1.642 *	0.757	0.030	-3.13	-0.16

* 均值差的显著性水平为 0.05。

2. 结论分析

博士学位教师本身因为受过更系统的科学研究训练，科研能力基础是比较强的，此外，民办高校进入品牌积累与提升阶段，特别是近年来出现一些第三方组织采用一套指标体系对高校排名，特别是对民办高校还有专项排名。鉴于此民办高校也出台了吸引人才的政策，引进具有博士学位的教师，但赋予很多博士学位教师非常重要的工作就是科研，工作任务甚至比教学任务还重，因此一般来讲博士学位教师科研成果相对其他学位教师自然更多一些。

（五）职称与教师科研能力的关系

1. 统计结果

如表 9-69 所示，民办高校不同职称教师的科研能力调查，其均值大小为：教授最高，讲师略高于副教授，副教授高于无职称教师，助教最低。方差齐性检验 F 值为 20.131，P 值小于 0.05，表明有显著性差异。

表 9－69　　不同职称的教师科研能力的比较分析

职称	教师人数	均值	标准差	方差齐性检验	显著性
教授	47	18.45	8.642	20.131	0.000
副教授	117	17.22	7.961		
讲师	475	17.91	5.644		
助教	365	14.68	3.860		
无职称	59	15.08	5.187		
总计	1063	16.59	5.771		

如表 9－70 所示，对民办高校不同职称教师的科研能力进行两两比较分析发现，教授与副教授、讲师之间，助教与无职称教师之间的科研能力没有显著性差异；教授、副教授、讲师分别与助教与无职称教师之间教师的科研能力存在显著性差异。

表 9－70　　职称的教师科研能力的多重比较

(I) 6. 职称	(J) 6. 职称	均值差 (I—J)	标准差	显著性	95% 置信区间	
					下限	上限
教授	副教授	1.225	0.963	0.204	－0.66	3.11
	讲师	0.537	0.852	0.529	－1.14	2.21
	助教	3.767 *	0.864	0.000	2.07	5.46
	无职称	3.362 *	1.090	0.002	1.22	5.50
副教授	教授	－1.225	0.963	0.204	－3.11	0.66
	讲师	－0.687	0.575	0.233	－1.82	0.44
	助教	2.543 *	0.592	0.000	1.38	3.70
	无职称	2.137 *	0.890	0.016	0.39	3.88
讲师	教授	－0.537	0.852	0.529	－2.21	1.14
	副教授	0.687	0.575	0.233	－0.44	1.82
	助教	3.230 *	0.388	0.000	2.47	3.99
	无职称	2.825 *	0.769	0.000	1.31	4.33

续表

(I) 6. 职称	(J) 6. 职称	均值差(I—J)	标准差	显著性	95% 置信区间	
					下限	上限
助教	教授	-3.767*	0.864	0.000	-5.46	-2.07
	副教授	-2.543*	0.592	0.000	-3.70	-1.38
	讲师	-3.230*	0.388	0.000	-3.99	-2.47
	无职称	-0.405	0.782	0.604	-1.94	1.13
无职称	教授	-3.362*	1.090	0.002	-5.50	-1.22
	副教授	-2.137*	0.890	0.016	-3.88	-0.39
	讲师	-2.825*	0.769	0.000	-4.33	-1.31
	助教	0.405	0.782	0.604	-1.13	1.94

* 均值差的显著性水平为 0.05。

2. 结论分析

目前民办高校包括很多公办高校都将科研成果情况纳入职称评聘指标，各高校教师受这一政策导向影响，积极开展科研工作，尤其是讲师，为了达到高级职称教师评聘条件，在争取科研项目、发表论文，开展科研工作方面表现甚是突出，取得了一定的成果。从调查结果也能看出，职称评聘这一机制调动了这些教师从事科研工作的积极性。而高校排名从学校外部竞争方面起到了一定的促进作用。在初级及以下职称教师科研情况不是很好的原因主要在于：一方面是这个群体教师整体年轻、教龄短、科研能力弱；另一方面也受到职称评审政策的影响，中级职称评聘对科研要求并不是很高，这些教师不需要通过获得更多的科研成果来实现职称晋升。

（六）教师科研能力影响因素的多元回归分析

1. 统计结果

经过多元回归分析，如表 9-71 所示，通过四次回归，教师个体特征中有职称、学位、教龄、年龄四项进入回归方程，VIF 值分别为 1.713、1.204、1.895、1.677，不存在共线性；从回归分析结果来看，P 值小于显著性水平 0.05，应拒绝回归系数显著性检验的零假设，说明职称、学位、教龄、年龄四个自变量能够较好地解释教师科研能力的变化。

表 9－71　　关于教师科研能力的多元回归分析系数

模型	非标准化系数		标准系数	t	显著性.	共线性统计量	
	B	标准误差				容差	VIF
（常量）	22.703	1.323	—	17.165	0.000	—	—
6. 职称	－1.183	0.250	－0.182	－4.729	0.000	0.584	1.713
5. 学位	－1.517	0.294	－0.166	－5.163	0.000	0.831	1.204
Q3 教龄调整	1.627	0.327	0.201	4.975	0.000	0.528	1.895
Q1 年龄调整	－1.219	0.367	－0.126	－3.322	0.001	0.596	1.677

公式：fc9＝22.703－0.182＊职称－0.166＊学位＋0.201＊Q3（教龄）－0.126＊Q1（年龄）

2. 结论分析

综上所述，结合相关性分析结果，性别、年龄与民办高校教师的科研能力没有显著性差异，而学位、教龄、职称与教师的科研能力有显著性差异。多元回归分析结果中，职称、学位、教龄、年龄四项进入回归方程，但年龄因素较小。从分析结果看，职称、学位、教龄是可以较好地解释科研能力的因素。职称对教师的科研能力有显著影响，高职称教师科研能力较强。在学位方面，教师的科研能力由高到低依次为博士学位教师、硕士学位教师、学士学位教师和无学位教师。在教龄方面，教师的科研能力是成长型教师与成熟型教师相同，新进型教师较低，详见表 9－72。

表 9－72　　教师个体特征与科研能力关系

个体特征	是否存在显著性差异	均值呈现特点	需要重点关注对象
性别	否	基本无差别	无
年龄	否	基本无差别	无
教龄	是	新进型教师较低	新进型教师
学位	是	与学位成正比	无学位教师
职称	是	低职称教师较低	助教、无职称教师

三　教师个体特征与自我监控能力的关系分析

（一）性别与教师自我监控能力的关系

1. 统计结果

如表 9－73 所示，对民办高校不同性别教师的自我监控能力进行调查分析，男性教师均值高于女性教师，经方差齐性检验，F 值为 1.872，P 值为 0.154，大于 0.05，说明不同性别教师的自我监控能力不存在显著性差异。

表 9－73　　不同性别教师自我监控能力的比较分析

教师性别	教师人数	均值	标准差	方差齐性检验	显著性
男性	353	32.99	4.442	1.872	0.154
女性	720	32.92	3.888		
缺失值	3	35.33	5.033		
总数	1076	32.95	4.079		

2. 结论分析

从以上调查结果看，民办高校教师没有因性别不同对自我监控能力产生影响。

（二）年龄与教师自我监控能力的关系

1. 统计结果

如表 9－74 所示，民办高校不同年龄教师的自我监控能力均值，由低到高依次为：青年教师、中年教师、老年教师；经方差齐性检验，F 值为 3.484，P 值为 0.031，小于 0.05，说明三个年龄段的教师在自我监控能力方面存在显著性差异。

表 9－74　　不同年龄组教师自我监控能力的比较分析

教师年龄组	教师人数	均值	标准差	方差齐性检验	显著性
青年教师	798	27.24	4.295	3.484	0.031
中年教师	204	27.33	4.404		
老年教师	75	28.60	3.742		
总数	1077	27.35	4.290		

不同年龄教师自我监控能力多重比较分析，结果如表 9－75 所示，青年教师和老年教师之间、中年教师和老年教师之间自我监控能力存在显著性差异，而青年教师和中年教师之间不存在显著性差异。

表 9－75　　不同年龄组教师的自我监控能力的多重比较

(I) Q1. 年龄调整	(J) Q1. 年龄调整	均值差 (I—J)	标准差	显著性	95% 置信区间	
					下限	上限
青年教师	中年教师	－0.093	0.336	0.783	－0.75	0.57
	老年教师	－1.364 *	0.517	0.008	－2.38	－0.35
中年教师	青年教师	0.093	0.336	0.783	－0.57	0.75
	老年教师	－1.272 *	0.578	0.028	－2.41	－0.14
老年教师	青年教师	1.364 *	0.517	0.008	0.35	2.38
	中年教师	1.272 *	0.578	0.028	0.14	2.41

* 均值差的显著性水平为 0.05。

2. 结论分析

民办高校由于教学型高校的定位非常注重教学质量与教学监控，大部分教师都比较重视评教和教学督导工作，但在自我反思和改进方面，相比之下老年教师通常更加重视。这不仅是由于老年教师经过长期教学工作的积累，已经养成自我监控的习惯，还由于老年教师在长期教学工作中，逐渐形成的自我身份认同，将不断完善自己、为人师表作为职业标准，从而形成了自我监控的自觉行为。

(三) 教龄与教师自我监控能力的关系

1. 统计结果

如表 9－76 所示，民办高校不同教龄教师的自我监控能力均值由低到高依次为：新进型教师、成长型教师、成熟型教师，三类教师之间自我监控能力虽有大小之分但相差甚小；经方差齐性检验，F 值为 2.984，P 值为 0.051，大于 0.05，说明不同教龄的教师在自我监控能力方面没有显著性差异。

表 9－76　　不同教龄教师自我监控能力的比较分析

教师级别	教师人数	均值	标准差	方差齐性检验	显著性
新进型教师	385	26.99	4.286	2.984	0.051
成长型教师	493	27.41	4.301		
成熟型教师	199	27.88	7.226		
总数	1077	27.35	4.290		

2. 结论分析

这一调查结果表明，不同教龄教师与不同年龄教师不是同一个群体，所以这一结果与上述结果之间没有一致性。经深入调查分析，教学工作量与教学质量是教师能否经常进行自我监控活动的重要条件，不同教龄教师的教学工作量和工作压力区分度并不大，所以这是教师自我监控能力出现差异不显著的结果。

（四）学位与教师自我监控能力的关系

1. 统计结果

如表 9－77 所示，民办高校不同学位教师的自我监控能力均值，从低到高依次为：博士学位教师、硕士学位教师、学士学位教师、无学位教师；方差齐性检验 F 值为 7.213，P 值小于 0.05，说明不同学位教师的自我监控能力有显著性差异。

表 9－77 不同学位的教师自我监控能力的比较分析

学位	教师人数	均值	标准差	方差齐性检验	显著性
博士	22	26.45	4.426	7.213	0.000
硕士	690	27.00	4.193		
学士	289	27.75	4.315		
无	71	29.20	4.358		
合计	1072	27.34	4.279		

如表 9－78 所示，对民办高校不同学位教师的自我监控能力进行两两比较分析，只有无学位教师与博士、硕士、学士学位教师之间存在显著性差异，有学位教师相互之间差异并不显著。

表 9－78 不同学位教师的自我监控能力的多重比较

(I) 5. 学位	(J) 5. 学位	均值差 (I—J)	标准差	显著性	95% 置信区间	
					下限	上限
博士	硕士	－0.548	0.919	0.551	－2.35	1.25
	学士	－1.296	0.938	0.167	－3.14	0.54
	无	－2.743 *	1.035	0.008	－4.77	－0.71

续表

(I) 5. 学位	(J) 5. 学位	均值差 (I—J)	标准差	显著性	95% 置信区间	
					下限	上限
硕士	博士	0.548	0.919	0.551	-1.25	2.35
	学士	-0.748 *	0.297	0.012	-1.33	-0.16
	无	-2.194 *	0.529	0.000	-3.23	-1.16
学士	博士	1.296	0.938	0.167	-0.54	3.14
	硕士	0.748 *	0.297	0.012	0.16	1.33
	无	-1.446 *	0.562	0.010	-2.55	-0.34
无	博士	2.743 *	1.035	0.008	0.71	4.77
	硕士	2.194 *	0.529	0.000	1.16	3.23
	学士	1.446 *	0.562	0.010	0.34	2.55

* 均值差的显著性水平为 0.05。

2. 结论分析

在自我监控能力方面，教师除受到精力是否充足的限制外，教学经验也是很重要的一个因素。诸如前面分析提到的，在民办高校无学位和学士学位教师并不是资历浅的教师，这些教师多数教学经验丰富，因此不难理解为何无学位教师自我监控能力更强。相比之下，博士和硕士学位教师更应加强自我监控意识和能力。

(五) 职称与教师自我监控能力的关系

1. 统计结果

如表 9-79 所示，民办高校不同职称教师的自我监控能力均值，从高到低依次为：教授、副教授、无职称教师、讲师、助教；方差齐性检验 F 值为 1.830，P 值为 0.121，大于 0.05，说明不同职称教师的自我监控能力不存在显著性差异。

表 9－79 不同职称的教师自我监控能力的比较分析

职称	教师人数	均值	标准差	方差齐性检验	显著性
教授	47	28.64	3.697	1.830	0.121
副教授	117	27.74	4.401		
讲师	475	27.28	4.114		
助教	365	27.07	4.312		
无职称	59	27.64	4.873		
总计	1063	27.34	4.249		

2. 结论分析

这一调查结果表明虽然不同职称教师自我监控能力区别不显著，但教授自我监控能力明显高于中级及以下职称教师，表明教授有着较高的自我监控能力，以此来提升自己的教学能力和水平，因此在教师队伍群体中提高自我监控能力非常重要。

（六）自我监控能力影响因素的多元回归分析

1. 统计结果

经过多元回归分析，如表 9－80 所示，教师个体特征中只有学位一项进入回归方程，VIF 值均为 1.000；从回归分析结果来看，P 值小于显著性水平 0.05，应拒绝回归系数显著性检验的零假设，说明学位这个自变量能够较好地解释教师自我监控能力的变化。

表 9－80 关于自我监控能力的多元回归分析系数表

模型	非标准化系数		标准系数	t	显著性.	共线性统计量	
	B	标准误差	试用版			容差	VIF
（常量）	25.409	0.503		50.514	0.000	—	—
5. 学位	0.807	0.205	0.120	3.944	0.000	1.000	1.000

因变量：C_{10} 自我监控能力

公式：$fC_{10} = 25.409 + 0.120 *$ 学位

2. 结论分析

综上所述，结合多元回归分析结果，民办高校教师自我监控能力在年龄、教龄、性别、职称四个个体特征方面没有显著性差异，不同学位的教师在自我监控能力方面存在显著性差异。学位能够较好地解释教师自我监控能力的变化，学位变化对回归分析支持自我监控能力的影响较大。不同个体特征教师自我监控能力相关性，详见表9－81。

表9－81　　教师个体特征与自我监控能力关系

个体特征	是否存在显著性差异	均值呈现特点	需要重点关注对象
性别	否	基本无差别	无
年龄	是	中青年教师较低	中青年教师
教龄	否	基本无差别	无
学位	是	与学位成反比	博士、硕士学位教师
职称	否	教授较高	副高及以下职称教师

第四节　教师个体特征与专业实践能力关系分析

国家出台政策引导2000年以后改建成的本科院校向应用型转型发展，包括大部分地方本科高校和民办高校。在《国家职业教育改革实施方案》中明确规定了职业院校不直接从高校引进教师，而要面向社会从企业引进具有3年以上工作经验的教师从事教学工作。对开展职业教育，培养应用型人才的高校人才队伍建设提出了明确的要求。培养应用型人才教师的专业实践能力是关键，本研究定义了民办本科院校教师的专业实践能力，并设计了考察教师专业实践能力的范围，具体内容如下：

一　教师专业实践能力考查的重点

在本研究过程中主要关注了两个层面的问题：一是教师在企业任职经历和在企业实践锻炼的机会等；二是调查了教师所在民办高校对教师经历、能力的要求和是否出台政策鼓励和支持教师实践锻炼等问题。教师专业实践能力受到多种因素影响，本节主要研究教师个体特征对教师专业实践能力的影响。

二　不同个体特征教师专业实践能力的差异性分析

（一）性别与教师专业实践能力的关系

1. 统计结果

如表9－82所示，在专业实践能力方面，男性教师均值高于女性教师；经T检验F值24.625，P值小于0.05，说明不同性别教师的专业实践能力有显著性差异。

表9-82　　不同性别的教师专业实践能力的比较分析

性别	教师人数	均值	标准差	方差齐性检验	显著性
男	354	22.26	5.599	F值 24.625	0.000
女	720	21.75	4.623		
合计	1074	21.91	4.965		

2. 结论分析

应用型人才培养对教师的专业实践能力提出新的要求，强化教师的专业实践能力是大多数地方本科院校和民办高校共同关注研究的课题。根据以上统计分析显示，在被调查样本中，男性教师和女性教师的专业实践能力存在显著性差异。这一结果反映了在一定程度上女性教师专业实践能力略低于男性教师的客观实际，存在显著性差异的另一原因在于女性教师由于多为家庭工作的主力，比较难以有机会上企业进行挂职锻炼，因此专业实践能力较难得到有效提升。

（二）年龄与教师专业实践能力的关系

1. 统计结果

如表9-83所示，不同年龄教师专业实践能力均值从低到高依次为：青年教师、中年教师和老年教师；经方差齐性检验，F值93.818，P值小于0.05，说明不同年龄教师的专业实践能力具有显著性差异。

表9-83　　不同年龄的教师专业实践能力的比较分析

教师级别	教师人数	均值	标准差	方差齐性检验	显著性
青年教师	795	15.93	4.543	93.818	0.000
中年教师	204	21.29	8.938		
老年教师	75	23.67	12.490		
总数	1074	17.49	6.954		

如表9-84所示，青年教师、中年教师和老年教师的专业实践能力两两进行比较分析，发现三者之间都有显著性差异。

表 9－84　　不同年龄教师专业实践能力的多重比较分析

(I) Q1. 年龄调整	(J) Q1. 年龄调整	均值差 (I—J)	标准差	显著性	95% 置信区间	
					下限	上限
青年教师	中年教师	－5.357＊	0.504	0.000	－6.35	－4.37
	老年教师	－7.735＊	0.776	0.000	－9.26	－6.21
中年教师	青年教师	5.357＊	0.504	0.000	4.37	6.35
	老年教师	－2.377＊	0.867	0.006	－4.08	－0.68
老年教师	青年教师	7.735＊	0.776	0.000	6.21	9.26
	中年教师	2.377＊	0.867	0.006	0.68	4.08

＊均值差的显著性水平为 0.05。

2. 结论分析

产生这一结果的原因在于，专业实践能力的调查主要依据教师在行业企业进行实践锻炼的有关信息。青年教师刚进校是缺乏实践锻炼的，随着年龄增长实践锻炼机会和时间逐渐增加，专业实践能力会逐渐提升，因此表现为老年教师是三支队伍中专业实践能力最强的。

(三) 教龄与教师专业实践能力的关系

1. 统计结果

如表 9－85 所示，民办高校对不同教龄教师专业实践能力的调查分析，其均值由低到高依次为：新进型教师、成长型教师、成熟型教师；经方差齐性检验，F 值为 15.635，P 值小于 0.005，说明三个类别的教师在专业实践能力方面存在显著性差异。

表 9－85　　不同教龄教师专业实践能力的比较分析

教师级别	教师人数	均值	标准差	方差齐性检验	显著性
新进型教师	385	16.30	4.635	15.635	0.000
成长型教师	493	17.54	7.263		
成熟型教师	199	19.65	9.084		
总数	1077	17.49	6.954		

如表 9 – 86 所示，对不同教龄教师的专业实践能力进行两两比较分析，新进型教师、成长型教师、成熟型教师三者之间相互均存在较为显著的差异。

表 9 – 86　　不同教龄教师的专业实践能力的多重比较分析

(I) Q3. 教龄调整	(J) Q3. 教龄调整	均值差 (I—J)	标准差	显著性	95% 置信区间	
					下限	上限
新进型教师	成长型教师	–1.235 *	0.467	0.008	–2.15	–0.32
	成熟型教师	–3.349 *	0.599	0.000	–4.52	–2.17
成长型教师	新进型教师	1.235 *	0.467	0.008	0.32	2.15
	成熟型教师	–2.114 *	0.577	0.000	–3.24	–0.98
成熟型教师	新进型教师	3.349 *	0.599	0.000	2.17	4.52
	成长型教师	2.114 *	0.577	0.000	0.98	3.24

* 均值差的显著性水平为 0.05。

2. 结论分析

民办高校为了满足教学需要，出台了一些鼓励教师利用假期、课余时间、指导学生实习的时间深入企业一线调查了解企业现状，参与企业技术攻关等途径来提高专业实践能力。所以随着教师入校从教时间的积累，教师专业实践能力逐渐增强，体现了学校政策的有效性；从新入校教师必须通过锻炼提高专业实践能力，看到学校政策的必要性。只有教师具有较强的专业实践能力才能满足应用型人才培养需要。

（四）学位与教师专业实践能力的关系

1. 统计结果

如表 9 – 87 所示，民办高校不同学位教师的专业实践能力均值由大到小依次为：无学位教师、学士教师、博士教师、硕士教师；方差齐性检验 F 值 59.957，P 值小于 0.005，说明不同学位教师的专业实践能力有显著性差异。

表 9－87 不同学位的教师专业实践能力的比较分析

学位	教师人数	均值	标准差	方差齐性检验	
博士	22	18.09	4.888	F 值 59.957	显著性 0.000
硕士	688	16.03	4.558		
学士	289	18.70	8.119		
无学位	71	26.32	12.156		
合计	1070	17.48	6.944		

对不同学位教师专业实践能力进行多重比较分析，结果如表 9－88 所示，无学位教师与博士教师、硕士教师、学士教师之间的专业实践能力存在显著性差异，其他学位教师之间的专业实践能力不存在显著性差异。

表 9－88 不同学位教师的专业实践能力的多重比较分析

(I) 5. 学位	(J) 5. 学位	均值差 (I—J)	标准差	显著性	95% 置信区间	
					下限	上限
博士	硕士	2.062	1.393	0.139	－0.67	4.80
	学士	－0.612	1.423	0.667	－3.40	2.18
	无	－8.233 *	1.569	0.000	－11.31	－5.15
硕士	博士	－2.062	1.393	0.139	－4.80	0.67
	学士	－2.673 *	0.451	0.000	－3.56	－1.79
	无	－10.295 *	0.802	0.000	－11.87	－8.72
学士	博士	0.612	1.423	0.667	－2.18	3.40
	硕士	2.673 *	0.451	0.000	1.79	3.56
	无	－7.622 *	0.852	0.000	－9.29	－5.95
无	博士	8.233 *	1.569	0.000	5.15	11.31
	硕士	10.295 *	0.802	0.000	8.72	11.87
	学士	7.622 *	0.852	0.000	5.95	9.29

* 均值差的显著性水平为 0.05。

2. 结论分析

民办高校无学位教师中除了老年教师外，还有很多教师来自行业企业，这些教师实践锻炼多，专业实践能力强；硕士学位教师多为刚毕业入校的青年教师，没有行业企业工作经历实践，锻炼不足，专业实践能力较弱，是今后需要加强培养培训的重点对象。

（五）职称与教师专业实践能力的关系

1. 统计结果

如表 9 - 89 所示，民办高校不同职称教师的专业实践能力均值由高到低依次为：副教授、教授、无职称教师、讲师和助教；F 值为 21.776，P 值小于 0.005，说明不同职称教师的专业实践能力有显著性差异。

表 9 - 89 不同职称的教师专业实践能力的比较分析

职称	教师人数	均值	标准差	方差齐性检验	
教授	47	19.72	9.320	F 值 21.776	显著性 0.000
副教授	116	22.13	10.686		
讲师	474	16.80	5.999		
助教	365	16.14	4.587		
无职称	59	19.27	8.628		
总计	1061	17.42	6.863		

对不同职称教师的专业实践能力进行两两比较分析，结果如表 9 - 90 所示，除了教授与无职称教师、讲师与助教之间的专业实践能力不存在显著性差异外，其他职称教师之间的专业实践能力均存在显著性差异。

表 9 - 90 不同职称教师的专业实践能力的多重比较分析

(I) 6. 职称	(J) 6. 职称	均值差 (I—J)	标准差	显著性	95% 置信区间	
					下限	上限
教授	副教授	-2.406 *	1.143	0.036	-4.65	-0.16
	讲师	2.924 *	1.011	0.004	0.94	4.91
	助教	3.584 *	1.024	0.000	1.57	5.59
	无职称	0.452	1.292	0.726	-2.08	2.99

续表

(I) 6. 职称	(J) 6. 职称	均值差 (I—J)	标准差	显著性	95% 置信区间	
					下限	上限
副教授	教授	2.406 *	1.143	0.036	0.16	4.65
	讲师	5.330 *	0.685	0.000	3.99	6.67
	助教	5.990 *	0.704	0.000	4.61	7.37
	无职称	2.858 *	1.057	0.007	0.78	4.93
讲师	教授	-2.924 *	1.011	0.004	-4.91	-0.94
	副教授	-5.330 *	0.685	0.000	-6.67	-3.99
	助教	0.660	0.460	0.152	-0.24	1.56
	无职称	-2.472 *	0.912	0.007	-4.26	-0.68
助教	教授	-3.584 *	1.024	0.000	-5.59	-1.57
	副教授	-5.990 *	0.704	0.000	-7.37	-4.61
	讲师	-0.660	0.460	0.152	-1.56	0.24
	无职称	-3.131 *	0.927	0.001	-4.95	-1.31
无职称	教授	-0.452	1.292	0.726	-2.99	2.08
	副教授	-2.858 *	1.057	0.007	-4.93	-0.78
	讲师	2.472 *	0.912	0.007	0.68	4.26
	助教	3.131 *	0.927	0.001	1.31	4.95

* 均值差的显著性水平为0.05。

2. 结论分析

这一结果将不同职称教师专业实践能力分为三个级别：副教授最高，教授与无职称教师居中，讲师和助教最低。一般认为副高职称教师与教授应该差别不大，或者教授专业实践能力更强，调查结果显示副教授更强，结合实际情况分析发现，副教授比教授更有精力去行业企业进行挂职锻炼；在专业实践能力方面，需要重点关注的群体为讲师和助教。

（六）教师专业实践能力影响因素的多元回归分析

1. 统计结果

教师专业实践能力影响因素的多元回归分析，如表9-91所示，经过三次回归，教师个体特征中有年龄、学位、教龄三项依次进入回归方程，

VIF 值分别为 1. 501、1. 177、1. 553，不存在共线性；从回归分析结果来看，P 值小于显著性水平 0. 05，应拒绝回归系数显著性检验的零假设，说明年龄、学位、教龄三个自变量能够较好地解释教师专业实践能力的变化。

表 9 - 91 教师专业实践能力影响因素的多元回归

模型	非标准化系数		标准系数	t	显著性.	共线性统计量	
	B	标准误差				容差	VIF
（常量）	7. 708	0. 777	—	9. 924	0. 000	—	—
Q1 年龄调整	4. 299	0. 386	0. 376	11. 144	0. 000	0. 666	1. 501
5. 学位	2. 700	0. 323	0. 250	8. 356	0. 000	0. 850	1. 177
Q3 教龄调整	- 1. 323	0. 329	- 0. 138	- 4. 021	0. 000	0. 644	1. 553

fC_{11} = 7. 708 + 0. 376 * Q1（年龄）+ 0. 250 * 学位 - 0. 138 * Q3（教龄）

2. 结论分析

综上所述，结合多元回归分析结果，不同性别、年龄、教龄、学位和职称教师的专业实践能力均存在显著性差异，年龄、学位、教龄三个自变量能够较好地解释教师专业实践能力的变化。

表 9 - 92 教师个体特征与专业实践能力关系

个体特征	是否存在显著性差异	均值呈现特点	需要重点关注对象
性别	是	女性教师较低	女性教师
年龄	是	青年教师较低	青年教师
教龄	是	新进型教师较低	新进型教师
学位	是	无学位教师较高	硕士学位教师
职称	是	副教授较高	讲师与助教

第五节 教师个体特征与教师能力关系分析

为深入了解不同个体特征教师能力情况，分析教师个体特征对教师能力的影响，本部分在以上调查分析的基础上作了进一步总结分析。

一　性别对教师能力的影响

在进行个体特征与各项教师能力关系分析过程中，性别是所有个体特征中影响最小的，除在专业实践能力方面存在差异外，其他各项能力的分析结果均显示无显著性差异。

很多学校在进行教师队伍建设时，比较容易对男性教师和女性教师有偏好，或者认为二者能力是存在差异的。通过我们的调查研究和分析，结果显示其实不同性别教师能力并不存在显著性差异。即使在专业实践能力方面，分析结果显示二者有所不同，也是由于社会和家庭分工所致，如果除去这一因素，二者基本是无差别的。

二　年龄对教师能力的影响

调查结果显示，不同年龄教师的职业道德、沟通能力、教学操作能力、科研能力不存在显著性差异，而不同年龄教师的其他能力是有显著性差异的。

青年教师的职业路径大多是从学校到学校，刚毕业就被学校聘用，缺乏行业实践经历和社会实践背景。相比鼓励行业企业挂职的激励政策，他们受到学校鼓励学历学位层次提升政策影响更大，因此他们更愿意考取博士学位，对专业实践能力的发展重视不够。他们虽然接受了岗前培训，拿到了教师资格证书，但教学经验明显缺乏，导致他们在教学过程中不够自如，不能熟练应用多种教学方法和手段。

因此他们呈现的特点是学识基础不足，教学认知能力、社会服务能力、教学改革能力、自我监控能力和专业实践能力均较弱。

中年教师是有一定工作经验和教学经验的教师，相比之下中年教师一般来讲入校已有一段时间，或者是在其他单位有一定社会实践之后入校从教，他们已经具备一定的知识、技能和经验，正处于职业发展的上升阶段，个人发展意愿很强烈，因为受职称晋升的需要，表现出来的突出特点就是科研能力最强。在教学能力、发展能力、专业实践能力方面表现也相对比较稳定，处于居中的情况。

老年教师中很大部分教师是从公办高校聘请的退休教师，他们多数已有高级职称，因此不容易受到职称评聘政策的吸引，进取动力相对较弱，突出表现在科研方面，近些年成果较少。但其多年的从教经历，使得他们能够准确理解和把握教学内容，能采取更有效的手段调动学生学习的积极性，他们的教学认知能力、教学改革能力和自我监控能力显著优于其他教师。

三 教龄对教师能力的影响

我们在进行分析研究教龄这一个体特征时，很多时候容易跟年龄的研究结果进行比较，但其实二者并不是完全一致的，年龄大并不完全等于教龄长。因此不同教龄教师能力特点与不同年龄教师能力特点并不相同。不同教龄教师的职业道德、沟通能力、自我监控能力不存在显著性差异，不同教龄教师的其他能力存在显著性差异。

新进型教师与青年教师有诸多相似之处，如教学经验少、教学把控能力弱，缺少实践经验等，这使他们在学识基础、教学能力、发展能力和专业实践能力等各方面均处于能力较低的状况。

成长型教师与新进教师相比，从教已有一段时间，拥有了一定的教学基础，这使他们在各项教师能力方面均比新进型教师要强一些。

成熟型教师与成长型教师均为民办高校教师的中坚力量，是内涵建设、人才培养的重要支撑，这支队伍各方面能力均是最强的，尤其是社会服务能力、教学改革能力和专业实践能力，非常明显地高于其他两支队伍。

因此，在进行队伍建设时，除了需要对新进型教师和成长型教师加强培养培训，给他们提供能力提升条件外，如何利用好成熟型教师的优点和长处，帮助其他教师提升社会服务能力、教学改革能力和专业实践能力，是制定政策和措施时必须考虑的重要因素。

四 学位对教师能力的影响

学位对教师能力的影响主要表现在专业实践能力、教学能力和发展能力方面。调查发现，无学位教师的专业实践能力最强，其次为博士教师、学士教师，硕士学位教师最低。结果表明来自行业企业、具有丰富实践经验和技术的工程技术人员，其专业实践能力强，是承担学生实践能力培养的骨干教师。

学位对于教学能力的影响比较大，对认知能力、教学操作能力、自我监控能力和沟通能力四个方面都有影响。调查发现，在这四个方面能力上，由高到低依次为无学位教师、学士学位教师、硕士学位教师和博士学位教师。该现象主要与民办高校教师队伍组成有关，无学位教师的特点是年龄大、教龄长、职称高、经验丰富，具有博士、硕士学位的教师主要为新引进的年轻教师，一般都没有经过教师教育方面的专业训练，其从教时间短，教学经验相对不足，教科研经历相对较少，加上对应用型人才培养规律研究不够深入，一定程度上影响教学水平的提高。

学位对民办高校教师发展能力的影响主要体现在科研能力和社会服务能力。调查显示，学位越高，科研能力越强，与教师学历教育过程中接受科研能力训练的程度正相关。在社会服务能力方面，无学位教师能力最高，硕士学位教师能力最低，具有较高学位的青年教师是民办高校教师队伍主体，他们的社会服务能力不足，不仅影响人才培养质量，而且影响产学合作，是制约民办高校与行业企业深度融合的关键因素，是民办高校亟待解决的强化师资队伍建设的难点问题。

五 职称对教师能力的影响

职称实际上是教师教学成绩、科研能力等方面工作能力和水平的综合体现，这一个体特征对教师能力的影响涉及多个方面，主要表现在发展能力上，具体表现在科研能力、教学改革能力和社会服务能力三个方面。

调查发现，这几项教师能力一般都与教师职称呈正比，职称越高能力越强，尤其是教授，无论是在科学研究、教学研究方面，还是在知识应用方面都有丰富的成果和经验积累，因而在科研、教学改革和社会服务方面有突出显著的表现。这也表明职称评聘机制对教师发展和能力提升具有重要作用，职称评聘对于引导教师开展工作是个重要抓手，如何制定更加科学的职称评聘机制来提升教师关键能力具有重要意义。

第十章　民办高校教师能力评价影响因素分析

对于教师能力评价的研究，过去专家学者多数集中在中小学教师，而对于高等学校评价教师能力有关的研究还较少。特别是对教师教学能力的评价逐渐从较为模糊的判断成为定性与定量相结合的较为客观、科学的评价，近年来得到专家学者的广泛关注。

对于民办本科院校和民办高职院校来讲，学校的人才培养目标定位于高素质应用型、技能型人才培养方面，对教师能力的要求与研究型高校有所不同，评价亦有不同之处。本部分在民办高校教师能力结构研究基础上，通过构建教师能力评价模型，结合问卷调查结果，进一步深入探讨了教师能力各构成要素以及外部环境对教师能力的影响情况。

第一节　教师能力构成要素分析

教师能力建设与发展，评价要素在引导教师发展过程中起着非常重要的作用。在传统的教师评价体系中，将评价内容常常分为德、能、勤、绩四个方面，评价手段常采用学生评价、同行评价、督导评价等。为了构建较为准确合理地针对民办高校教师群体的评价体系，本研究在对影响民办高校教师能力的各个专项能力进行分析基础上，进一步聚焦影响教师能力的要素，从而为构建教师能力评价体系提供依据。

一　教师能力各构成要素的多元回归分析

根据本研究提出的教师能力构成框架，将教师能力作为因变量，教师能力构成中各项专项能力作为自变量，采用多元回归分析，构建回归方程，以此探讨各专项能力构成要素如何影响教师能力的变化。回归结果如表 10－1 所示。

表 10－1　　　　教师综合能力与教师各专项能力回归系数

	非标准化系数		标准系数	t	显著性.
	B	标准误差			
(常量)	1.264	0.518	—	2.441	0.015
C_{10} 自我监控能力	1.114	0.016	0.188	68.184	0.000
C_8 教学改革能力	0.984	0.013	0.181	77.223	0.000
C_{11} 专业实践能力	1.016	0.007	0.278	138.586	0.000
C_2 学识基础	1.003	0.011	0.196	94.680	0.000
C_3 认知能力	1.166	0.026	0.116	44.860	0.000
C_9 科研能力	1.002	0.010	0.227	103.692	0.000
C_7 教学操作能力	1.104	0.018	0.177	62.598	0.000
C_5 社会服务能力	1.152	0.018	0.150	64.173	0.000
C_4 职业道德	1.104	0.028	0.102	39.609	0.000

根据表 10－1 构建回归方程：f（教师综合教学能力）$=1.264+0.188C_{10}+0.181C_8+0.278C_{11}+0.196C_2+0.116C_3+0.227C_9+0.177C_7+0.150C_5+0.102C_4$

（一）回归结果分析

从回归结果可以得出以下结论：

1. 有 9 项能力构成可以有效解释教师能力的变化。教师能力的各项构成要素中，有 9 项能力构成，经多次回归，最终进入回归方程，P 值小于显著性水平 0.05，表明这些能力构成可以有效解释教师能力的变化。它们分别是：自我监控能力、教学改革能力、专业实践能力、学识基础、认知能力、科研能力、教学操作能力、社会服务能力、职业道德。

2. 这些能力构成作为自变量，对教师能力的影响是正向的。从回归系数来看，所有自变量系数均为正值，表明各项能力发生变化时对教师能力均产生正向影响。当各项能力构成提升时，教师能力将跟着得到提升。

（二）各项能力构成对教师能力影响情况分析

1. 对教师能力影响较大的三项能力构成分别是：C_{11} 专业实践能力、C_9 科研能力、C_2 学识基础。

这个结果与我们的现实情况比较吻合，这表明当民办高校教师专业实践能力、科研能力、学时基础得到提高时，教师能力将有较大的提升。这是我们在制定能力提升政策时需要关注的地方，这几项能力有可能是相比较其他能力而言，更加缺乏和需要得到培训和提高的，是民办高校教师能力提升的首要着力点。

2. 对教师能力影响较小的三项能力分别是：C_4 职业道德、C_3 认知能力、C_5 社会服务能力，其中影响最小的是职业道德。

这并不表明这三项能力不重要，只是相对其他能力而言，影响系数较小，相对稳定，对教师整体能力产生的影响较弱。在制定有关政策和开展相关活动时，可以相对降低培训频率，将主要精力投放在其他能力提升上面。

3. 对教师能力影响相对居中的三项能力分别是：C_{10} 自我监控能力、C_8 教学改革能力、C_7 教学操作能力。

这三项能力对教师整体能力影响居中，同时系数也相对比较接近，表明影响程度和解释力度相差不大。从特点上来看，这些能力都是教师日常工作开展需要的基本能力，对课堂教学质量非常重要，同时教师也在工作中得到了一定的锻炼和提高。这些能力不是可关注、可不关注的，相反，这些能力的培养提高需要常抓不懈，要列入年度工作计划，作为一项重要的常规工作来开展。

（三）对教师能力评价的启示

通过回归方程，我们了解到各项能力构成对教师能力的影响情况，这为我们开展教师能力评价提供了参考依据。各项能力对教师综合能力的影响有大有小，在评价时不能同样对待，可以参考这些能力的影响情况，设置不同的评价系数，影响较大的能力要素赋予较高的系数，影响较小的能力要素赋予较小的系数。

二 基于 Amos 软件的教师能力评价模型

为进一步验证各项能力构成对教师能力的影响情况或解释力度，深入了解各项能力构成对教师能力的影响及他们之间的相互作用，特建立教师能力评价假设模型，如图 10 - 1 所示。由于学识基础为非连续性变量，不能放入评价模型运行，其他主要教学能力、专业实践能力、发展能力构成要素的相关数据均可以进入评价模型。希望在对调查样本进行分析的基础上，探讨教学能力（E_1）、专业实践能力（E_2）和教师发展能力（E_3）对教师能力（T）的解释情况，明确民办高校教师能力评价的关键要素和权重分配。

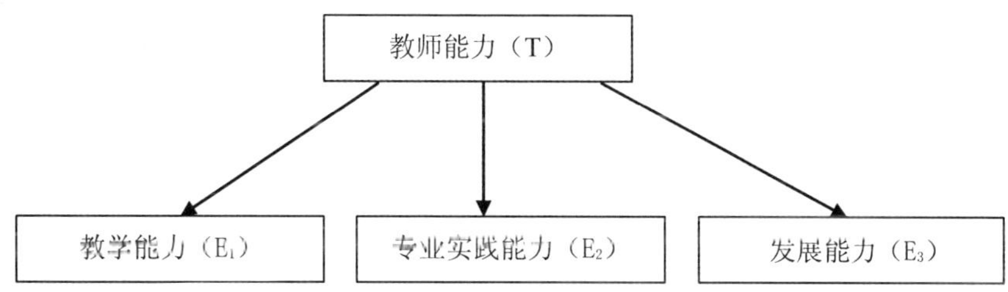

图 10 - 1 教师能力评价假设模型

选取 743 份样本，使用 Amos17.0 对该模型进行结构分析，整理后的具体结果如图 10 - 2 所示。

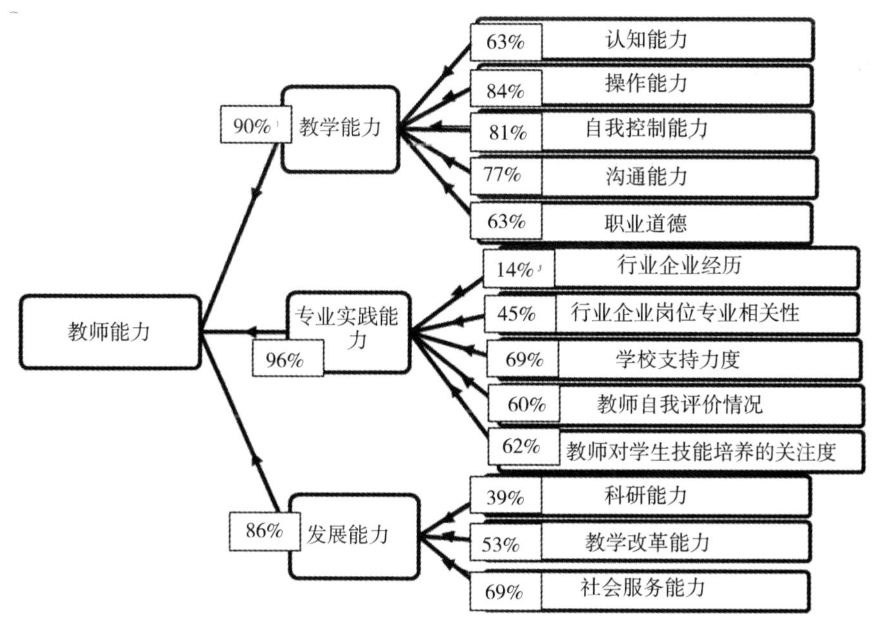

图 10 - 2 教师能力评价模型结构

根据模型各项指标数据，卡方值具有显著性差异，模型拟合度与自由度的比值小于5，且RMSEA小于0.08，其他指标均大于0.90，总体来看该模型可以接受。这一结果也同时验证了教师能力结构由教学能力、专业实践能力、教师发展能力三部分组成是比较合理的。[①]

表10－2　　教师能力评价模型结构各项拟合指标

指标	CMIN	DF	CMIN/DF	P	RMSEA	NFI	RFI	IFI	TLI	CFI
数据	243.239	54	4.504	0.000	0.069	0.937	0.909	0.950	0.928	0.950

（一）模型运行结果分析

1. 专业实践能力

结构模型显示，专业实践能力对教师能力的解释力度为96%；回归方差显示，当专业实践能力提高1倍，教师能力将提高27.8%。这表明民办高校在进行教师能力评价时，应该重视教师专业实践能力的评价，给予较大的权重。

2. 教学能力

教学能力是多种能力的组合，包括教学认知能力、教学操作能力、教学自我监控能力、沟通能力和职业道德。评价模型显示，教学能力对教师能力具有较强的解释力度，其包括的主要内容涵盖了教师从事教学的主要能力，可以用来评价教师能力。

沟通能力对教学能力的解释度为77%，解释情况居中；但在教师能力总体回归方程中，该项能力未能进入，表明该项能力对教师能力没有显著影响。因此，在进行评价时应可以考虑给予较低权重或不选用该项指标。

当认知能力提升1倍，教师整体能力提升11.6%；评价模型显示，认知能力对教学能力的解释度为63%，解释度偏低。这表明在评价教师能力时应关注该指标，但评价时应给与相对较小的权重。

当教学操作能力提升1倍，教师整体能力提升17.7%；评价模型中，操作能力对教学能力的解释度为84%，处于较高的解释水平，在评价时

① 刘翠兰、征艳珂：《职业教育背景下民办高校教师能力评价模型构建及评价要素分析》，《中国职业技术教育》2015年第19期。

应给予相对较高的权重。

自我监控能力提升 1 倍，教师能力将提升 18.8%；评价模型中，自我监控能力对教学能力的解释度为 81%，解释水平相对较高，在评价时可以适当提高该项指标的权重。

职业道德提升 1 倍，教师能力提升 10.2%；评价模型显示，职业道德对教学能力的解释度为 63%。由此可知，职业道德并不能直接提升教师能力，但这个要素是一个底线指标，对于教师而言是非常重要的，如果职业道德不过关将成为否决项，所以建议作为专项指标开展评价工作。

3. 发展能力

整体来看，发展能力对教师能力的解释度为 86%，应该作为评价教师能力的重要指标。

科研能力提高 1 倍，教师能力将提高 22.7%，对教师总体能力有较大影响；但评价模型显示，科研能力对教师发展能力的解释度为 39%，解释度较低，因此，应用型、教学型民办高校在进行教师教学能力评价时，可以给予该指标较低权重。

当教师教学改革能力提高 1 倍，教师能力提高 18.1%；评价模型中，教学改革能力对教师发展能力的解释度为 53%，建议在评价时，该指标应占较高权重。

教师社会服务能力提高 1 倍，教师能力提高 15%；评价模型中，社会服务能力对教师发展能力的解释力度为 69%，有着相对较高的解释度。因此建议在评价时，该指标占较高权重。

（二）教学评价体系设计建议

由以上分析可知，民办高校教师能力评价模型构建应从专业实践能力、教学能力、发展能力三个方面着手。其中，专业实践能力对教师能力有很高的解释度，应给予较大权重；在考察教师教学能力时，应给予操作能力和自我监控能力较大权重，认知能力权重次之，沟通能力较小，职业道德作为专项考核评价；在评价教师发展能力时，其三项构成能力权重从大到小分别为社会服务能力、教学改革能力和科研能力。

因此，对民办高校构建教师能力评价体系提出以下建议。

1. 科学设计教师能力评价体系

要重点考察教师的专业实践能力、教学能力、自我发展能力；在设计评价指标时，结合研究结论给予各构成能力以适当的权重，以实现对教师能力的科学、客观评价，引导教师有效提升教学能力。

2. 注重对教师专业实践能力的考核

相对于传统教育，应用型人才培养对教师专业实践能力提出了更高的要求。民办高校应将专业实践能力作为教师能力评价甚至绩效考核体系的重要指标，采取激励措施，鼓励教师通过到企业挂职、提供社会服务等途径提升专业实践能力。

3. 加大教师社会服务能力和教学改革能力考核权重

职业教育背景下，教师社会服务能力和教学改革能力对教师能力有更高的解释度，更能有效促进教师发展。民办高校应提高对这两项能力的考核权重，同时，出台专项政策，鼓励教师提供社会服务，进行教学改革，并为这些活动提供包括人力、资金在内的各项保障措施。

第二节　教师能力发展的政策环境分析

研究表明学校政策环境对教师能力发展是有着重要影响的，因此我们在进行调查时，重点关注了学校政策环境营造情况，以及教师对学校营造的政策环境的反应，以观察政策的有效性，判断制度建设与改进的方向。

一　学识基础有关政策影响分析

（一）教师学历提升意愿

教师学历提升是教师学识基础提升的很重要途径之一，为此我们对教师学历提升计划情况进行了调查，结果发现 54.8% 的教师如图 10－3 所示无学历提升计划，在学历提升方面意愿不强。

（二）学校政策制定与实施情况

1. 是否有政策支持

为探究超过半数的教师未制订学历提升计划的原因，是学校政策的缺失，还是学校对教师学历提升的支持力度不够？我们对学校学历提升政策进行了调查，结果如图 10－4 所示。有 23.6% 的教师认为学校支持力度非常大，认为比较大的占 32%，二者合计占比 55.6%，即过半数的教师

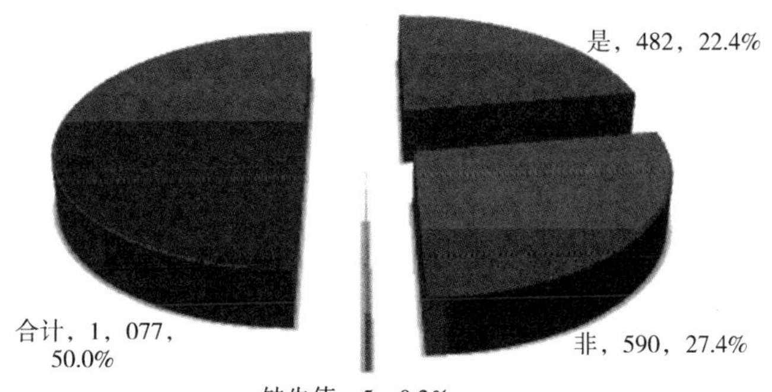

图 10－3　您在未来一年内是否有学历提升计划

认为学校的支持力度较大。这表明多数学校对教师学历提升采取过相关措施，有较大的支持力度。

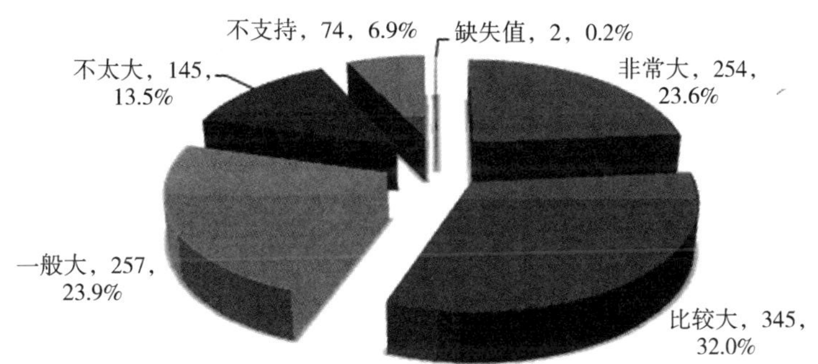

图 10－4　您所在学校对教师学历提升行为的支持力度如何

2. 政策是否有激励性

在多数教师认为学校提供了较为有力的学历提升政策的基础上，我们进一步探讨教师近期没有学历提升计划的原因，是否这些政策对教师来讲，存在激励性不足或者没有吸引力的问题。调查结果如图10－5所示，有 18.4% 的教师认为学校出台的学历提升政策对自己有非常大的正向激励作用，有 33.7% 的教师认为激励作用比较大，二者合计占比 52.1%，认为比较小和没有作用的教师占比 21.1%。虽然有五分之一的教师认为政策存在激励性不足的问题，但依然有超过半数的教师认为学校政策对自己提升学历有较大的正向激励作用，这表明整体来讲，学校制定的政策应该是有效的。这一结果与教师学历提升意愿存在矛盾。

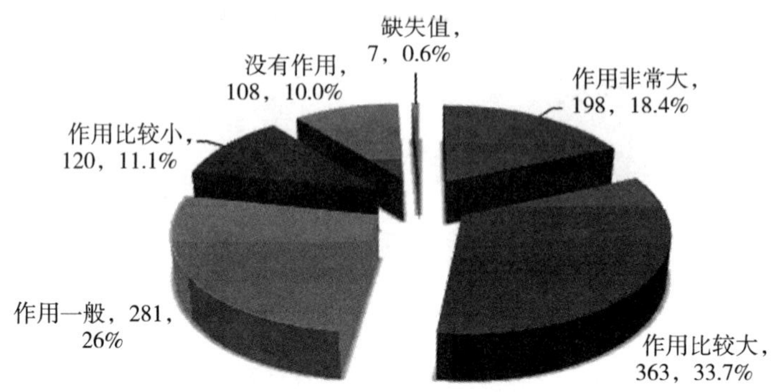

图 10-5 您所在学校的学历提升政策对您产生的正向激励情况

（三）原因分析

为查明为何在政策较为有效的情况下，确未对教师行为产生相应的影响，我们对教师进行了访谈。发现主要原因是教师内在动力不足。一方面，民办高校教师存在工作压力和生活压力均较大，空闲时间较少，教师首先要保障正常的工作和生活，无暇顾及学历提升的问题；另一方面，民办高校并未将学历提升作为教师资格的硬性条件和要求，教师除学历提升这一途径之外还有其他晋升通道，且晋升并未受到学历情况的制约。因此，从这个角度来看，学校政策尚存在完善空间。

因此，想要提高政策的有效性，需要从两方面入手：一是为有学历提升意愿的教师创造条件，减少工作量，降低教师工作压力，增加工作闲暇，让教师有时间去完成和实现学历提升计划；二是在新聘任教师时，提高学历门槛，对学历做硬性要求，提升新入职教师的学历水平；对于已经入职的教师，尤其是专业教学岗位，应要求在一定时间内完成学历提升，提高自身学识基础与岗位要求的匹配度。

二 教学能力有关政策影响分析

对于教学能力有关政策的分析，我们重点关注了学校对教师教学操作能力和监控能力规范、约束与支持的情况。同时将这些政策的有效性，与教师教学能力的表现是否具有一致性进行了关联分析。

（一）提升教师教学操作能力有关政策

1. 学校政策制定情况

教学操作能力是教师能力的核心体现，直接关系到教师教学质量的高低，因此，很多学校非常重视，尤其是对于民办高校而言，学校定位是教学型院校，对教师教学操作能力更加关注。首先学校应该制定教学操作能力的有关规范和标准，让教师的教学操作过程更加顺利、目的更加明确。我们通过调查对这一情况进行了核实，结果如图 10－6 和图 10－7 所示。

多数学校对教师教学行为规范有着明确要求，认为这一要求非常明确的教师占 49.7%，认为比较明确的教师占 42.7%，二者合计占比 92.4%，表明绝大多数学校制定了教师行为规范，且表述明确，教师对有关内容已经知道和了解。

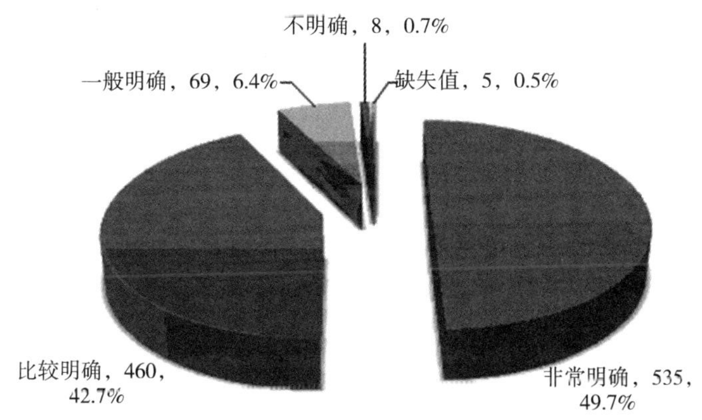

图 10－6　您所在学校对教师教学行为规范的要求情况

同时，多数学校对教师课程设计要求明确。认为学校在教师进行课程设计方面有着非常明确要求的教师占 40.8%，认为要求比较明确的教师占 46.1%，二者合计占比 86.9%，比教师行为规范的明确程度略低。这表明教师对课程设计要求的把握情况不如教师行为，但对这一规定比较明确的教师仍占很大比例，因此整体来看，民办高校在教学方面是比较重视的，制定了有关政策文件，能够做到要求清晰明确具体。

2. 培训活动开展情况

教学操作能力的提升除了根据学校规定和要求进行自我培养外，学校培训工作必不可少。从调查情况来看，如图 10－8 所示，大部分民办高校

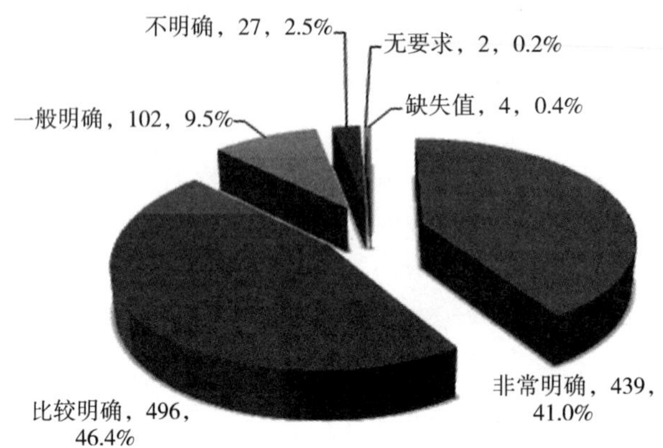

图 10－7 您所在学校对教师课程设计的要求情况

经常组织教师进行教学能力培训，持这一观点的教师占 68.2%；认为学校很少组织与不组织的教师培训比例非常低，合计占比 2.3%。标明民办高校重视教学，注重教师能力培养培训，能够把教师培训作为一项常规工作来开展。

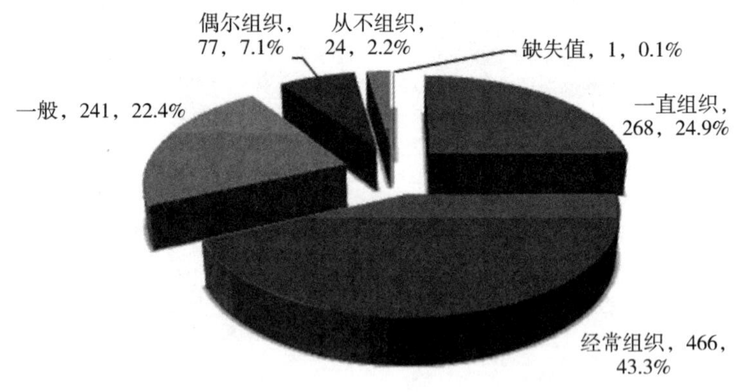

图 10－8 您所在的学校组织教师进行教学能力培训情况

3. 条件保障情况

开展好教学活动，除要求教师自身具备较好的教学操作能力外，教学条件保障也非常重要，如果条件不具备将降低教师教学工作积极性和教学效果。如图 10－9 所示，有 24.1% 的学校提供的现代教育技术设备非常满足教师工作需要，比较满足的占比 50.1%，这两者合计占比 74.2%，表明多数学校为教师提供了现代教育技术设备条件，且对教师教学工作的满足程度较高。

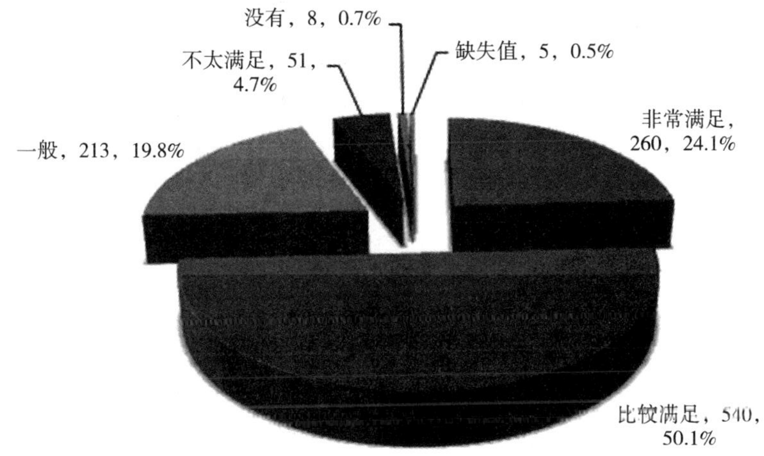

图 10-9　您所在学校提供的现代教育技术设备对于您教学工作的满足情况

4. 教师对教学操作能力情况反思

与前期我们进行的教学操作能力调查结果进行比对，发现教师教学操作能力水平与学校政策支持力度具有一致性。民办高校教师普遍有着较好的教学操作能力，这对学校教学质量无疑是很好的保障，这一结果得益于学校长期以来的重视，制定政策得当，活动开展有效，有关政策应该不断改进。

（二）教学监控能力

1. 学校政策情况

教学监控尤其是教师的自我监控，对教师能力提升有重要推进作用，这是质量监控体系的重要组成部分。我们对民办高校组织“传、帮、带”活动情况进行了调查，结果如图 10-10 所示，有 28.5% 的教师所在教学单位一直有组织“传、帮、带”的教学活动，经常组织的占比 41%，二者合计占比 69.5%，表明多数教师所在教学单位注重对教师的培养，经常开展“传、帮、带”活动。

2. 学校政策有效性

多数教师认为“传、帮、带”活动对自己的教学效果有较大提升作用。

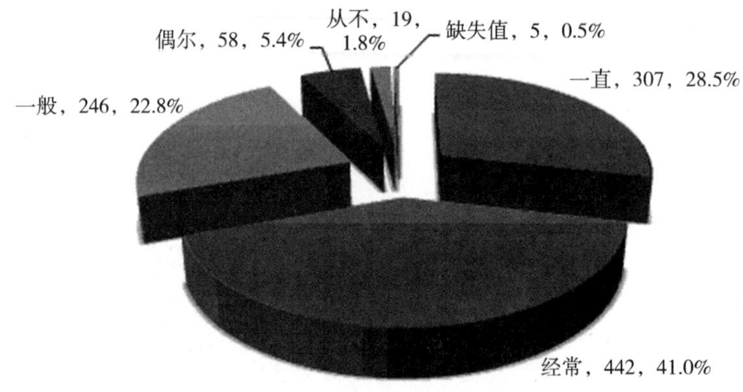

图 10－10　您所在教学单位组织“传、帮、带”活动状况

调查表明，多数民办高校经常开展“传、帮、带”活动，为教师提供教学指导，以帮助教师加快自我反思，快速提升教学能力。学校的出发点是好的，但所谓外因还需通过内因来产生作用，教师对这一活动的接受和认可情况决定了政策的有效性。经调查，结果如图 10－11 所示，教师对学校开展“传、帮、带”活动比较认可，分别有 25.3% 和 49.5% 的教师认为该活动对自己教学效果提升有很大作用和较大作用，二者合计占比 74.7%。这个结果是对学校开展这项活动的肯定，表明多数教师接受这个活动，通过这个活动获得了教学能力提升的机会，证实了学校政策的有效性。

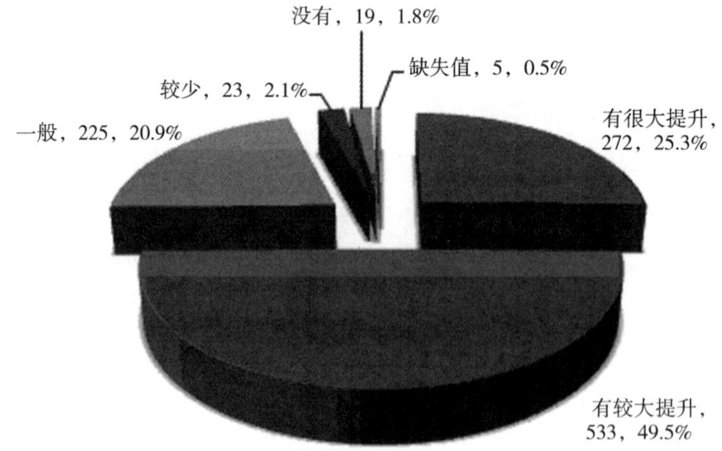

图 10－11　“传、帮、带”活动对您的教学效果提升带来的影响

3. 有关教师监控能力的反思

之前对教师监控能力开展的调查结果显示，民办高校教师有较好的自我监控能力，善于总结、反思，以此来提升教学能力。从监控能力有关政策分析结果，也可以为教师拥有良好的教学监控能力找到原因。这表明学校制定了行之有效的监控政策，这项政策得到了教师的认可，产生了良好的效果。这些政策应该继续坚持。

三　发展能力有关政策影响分析

（一）教学改革能力

1. 政策制定情况

教学改革也是民办高校提高教学质量的重要抓手，是民办高校教师的一项常规工作，它的重要性不言而喻。目前所有高校，包括公办高校、民办高校、部属高校、地方高校，均比较重视教学改革，给予教学改革工作很大的支持力度。事实也确实如此，我们对民办高校在教学改革工作的支持情况进行调查，结果如图 10－12 所示，有 26.8% 的教师认为学校鼓励支持教师进行教学改革与研究的力度非常大，有 45.1% 的教师认为支持力度比较大，二者合计占比 71.9%，表明多数学校通过出台相关政策、采取一定措施等形式，对教师教改工作有较大支持力度。

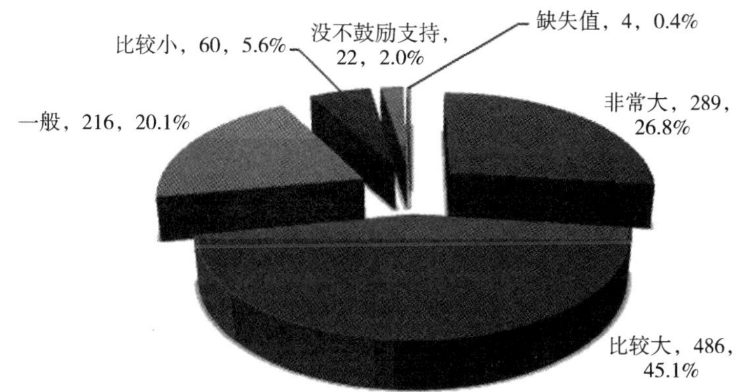

图 10－12　您所在学校鼓励支持教学改革与研究的力度

2. 政策有效性

在民办高校普遍重视教学改革工作、提供较大力度支持的基础上，我们继续考虑对教师的影响情况，是否真正起到激励和推动作用。调查结果如图 10 - 13 所示，有 24. 8% 的教师认为学校相关政策对自己有非常大的正向激励作用，有 41. 8% 的教师认为激励作用比较大，这二者合计占比 76. 6%，标明多数教师认可学校在教改方面的鼓励支持政策。这一结果与学校政策支持力度比较一致。

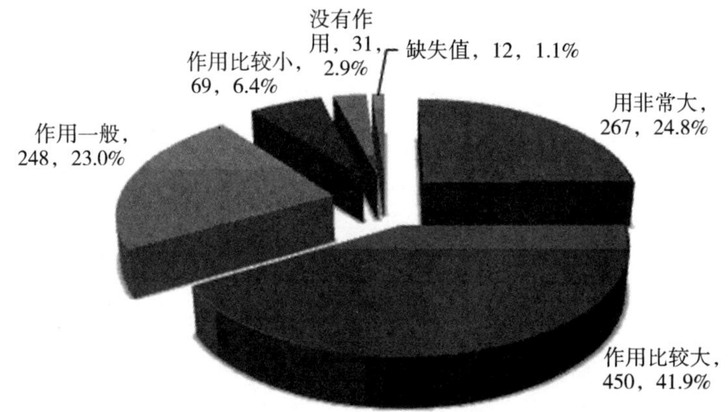

图 10 - 13　您所在学校出台的鼓励支持教学改革与研究政策对您的正向激励情况

3. 教师对教学改革能力的反思

前期调查结果表明，民办高校教师教学改革能力一般，教学改革有关成果不多，尤其是高层次的、标志性的教学改革成果较为缺乏。这一情况表明，教师在认可学校政策的情况下，依然没有取得很好的教学改革成效，这是值得思考的问题。

其实这一情况与民办高校教师个体特征有很大关系。众所周知，教学改革是建立在一定教学经验基础上的，只有开展了多年的教学实践活动，才能准确把握教学规律，发现教学过程存在的问题，找到行之有效的解决问题的办法，开展具有创新意义的教学改革。最后在此基础上，提炼形成教学成果。民办高校青年教师占比较大，这些教师经验不够丰富，开展教学改革有一定的难度。他们需要经过一定时间的培养和训练，快速成长之后才有能力开展教学改革。

（二）科研能力

1. 学校政策情况

科研工作对于民办高校来讲，虽然不是核心工作，但对于教师发展却非常重要，同时有助于教师在教学过程中引入学科专业前沿知识，拓宽学生视野。因此，从这一角度来看，民办高校应该鼓励教师从事科学研究工作。对这一情况的调查结果如图 10－14 所示，有 30.8% 的教师认为学校对教师开展科学研究工作提供了非常大的支持，有 43.9% 的人认为支持力度比较大，二者合计占比 74.7%，表明民办高校在推进科研工作方面还是下了一番功夫，采取了一些措施，并且得到了多数教师的认可。

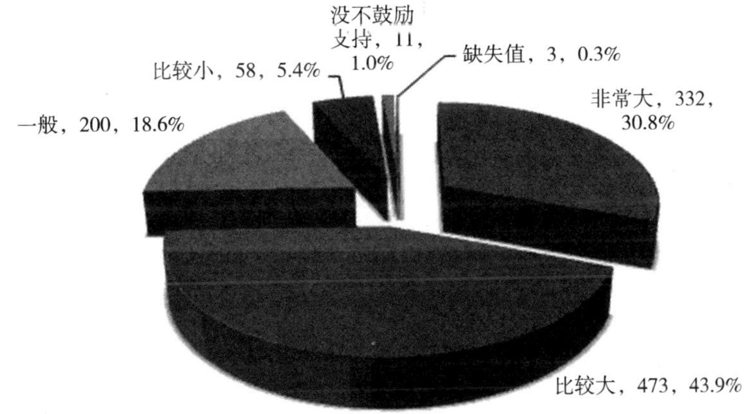

图 10－14　您所在的学校对教师科研的鼓励支持力度

2. 政策有效性

学校采取措施推进教师科研工作，这是教师科研能力提升的条件之一，政策的有效性决定了政策推行的成效。为此，我们进行了调查，结果见图 10－15 所示，有 27.3% 的教师认为学校政策对自己产生了非常大的正向激励作用，有 44.8% 的教师认为激励作用比较大，这二者合计占比 72.1%，表明学校出台的支持教师做好科研的政策得到多数教师的认可。

3. 教师对科研能力的反思

根据以上两个方面的调查结果，在学校制定了富有激励的科研政策的情况下，教师应该发挥自己的积极性和主动性，投身科研工作，提升科研

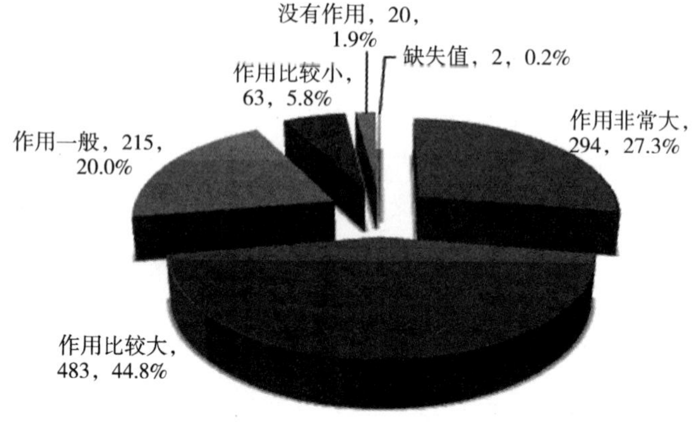

图 10－15　您所在学校出台的支持鼓励科研政策对您的正向激励情况

能力，产出更多高质量的科研成果。但实际情况如前面的调查所示，民办高校教师科研能力是较弱的，科研成果层次、数量均是不乐观的。为何学校政策没发挥应有的作用呢？这要从民办高校的具体情况出发进行分析。

首先，民办高校多数定位为应用型和教学型高校，科研工作并非主要工作，科研氛围并不浓厚，教师科研意识不强。其次，民办高校多为新建本科高校，对学校排名的迫切性并不是很高，因此并未非常重视靠科研成绩定排名的规则，相比教学考核而言，对教师科研考核的力度不是很大，很多教师未将科研工作纳入工作重点。最后，科研工作对教师学识基础有着较高的要求，并对团队建设同样有较高的要求，民办高校高学历学位教师数量较少，队伍结构难以形成，这是影响学校科研工作开展的直接因素。

针对这一情况，想要提升教师科研能力，首先要提高教师的学识基础，即教师的学历学位需要得到提升；其次便是加大对教师团队建设的力度，强化科研工作考核的力度。民办高校要处理好教师科研与教学的关系，平衡好各类教师教学工作量与科研工作量，引导教师均衡发展。

（三）社会服务能力有关政策

1. 学校政策制定情况

社会服务是高校非常重要的职能和任务之一，民办高校也不例外，目前调查的情况显然表明民办高校教师社会服务能力是不足的，很多老师未从事过社会服务工作。这一结果是否是学校政策缺失造成的呢？调查结果如图 10 - 16 所示。认为学校对于社会服务支持力度非常大的仅占 16.3%，有 30.8% 的教师认为力度比较大，这两者占比低于 50%，而认为支持力度小和不鼓励支持的比例为 22.4%。这一结果表明学校在鼓励支持教师为社会提供各项服务方面力度并不是很大，属于一般情况。

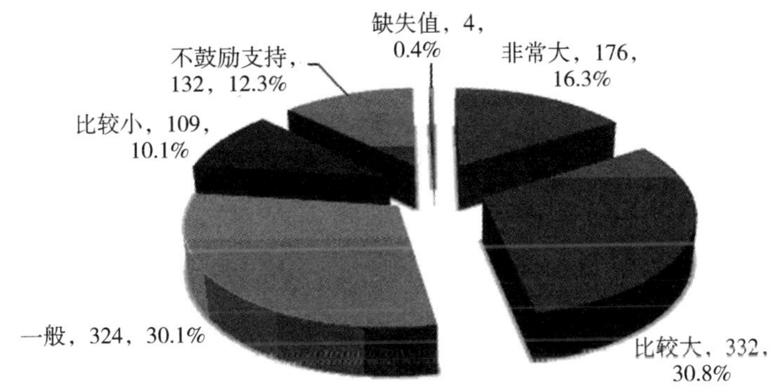

图 10 - 16 您所在的学校鼓励支持教师社会服务的力度

2. 学校政策有效性

上述调查结果虽然没有表明学校对教师提供社会服务有很大的支持力度，但也做了一些支持，这些政策对教师有激励性吗？调查结果如图 10 - 17所示。认为学校政策对自己提供社会服务产生了非常大的正向激励的教师占 17.4%，有 32.5% 的教师认为正向激励作用比较大，这二者合计占比 49.9%，表明近一半的教师是比较认可的；认为激励作用小和无激励作用的比例为 19%，即有五分之一的教师不认同学校提供的有关政策，认为对自己从事社会服务工作没有起到积极推动作用。这一结果与上述学校政策支持力度的调查结果基本相吻合，因此同时表明了学校支持力度与政策对教师的正向激励情况具有一定的关联度。

3. 教师对社会服务的反思

由调查可知，民办高校教师目前存在社会服务能力不足的情况，提供过社会服务的教师比例低且专业相关度不高，对于政策激励作用的调查结果表明这一情况的出现与学校政策有一定关系。由于学校政策的激励性不足，没有对教师产生足够的影响，大部分教师虽然有较为强烈的提供社会服务的意愿但未采取行动。

结合教师访谈情况得知，多数民办高校对于教师提供社会服务工作

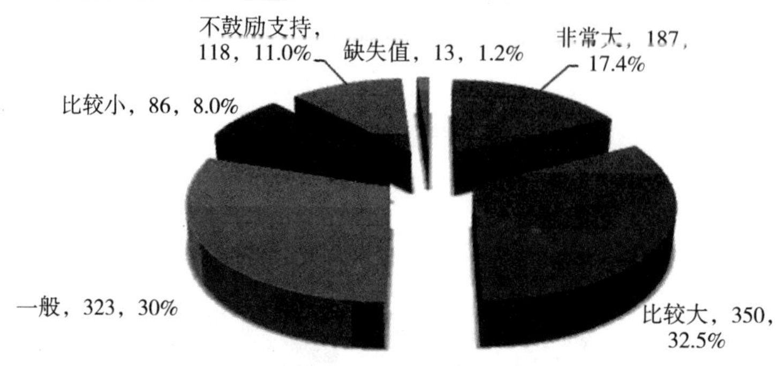

图 10－17 您所在学校有关鼓励支持社会服务的相关政策对您产生的正向激励情况

并未纳入考核，虽然制定了有关政策，鼓励教师开展社会服务，但存在力度不够的问题，尤其是与科研等工作的支持力度相比，有一定的差距。同时教师自身能力也有限，并非所有教师均具备提供社会服务的能力，民办高校青年教师占比较大，专业能力不足、实践经验不够丰富，这也是教师提供社会服务形式不够多样化的原因之一。因此，要想鼓励更多的教师开展社会服务工作、提高社会服务能力，需要加大政策支持力度，科学引导教师积极开展社会服务；鼓励经验丰富的老教师，在开展社会服务工作时，发扬“传帮带”“老带新”的优良传统，帮助年轻教师提高社会服务能力。

四 专业实践能力有关政策影响分析

（一）学校政策有效性分析

应用型高校的人才培养目标非常重要的一条就是培养学生较强的实践动手能力，要想实现预期目标，教师首先需要有较强的专业实践能力，学校应该制定相应的配套政策，支持教师提升实践动手能力。调查结果如图 10－18 所示，有 21.9% 的教师认为学校出台的相关政策对自己的正向激励作用非常大，有 43.3% 的教师认为相关政策对教师激励作用比较大，二者合计占比 65.2%，表明学校对于教师提高专业实践能力制定了较为可行的政策，得到了一半以上教师的认可。

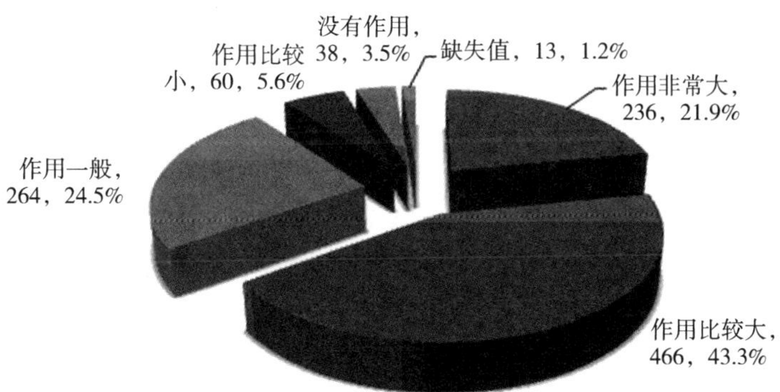

图 10－18 您所在学校出台的提升教师专业实践能力方面政策对您的正向激励情况

（二）教师对提升实践能力的反思

我们前面的调查结果显示，民办高校教师专业实践能力离应用型人才培养的需求相差甚远，大部分教师的专业实践能力有待进一步提高。从上面教师对政策的认可情况来看，有 6 成以上的教师认可学校政策，说明政策具有一定的导向性，但现实情况是具有较强专业实践动手能力的教师数量依然不能满足需要。这些情况表明了民办高校教师专业实践能力提升政策还有改进的空间，这一政策需要得到更多教师的认可，学校的政策支持力度应该是教师专业实践能力情况不理想的主要原因之一。

此外，教师队伍的年轻化决定了大多数教师的行业企业经历少，工作闲暇也不足，难以有机会去企业锻炼。这决定了年轻教师是我们需要重点关注的对象。

第三节 民办高校教师能力相关限制因素

一 民办高校教师教学能力总体较弱，教师对自身能力现状没有形成正确的认识

民办高校经过近 30 年的成长历程，已经形成了一定的规模，在条件建设和内涵建设方面均有了较为快速的发展。在这样的背景下，多数教师对自身的发展、教学能力的现状处于一种自我认可和满足的状况，具体表现为调查结果所显示的：教师在自身的认知能力、社会服务能力等多项教

学专项能力方面满意度均较高，对学校政策环境总体满意。但通过对各项能力定量的指标考查以及与其他具有高水平应用型高校教师发展情况进行对比，民办高校教师实际教学能力存在很多不足之处，具体表现为：各项教学研究成果非常少，科研成果、课题、专利，尤其是横向课题参与度不高，在企业挂职锻炼时间短，有企业专业实践经历的教师比例非常低。

这种情况表明了多数教师对自己教学能力的现状没有正确的认识，自我要求低，没有意识到自身教学能力已经不能满足应用型人才培养的需要，因此对学校的政策环境和教学条件没有较高的要求，反而满意度较高。

二 民办高校自身资源的局限性是教师能力弱的主要原因

民办高校多数资金来源渠道单一，在教师能力提升方面经费投入不足。虽然各高校都出台了各种激励教师提升自身能力的政策和措施，对教师提升自身能力有一定的正向激励作用，但是教师教学能力提升需要一个较长的过程，投入大、产出少，二者未必一定呈正比，不能有立竿见影的效果。因此，多数民办学校不愿意将有限的经费投资到各类用于提升教师能力的教师培训方面，即使有投入，资金也非常有限。培训资金的不足是制约民办高校教师能力提升的主要原因。

三 外部政策环境的局限性是制约民办高校教师能力提升的重要原因

教育主管部门虽然在政策环境方面并未区分民办高校和公办高校，所有高校同等对待，但在实际执行过程中，并未给予民办高校同等待遇，如在省级质量工程建设项目经费方面，民办高校不在经费支持范围。这不仅不利于民办高校教师开展内涵建设、教学改革和研究、教学能力提升等各方面活动，而且会加重社会对民办高校的歧视。因此，外部政策环境的局限性也是影响民办高校教师能力提升的重要原因之一。

第十一章　民办高校教师能力提升策略

第一节　民办高校教师能力提升策略的现实依据

通过对5所民办高校1077名教师与教学管理人员进行问卷调查，对26名教学管理人员和教师进行了深度访谈，收集了大量研究数据，通过统计分析，得出以下结论。

一　民办高校教师能力差异较大，整体水平不高

（一）民办高校教师队伍结构不合理

1. 教师队伍稳定性差

问卷调查结果显示，在民办高校专任教师中，青年教师占的比例较大，如案例学校YC学院在本科合格评估时35岁及以下的教师占到67%，教龄在3年及以下的教师占40.33%，这些调查数据表明民办高校切实存在教师队伍流动性较大，近年来，为了达到教育主管部门的评估要求，每年新引进年轻教师在100名左右，队伍不稳定。

2. 高水平教师数量少

调查结果显示，正高级职称教师比例为4.4%，博士学位教师比例为2.0%，与同等公办高校相比“双高”教师数量少，学历、学缘结构不合理。

（二）教学科研能力发展不平衡

1. 科研能力较低

科学研究和教学研究缺乏积淀，表现为教师获得教学质量工程项目数量少，调查统计的成果中以校级成果为主，获得省级以上教学科研奖项较少。由于高水平教师少，没有搭建起较好的学术成长平台，致使教师队伍

流动性较大。

研究结果所示，民办高校教师近三年没有发表过论文的有 21.5%，没有在核心期刊发表论文的教师占 65.8%；获得 1—3 项专利的教师合计占 4.0%，有 1 项专利被企业采用的教师占 1.6%，表明在民办高校的教师科研能力和社会服务能力较低。目前，培养应用型人才的高校对教师职业经历和专业实践能力提出了要求，研究显示现有教师队伍影响应用型人才培养。

2. 教师职业道德高尚，教学能力相对较好

一是民办高校教师普遍认为责任感对教学质量、教学效果非常重要，自我评价较高；二是教师普遍关注学生的学习兴趣。研究结果显示，民办高校教师在教学过程中普遍意识到关注学生的学习兴趣。有 81.7% 的教师在课堂教学过程中重视学生的反应，主动听取学生的意见调整教学内容和教学方法；三是教师研究教学内容，关注课程体系的关联度；四是教师对教育教学改革的理念有深入的理解。如大多数教师关注课程对毕业要求的支撑度，关注教学内容对人才培养目标的支撑度。

3. 教师教学改革积极性高，但效果不明显

本研究选取的 5 所民办高校具有一定的代表意义，研究结果显示，从学校层面都比较重视教师队伍的建设与发展，调查数据表明，有 86.9% 的教师认为，学校对教师教学规范提出明确的要求；有 87.4% 的教师认为学校对如何进行课程设计提出了明确的要求。教师主动参与教学改革的积极性较高，多数教师意识到教学改革对教学的重要影响，在学校出台鼓励教师进行教学改革的措施之后，引起了教师对教学改革的关注，但是目前取得的教改成果较少。分析民办高校教师群体特征认为，目前队伍年轻缺乏经验，学校培养培训力度不大，教师们虽然有积极性，但教学改革的效果还不理想。

（三）教师专业实践能力和社会服务能力普遍偏低

应用型高校的特点是专业建设、人才培养与区域经济发展紧密结合，人才队伍体现较强的专业技术和服务社会的能力。而经研究发现目前的民办高校，虽然定位为应用型高校，但教师来源于企业工作经历的较少，入职后参加企业实践锻炼的教师更少。致使学校为区域企业事业提供横向课题服务的数量非常少，不能够做到为企业解决技术难题，从而赢得企业与

校方开展深度校企合作的机会。

（四）新引进教师整体能力较弱

统计分析发现，与成长型、成熟型教师相比较，新进型教师在认知能力、操作能力、科研能力、社会服务能力、专业实践能力等多项教师专项能力方面均处于较低水平；成长型教师与其他两种类型教师相比，科研能力较强，但在提供社会服务方面积极性不高；成熟型教师在学识基础、认知能力、操作能力、科研能力、社会服务能力、专业实践能力等各教师专项能力方面均处于显著优势。

二　明确了影响民办高校教师能力的主要因素

（一）环境因素

1. 外部环境因素是产生教师队伍不稳定的主要原因

在上篇中分析了影响民办高校干部队伍建设的外部环境因素，这些因素对于民办高校的教师会产生同样的影响。此外，关于教师还有其独特的影响因素。如学科平台建设水平对教师的吸引力是影响教师队伍稳定性的显著影响因素。

2. 学校内部政策环境不平衡是影响教师能力均衡发展的主要原因

如教师职称晋升条件、教师基本工作量规定、绩效考核评价指标、促进教师能力计划等均是导致目前教师能力发展不平衡的重要因素。

（二）个体特征因素

1. 本研究通过教师个体特征与教师专项能力的回归分析发现，年龄、学位、教龄、职称四项个体特征对教师能力有显著影响，其中，学位对认知能力、操作能力、自我监控能力和沟通能力等多项教师专项能力有显著影响，特别是教龄不同将教师区分为新进型、成长型、成熟型，三种类型教师各项能力差异较大，特点鲜明，可以作为学校制定对策的依据。

2. 本研究数据来自以培养应用型、技能型人才为中心任务的民办高校，通过对教师、教学管理人员的访谈和问卷调查，采用成分矩阵分析，明确聚焦了构成教师能力的各项要素，包括学识基础、认知能力、沟通能力、自我监控能力、教学改革能力、专业实践能力、科研能力、操作能力、社会服务能力、职业道德等方面。通过多元回归分析发现，这些构成要素对教师能力的解释力度不同，其中专业实践能力、科研能力对教师整体能力的影响相对较强。

第二节　民办高校教师发展对策建议

随着民办高校发展进入内涵提升的关键阶段，教师能力成为影响学校教育教学改革的重要因素。本研究在对民办高校教师队伍建设因素进行了系统分析，包括组织内外环境因素，教师自身个体特征因素。针对影响教师队伍建设因素，提出对策建议，如搭建平台，吸引教师；精准施策，发展教师；改革评价，引领教师；薪酬激励，留住教师四个方面。

一　搭建学科专业平台，吸引优秀教师

对于优秀知识分子，特别是有一定水平的专家学者，学科专业发展平台对于他们的吸引力要大于组织提供的物质待遇。所以，民办高校的发展已经进入如何搭建学科专业发展平台，为优秀人才提供干事创业的舞台，成为目前民办高校吸引优秀教师的基础工程。

（一）对策建议

1. 调整优化学科专业结构

民办高校是市场经济发展的产物，多数学校学科布局与专业设置服从市场需求。在办学初级阶段举办自考助学时期，多数专业均随着市场对人才需求的变化开设，使民办高校初期的专业设置非常散，没有形成学科体系、专业集群。条件建设和师资队伍建设没有形成合力，不利于提升学校人才培养能力，严重制约学校发展。据此，提出民办高校依据自身特点和经济社会发展对人才的需求优化学科体系，聚焦行业链、产业链，构建专业集群。

2. 凝练学科专业特色

近年来，教育主管部门不断出台政策引导应用型高校提高人才培养质量，要求高校准确定位办出特色。民办高校要审视学校的区位优势，每个专业群紧密对接行业产业，聚焦人才培养目标与规格，均将专业建设与人才培养特色及时与社会沟通，向社会公布。使学校的学科专业建设、人才培养特色得到社会用人单位的广泛认同。

对于学科专业人才队伍建设，学校依据学科专业建设需要规划师资队

伍数量与结构，使之既能够满足教育部教发2004年2号文件《普通高等学校基本办学条件指标》的规定，又能够满足教高厅2011年2号文件附件2《关于普通高等学校本科教学工作合格评估指标体系对教师的具体要求》。

（二）案例分享

1. 学科建设案例

（1）学科建设规划以及措施

山东英才学院从2012年开始，率先在全省民办高校中开展重点学科建设，遴选学前教育、国际商务、机械制造及其自动化、计算机应用与信息技术等学科作为校级重点学科，“十二五”时期投入建设经费1680万元进行重点扶持，“十三五”时期遴选五个重点学科，计划投入经费3200万元进行强化建设。2017年学校获批硕士学位授予立项培育建设单位，重点学科强化建设进程进一步加快。继续采取措施不断提升学科团队实力、人才培养质量、科学研究水平和服务社会能力，为开展专业硕士研究生教育做好准备。

一是加大人才引进和培养力度。积极引进高水平学术带头人和重点大学博士；实施“教师能力提升计划”，选派青年骨干教师到行业企业一线从事实践锻炼和科学研究；聘请行业企业高级专门人才，打造一支“双师双能型”师资队伍。

二是凝练学科发展方向。立足学科发展基础和条件，选准学科主要研究方向，提升各方向的学术水平，逐步形成较稳定的学科发展方向。学科方向既不能过宽，又不能过窄；各方向间既不重合又互成体系；学科方向既兼顾成员个人研究方向，又不能以个人研究方向代替学科方向；学科方向既要立足学科前沿，又要突出经济社会需求。探索学科间的交叉、渗透和融合，鼓励不同学科间整合资源、协同攻关。

三是推进专业硕士研究生联合培养工作。加强与联合培养高校的沟通与联系，增加联合培养高校聘任的研究生导师数量，扩大联合培养研究生规模，积累研究生教育和管理工作经验。

四是加强应用科学研究。紧密围绕省市经济社会发展的重大需求和学科前沿，申报承担高层次课题和横向委托研究项目，争取取得一批高水平、高质量和高效益的科研成果。支持学科主办和承办全国性和省级学术交流活动。通过开设学科前沿讲座、科研成果融入课程转化为教学内容、吸收大学生、专硕联合培养生加入教师科研团队，推动科研与教学协同发展，将学术资源转化为教育资源，加强科研对提高人才培养质量的促进作用。

五是推进学科平台建设。按照省级重点实验室、工程技术中心和协同创新中心建设标准，在对现有实验仪器设备、图书资料等软硬件条件进行摸底分析的基础上，提出软硬件条件改进方案，提升软硬件条件保障水平，推进重点学科重大学科平台申报与建设，推进校企共建实验室建设。

（2）学科建设取得的成果

一是学前教育。该学科在重点建设过程中凝练发展特色，形成了三个重点研究方向，包括处境不利儿童发展评估与教育促进方向、多模态信息技术与学前教育创新融合方向、0—3 岁早期教育服务体系与运作机制研究方向。拥有七项国家级荣誉和称号：国家精品课、国家精品资源共享课、国家教学名师、国家“万人计划”教学名师、国家级本科教学团队、国家级实验教学示范中心和国家虚拟仿真实验教学项目。入选山东省高等学校人文社科研究基地和山东省高校优势学科人才团队等，获得山东省优秀社科成果一等奖一项。探索形成了“学—研—园—用”一体化的人才培养模式，是山东省学前教育专业认证试点单位，承担省教育厅委托的全省高职院校学前教育专业师资培训任务。

二是国际商务。该学科有跨境电商运营管理、国际物流与供应链、国际投融资三个研究方向，是山东省政府确定的八个物流管理人才培养基地之一，获国家留学基金委 AISEC 项目授权。与山东高速集团联合开展智慧交通、智慧物流等应用型人才的培养培训。

三是智能制造。学校推进计算机应用与信息技术、机械制造及其自动化两学科融合发展。这两个学科拥有山东省工程技术研究中心，山东省高校工程技术研发中心、“电力大数据处理与安全”山东省高校重点实验室和“中国能源研究会电力大数据安全实验室”。获批教育部高等学校专业综合改革试点项目、教育部大学生工程实践教育基地建设项目，入选山东省卓越工程师教育培养计划项目。入选教育部—中兴通讯 ICT 产教融合创新基地、教育部数据中国“百校工程”产教融合创新项目和“中欧智造高技能人才培养基地”，与中兴通讯、中科曙光、德国费斯托公司开展深度校企合作。

四是环境设计。该学科在建设过程中形成了建筑环境艺术设计、城市视觉环境艺术设计、园林景观环境设计三个重点研究方向。专任教师中，45 岁以下占 97%，专业带头人 3 人；骨干教师 27 人。导师须具备本方向专业背景，具有教学和实践经历，有 27 名教师至少指导过 3 届相关专业方向的本科生，并有 6 位学生考上相关专业研究生或获得过创作、表演等奖项。近 10 年，带头人主持省部级创作实践项目或实践教研类项目数 2 项。“设计学”学科入选山东省文化艺术科学重点学科，是山东省民办高校该学科专业领域首次获得此项殊荣。

2. 专业集群建设案例

（1）构建专业集群

分析山东省新旧动能转换重点建设发展的十大产业对人才的需求，主动对接产业链、专业链，调整专业布局，形成专业集群。

结合学校学科专业建设基础，聚焦高端装备制造、新一代信息技术、文化创意、医养健康和现代金融服务等产业领域；调整学科专业结构布局，在重点建设学前教育、环境设计四个学科的同时，积极扶持优势学科发展，打造能够适应学科建设、专业发展和人才培养的学科专业集群。

一是充分利用与高新区、德国费斯托公司合作的契机，以机械设计制造及其自动化专业为核心，带动电气工程及其自动化、机械电子工程专业建设，使该专业群依托智能制造，为高端装备制造业输送人才，提供服务。

二是充分利用与中兴通讯、中科曙光合作办学的契机，将电子信息工程、计算机科学与技术、信息管理与信息系统、物联网工程等专业融入新一代信息技术产业，使其在信息通讯、云计算、大数据等专业领域逐渐凸显办学优势，以适应新旧动能转换对信息技术人才的需求。

三是充分发挥学前教育专业的优势和特色，适应社会需求，鼓励多学科交叉融合，培育新的学科专业生长点，创办集学前、艺术、护理、管理等交叉融合的产学研一体化新兴产业，培养以学前教育为特色的复合型应用型人才。

四是充分利用省城 CBD 地域优势以现代信息技术为基础，依托基于互联网的国际商务、市场营销、物流管理等省级、校级重点建设专业，增设电子商务专业，形成优势特色专业群，培养适应省城经济发展需要的国际贸易专门人才。

五是深化与省立医院、济南中心医院、山东中医药大学附属康复中心、济南市养老服务中心的合作，以服务老年社会群体为目标，凝练护理学、康复治疗学、社会工作（老年服务与管理方向）专业特色，使其逐渐形成品牌，为提升山东省医养健康水平服务。

六是充分利用北校区区位优势，结合济阳县新旧动能转换引爆区发展需求，积极借力山东财经大学，以工商管理专业为核心，增设会计学专业，使经济管理学院围绕济阳地方经济建设需求调整专业结构，形成以服务现代金融业为背景的专业集群。

（2）专业集群建设取得的成果

近五年来，学校在专业集群建设方面取得了一系列成果。如学前教育、医养健康、智能制造、基于互联网的国际贸易、物流管理、通信工程、环境艺术设计七个专业群成为省级优势特色专业群，学校于2014年被省教育厅、财政厅确定为特色名校立项建设单位。2019年学校有11个专业被评为省级一流本科专业，其中7个被推荐评审国家级一流专业。

二 精准施策，助推教师成长

民办高校教师认为所在学校普遍重视提升教师能力，所出台的鼓励教师提升学历，改进教学，开展教学改革、科学研究、社会服务等制度对教师的支持力度比较大，激励作用也比较明显，实际结果来看并没有取得预计的激励效果。因此，民办高校应提高制度的有效性，区别不同层次类型的教师强化制度落实。

（一）对策建议

1. 帮助新进型教师度过“三关”

新进型教师初入职场，面临的主要问题是尽快熟悉掌握教学工作，适应工作要求。民办高校要针对新聘教师制定专项培养培训制度，学校教师发展中心也应重点针对新进型教师组织开展工作。新进型教师发展目标和实施措施应明确，在个性化指导方面，民办高校要为新进型教师明确落实指导教师，对青年教师备课、授课等工作予以咨询和指导，帮助青年教师了解掌握教学基本规律和教研科研的基本方法；在工作安排方面，应适当降低工作量要求，给新进型教师助教助课、参加实践锻炼等提供时间与机会。

2. 帮助成长型教师成为骨干

成长型教师发展意愿强劲，面临的主要问题是突破发展瓶颈，实现新的跨越。民办高校成长型教师大多已经胜任教学工作，但是在教研科研和社会服务方面业绩平平，相当数量的教师因为没有取得一定数量和水平的科研、教研或社会服务成果，难以按照国家规定的评审标准要求按时晋升专业技术职务。民办高校应针对成长型教师制订高层次培养培训计划，并划拨专项经费予以支持，鼓励成长型教师攻读博士学位、到高水平大学访学研修、到行业内知名企业实践研修、博士进站工作等；民办高校难于全职引进在国内、省内有一定影响的学者，可以特聘教授形式柔性引进人才，内外结合组成团队，带领指导青年教师开展教学科研工作。

3. 督促成熟型教师成为“人梯”

民办高校成熟型教师目前主要是公办高校的退休教师。他们职称高，教学科研业绩突出，经验丰富。民办高校在制度安排上，应充分发挥成熟型教师的督导与传帮带年轻教师的作用，把新老教师结对子或以成熟型教师为核心建设团队列入岗位职责，以教学工作量计算相应的指导年轻教师的工作量，在聘用考核中突出对新进型教师的传帮带效果或团队业绩的考核，弱化对成熟型教师个人的教学工作和科研业绩考核，并设置以老带新优秀指导教师奖励予以表彰激励。

（二）案例分享

山东英才学院历来十分重视师德师风建设，出台了《关于建立健全师德建设长效机制的实施办法》；针对新进教师，出台了《新教师入职宣誓制度》《新聘任教师教学能力发展实施办法》《青年教师高校系统听课学习提高的实施办法》《新老教师结对子传帮带的实施办法》《关于鼓励教职员工取得职业资格证书的实施办法》等；为了培养优秀中青年骨干教师，出台了《青年教师博士培养工程实施办法》《优秀青年教师国内访问学者项目实施暂行办法》《教师专业实践工作管理规定》《教学团队、教学名师评选表彰管理办法》等。这些措施的落实促进了教师队伍建设与发展，并取得了一系列成果。

三 改革评价，引领教师发展

教师考核评价是教师发展体制机制的重要组成部分，是教师选聘、任用、薪酬、奖惩等人力资源开发管理和使用的前提，对于树立正确用人导向、激励教师专业发展，调动教师工作积极性、主动性和创造性具有重要作用，对于推动教学改革、提高教育质量、坚持正确科研导向、促进科研成果转化、开展创新创业和社会服务，具有全局性和基础性影响。民办高校都做了很多有益尝试，积累了不少经验，但仍然存在评价标准单一、分类评价不足、缺乏整体设计、师德考核操作性不强、对教师从事教育教学工作重视不够、重数量轻质量的情况，考核评价急功近利，考核结果的科学运用有待完善等问题。需要在健全评价标准，优化评价机制上做文章。

（一）健全评价标准

1. 对策建议

（1）科学设置评价标准。坚持凭能力、实绩、贡献评价人才，克服唯学历、唯资历、唯论文、唯奖项、唯项目等倾向，建立健全涵盖师德师风、教育教学、科学研究、社会服务、专业发展等要素的综合评价，突出教育教学工作评价，将人才培养中心任务落到实处。建立健全教学工作质量管理体系，加强教学质量和课堂教学纪律考核。

（2）实行分类分层评价。民办高校要立足自身发展阶段和办学特色，遵循高等教育规律和教师发展规律，根据不同学校、不同岗位教师的职责特点，坚持共同性与特殊性、水平业绩与发展潜力、定性与定量评价相结合，分类建立健全涵盖师德师风、知识能力、业绩贡献、创新成果等要素，科学合理、各有侧重的评价标准，鼓励不同类别不同层次教师在不同领域作出贡献、追求卓越。

2. 案例分享

山东英才学院自创办以来，一方面，着力选好用好公办高校退休教师；另一方面，一直在持续不断地引进应往届毕业生，建设自有专任教师队伍，形成了适应两类教师各自特点的选聘与管理办法。2008 年升格为本科院校以后，自 2012 年起，山东英才学院开始大力加强学科建设，加强应用科学研究与社会服务工作，为此，学校继续深化教师分类管理，将专任教师岗位进一步分为教学科研型、科研教学型和“双肩挑”型，每一类型又分为四档十三级，分别制定岗位职责、基本工作任务和任职条件要求，并针对不同类别层次教师采用不同的考评标准。

岗位职责有所侧重。人才培养是民办高校核心职能，因此，无论哪种类型层次的教师，都必须承担教学任务，他们的基本工作任务都包括教学工作、教研与教学建设工作、科研与社会服务工作。由于学校建设发展需要，教学科研型教师岗位职责更偏重于人才培养，与人才培养有关的教学和教研教改工作要求更多更高，科研教学型教师岗位职责更偏重于应用型科研创新和社会服务，双肩挑型教师可根据任职者个人实际选择教学工作加教研与教学基本建设，或教学工作加科研与社会服务工作。

工作要求有所不同。不同类别层次教师的教学工作、教研与教学建设工作、科研与社会服务工作三种工作的基本工作量要求不同，配套制定了《教学工作量计算办法》《教研与教学基本建设类工作量计算办法》《科研与社会服务工作量计算办法》等。教学工作涵盖理论教学和实践教学，教研与教学建设工作涵盖专业建设与人才培养模式改革、课程建设、教学研究与教学改革、教材建设、实践条件建设与实践教学改革等，科研与社会服务工作涵盖纵向课题、论文、著作、专利等成果、横向课题、成果转化等。除此之外，还对高职称教师的教研、科研工作提出了硬性要求，比如，聘期内必须完成课题项目或获得成果奖励。

（二）优化评价方式

1. 对策建议

（1）科学利用多元评价。学生评价、督导评价、教师自评、上级评价、同事互评是民办高校惯常采用的教师评价方式，随着高校深化综合改革和转型发展、特色发展需要，学生中心、产出导向和产教融合、校企合作的人才培养模式改革进一步深化，对教师的教育教学提出更高要求，应当加强教学质量评价，建立以同行评价为基础，用人单位、毕业生等多元评价主体参与，教学规范、教学运行、教学效果、教学改革与研究、教学获奖等不同评价维度综合，考核、评审、个人述职、考试、面试答辩、实践操作、业绩展示等不同评价手段结合的评价方式。

（2）合理设置评价周期。民办高校要按照劳动合同法规定对教师进行试用期满考核和劳动合同期满考核，还要借鉴全面质量管理、目标管理、绩效管理办法，以关键业绩指标和工作行为为核心，围绕教师教学工作、教研和教学基本建设工作、科研与社会服务工作，科学设置日常考核、年度考核、聘期期满考核。

2. 案例分享

山东英才学院自2012年起引入绩效管理与考核体系。教师职务实行评聘分离，鼓励优秀教师低职高聘。教师通过个人申请、校院两级评审、学校择优聘任后上岗。上岗教师除了承诺承担所聘类型层次教师岗位基本工作，完成规定数量的工作之外，教师还要与所在学科专业负责人进行沟通交流，进一步明确教学科研工作"内容"，教师结合所在学科专业发展需要，结合自己的实际情况和专长、意愿等，明确教学工作、教研与教学基本建设工作、科研与社会服务工作等较为具体的工作目标、工作内容、拟取得的成果等，以及需要配备的条件或提供的帮助，制订具体的聘期目标和工作计划，中、初级教师岗位由所在教学单位负责组织，副高级以上及博士等高层次人才由学校人力资源处负责组织，经分层审核后确定，签订目标责任书并明确聘期任务；教学工作数量将以学期为考核周期，教学工作质量、教研与教学建设工作等以年度为考核周期，科研与社会服务工作、专业发展等以聘期为考核周期，分别进行考核。教学工作、教研与教学建设工作考核以同行专家进行课程评估为主，日常考核以教学督导听课查课和学生信息员评价为主，聘期期满考核以上级综合评价和自我职业规划评价为主。

四 薪酬激励，留住教师

民办高校年轻教师占比高，他们正处婚恋、生育的人生阶段，决定了薪酬对他们具有突出的激励性。薪酬不仅是学校对教师创造价值的一种认可与回报，兼有满足教师内在需求，激励教师工作积极性，传递组织价值观的基本职能。

（一）对策建议

薪酬激励原则。薪酬政策要充分体现重能力、重实绩、重贡献，向教学科研一线以及高层次人才、教学骨干、重点管理岗位倾斜，同时兼顾人文关怀，尽最大能力引进、留住和用好人才；突出岗位、绩效与薪酬的联系，将考核结果与计发薪酬挂钩；畅通教师职业发展、薪酬待遇提升的路径；密切学校发展与教职工薪酬的关系，将薪酬总量与学校收入挂钩；鼓励教学院部由教学单位向办学单位转变，加大教学院部在薪酬分配中的责任分担和自主管理；设置校长奖励基金，对做出突出贡献及高层次特殊人才进行激励；鼓励减员增效，实行减人不减绩效工资的办法。

薪酬激励重点。民办高校应充分借鉴公办高校薪酬管理成果，充分发挥民办高校体制机制优势，根据教师岗位特点，将工资水平与教师能力挂钩，将实际发放与考核结果挂钩，鼓励教师干工作、干好工作、多干工作，鼓励教师沿着学校发展需要的方向，不断提高能力素质。

（二）案例分享

山东英才学院自创办以来已经进行过五次大的、深刻的薪酬管理制度改革，一方面，不断调整完善工资项目整体设计，体现学校的价值理念和鼓励认可的教师行为；另一方面，不断提高工资水平，使教师工资接近或基本达到公办高校同类人员水平。学校还配套完善了《教学工作奖励办法》《科研工作奖励办法》，对取得突出业绩的，不仅计算工作量，而且还予以奖励。目前，教师工资由若干项目组成，其中，设置基本工资、日常考核工资、教研绩效、科研绩效、奖励性津贴等项目，其水平根据教师职级层次确定，鼓励教师努力取得良好业绩，作出突出贡献，经过评审，不断提升职级层次，从而工资职级跃上新的水平。除此之外，上述工资项目还与教师所在教学院部办学规模、办学效益挂钩。与同档级的非教师岗位比较，教师岗位工资标准最高，体现了学校办学以教师为本、向教学一线倾斜的思想。实际发放时，日常考核工资与日常考核结果挂钩，教研绩效、科研绩效、奖励性津贴等与年度考核结果挂钩。

教师工资除与岗位职级挂钩之外，学校还设置了专项津贴。为了鼓励年轻教师不断提升学历，对取得博士、硕士学位的教师，每月计发学历学位津贴 700—1000 元；为鼓励年轻教师提升专业实践能力，教师按照《双师双能型教师认定办法》通过认定后，每月计发双师双能素质津贴 300 元；设置教学超工作量工资，对超额完成基本教学工作的教师，学校对超出部分计发超工作量工资，具体计算既与教师职级挂钩，也与超额数量挂钩，按照鼓励—更加鼓励—降低鼓励—不予鼓励的设想，设置了起步—提高—下降—取消的超工作量工资标准。

为吸引和留住高层次人才，学校实行以职级工资为基础的高层次人才特殊待遇政策。高层次人才经个人申请、校院两级评审认定后，签订相应的高层次人才目标责任，享受相应的特殊岗位补贴、安家费、住房补贴和科研启动费等特殊待遇政策。

附录1　民办高校中层干部队伍发展需求调查问卷

为加强民办高校人才队伍建设，建立学习型组织，积极探索研究人才队伍建设规律，形成具有针对性、有效性的管理策略，特开展此调查。

希望您能在百忙之中抽出宝贵时间完成调查问卷，感谢您的参与！

民办高校人才队伍建设课题组

2019年3月

1. 您的性别：*［单选题］*

A. 男

B. 女

2. 您的年龄：*［单选题］*

A. 30岁及以下

B. 31—40岁

C. 41—50岁

D. 51岁及以上

3. 您的民族：*［单选题］*

A. 汉族

B. 少数民族

4. 您的政治面貌：*［单选题］*

A. 中共党员

B. 民主党派

C. 群众

D. 共青团员

5. 您的学历学位：＊［单选题］＊

A. 本科及以下

B. 硕士研究生

C. 博士研究生

6. 您的专业技术职务：＊［单选题］＊

A. 初级

B. 中级

C. 副高级

D. 正高级

7. 您所在职位：＊［单选题］＊

A. 正职

B. 副职

8. 您的任职年限：＊［单选题］＊

A. 3 年及以下

B. 3—6 年（包括 6 年）

C. 6 年以上

9. 您对教育主管部门网站的关注度：＊［单选题］＊

A. 非常关注

B. 比较关注

C. 一般

D. 不太关注

E. 不关注

10. 网络上，您平时比较关注或参与较多的话题是：＊【最多选择 3 项】［多选题］＊

A. 时政要闻类

B. 社会热点类

C. 经济财经类

D. 教育文化类

E. 生活休闲类

F. 文体娱乐类

G. 军事科技类

H. 其他类

11. 您认为十九大报告关于教育的重要论述有哪些？ * ［多选题］ *

A. 优先发展教育事业

B. 支持和规范社会力量兴办教育

C. 建设教育强国是中华民族复兴的基础工程

12. 您对“职业教育与普通教育是两种不同教育类型，具有同等重要地位”这一说法的认可程度： * ［单选题］ *

A. 很认同

B. 比较认同

C. 一般

D. 不太认同

E. 很不认同

13. 您认为学校实施绩效管理的必要性： * ［单选题］ *

A. 非常必要

B. 有一定必要性

C. 做不做均可

D. 不太必要

E. 不必要

14. 您将学校“十三五”事业发展规划分解落实为本单位部门/分管工作关键业绩指标的难易程度： * ［单选题］ *

A. 非常容易

B. 比较容易

C. 一般

D. 比较难

E. 很难

15. 您依据本单位部门/分管工作年度关键业绩指标，制定和布置部门工作任务的难易程度： * ［单选题］ *

A. 很容易

B. 比较容易

C. 一般

D. 比较难

E. 很难

16. 您对本单位部门/分管工作可能出现的问题和隐患的预见程度是：*［单选题］*

A. 一直能预见

B. 经常能预见

C. 一般情况

D. 偶尔能预见

E. 从来没有

17. 您对本单位部门/分管工作需要使用资源的跨部门统筹协调完成情况：*［单选题］*

A. 完成得很好

B. 完成得比较好

C. 一般

D. 完成得不太好

E. 完不成

18. 您对本单位部门/分管工作进行检查监督的情况：*［单选题］*

A. 非常到位

B. 比较到位

C. 一般

D. 不太到位

E. 很不到位

19. 在承担需要多部门合作完成的工作时，您对上级领导参与协调调度的需求程度：*［单选题］*

A. 很需要

B. 比较需要

C. 一般

D. 不太需要

E. 不需要

20. 在工作过程中，您与下属的沟通交流顺畅情况：*［单选题］*

A. 非常顺畅

B. 比较顺畅

C. 一般

D. 不太顺畅

E. 不顺畅

21. 您采取措施调动本单位部门/分管工作所属的团队成员工作积极性的情况：＊［单选题］＊

A. 非常有效

B. 比较有效

C. 一般

D. 不太有效

E. 没采取过

22. 您在工作中，给予下属有效指导和辅导的情况：＊［单选题］＊

A. 非常多

B. 比较多

C. 一般

D. 不太多

E. 没有

23. 如果您受邀前往温州与同行交流，因暴雨侵袭温州，您搭乘的飞机迫降在上海。请选择：＊［单选题］＊

A. 第二天早晨再乘机飞往温州

B. 换乘其他交通工具连夜赶到温州

24. 您处理工作中发生的不愉快或冲突的情况：＊［单选题］＊

A. 处理得非常妥善

B. 处理得比较妥善

C. 一般

D. 处理得不太妥善

E. 处理得非常不妥善

25. 当你接到一份工作时，你会在什么时候完成：＊［单选题］＊

A. 我会争取在最短时间完成

B. 我会将其分配在允许的时间内完成

C. 我会在允许的最后时间内完成

26. 您对自己的工作进行自我反思的情况：＊［单选题］＊

A. 非常多

B. 比较多

C. 一般

D. 不太多

E. 没有

27. 近三年您参加校外学习研讨次数：* [单选题] *

A. 3 次及以上

B. 1—3 次

C. 0 次

28. 近三年您承担或完成与本职工作相关的调研报告、课题、论文等总数：* [单选题] *

A. 3 件及以上

B. 1—3 件

C. 0 件

29. 您应用信息技术改进优化工作的情况：* [单选题] *

A. 非常熟练

B. 比较熟练

C. 一般

D. 不太熟练

E. 很不熟练

30. 您的上级领导对您的工作的指导帮助情况 ：* [单选题] *

A. 帮助非常大

B. 帮助比较大

C. 一般

D. 没大有帮助

E. 没有

31. 您对学校领导干部年度学习培训计划安排的学习研修内容安排认同度：* [单选题] *

A. 非常认同

B. 比较认同

C. 一般

D. 不太认同

E. 很不认同

32. 您认为自己可资利用的学习资源：＊［单选题］＊

A. 很充足

B. 比较充足

C. 一般

D. 不太充足

E. 很不充足

33. 您认为学校对您参与校外学习培训的支持程度：＊［单选题］＊

A. 很支持

B. 比较支持

C. 般

D. 不太支持

E. 很不支持

34. 您对学校提出的干部校外挂职锻炼的参与意愿：＊［单选题］＊

A. 非常想参与

B. 比较想参与

C. 一般

D. 不太想参与

E. 不参与

35. 您对学校提出的干部校内轮岗交流的参与意愿：＊［单选题］＊

A. 非常想参与

B. 比较想参与

C. 一般

D. 不太想参与

E. 不参与

36. 您是否认同您所在岗位对自身能力素质提升有迫切要求：＊［单选题］＊

A. 非常认同

B. 比较认同

C. 一般

D. 不太认同

E. 不认同

37. 针对学校干部队伍能力素质发展，您还有哪些意见和建议？[填空题]

____

附录2　民办高校教师能力情况调查问卷

您好！

为调查民办高校教师能力现状及其影响因素，我们组织了本次调查，希望能了解您的真实想法。本研究仅作研究用，不会给您的工作带来任何不便，谢谢您的配合！

“民办高校教师能力提升策略研究”课题组

说明：请将答案写在横线上，选择题除了指定题目以外，均为单选。

1. 您的年龄　　岁（请填写数字）
2. 您的性别　　A. 男　B. 女
3. 您的教龄　　年（请填写数字）
4. 您的学历　　A. 博士研究生　B. 硕士研究生　C. 本科　D. 专科　E. 专科及以下
5. 您的学位　　A. 博士　B. 硕士　C. 学士　D. 无
6. 您的职称　　A. 教授　B. 副教授　C. 讲师　D. 助教　E. 无职称
7. 您讲授过的课程类型有哪些（可以复选）

A. 公共基础课　B. 专业基础课　C. 专业技能课

8. 您至今为止讲授过的课程有门，其中实验/实训课门。（请填写数字）
9. 您近三年学历或学位是否得到过提升　　A. 是　B. 否
10. 您在未来一年内是否有学历提升计划　　A. 是　B. 否
11. 您所在学校对教师学历提升行为的支持力度如何

A. 非常大　B. 比较大　C. 一般　D. 较小　E. 不支持

12. 您所在学校的学历提升政策对您产生的正向激励情况

A. 作用非常大　B. 作用比较大　C. 作用一般　D. 作用比较小

E. 没有作用

13. 您对您教授学生的学习主动性关注情况

A. 非常关注 B. 比较关注 C. 一般关注 D. 不太关注 E. 从不关注

14. 您对您教授学生的学习兴趣关注情况

A. 非常关注 B. 比较关注 C. 一般关注 D. 不太关注 E. 从不关注

15. 您对您所讲授的课程的教学内容系统性的关注程度

A. 非常关注 B. 比较关注 C. 一般关注 D. 不太关注 E. 从不关注

16. 您是否关注您所讲授课程教学内容对学生适岗能力的贡献度

A. 非常关注 B. 比较关注 C. 一般关注 D. 不太关注 E. 从不关注

17. 您是否关注您所讲授课程教学内容与相关课程的关联性

A. 非常关注 B. 比较关注 C. 一般关注 D. 不太关注 E. 从不关注

18. 您认为教师的责任感对教学质量和教学效果的影响程度

A. 非常重要 B. 比较重要 C. 一般重要 D. 不重要 E. 没有必要

19. 您本人的教师责任感情况

A. 非常强烈 B. 比较强烈 C. 一般强烈 D. 不强烈 E. 没有

20. 您在目前所在单位的敬业精神情况

A. 非常强烈 B. 比较强烈 C. 一般强烈 D. 不强烈 E. 没有

21. 您本人在教学工作中的奉献精神情况

A. 非常强烈 B. 比较强烈 C. 一般强烈 D. 不强烈 E. 没有

22. 您是否热爱自己目前从事的教学事业

A. 非常热爱 B. 比较热爱 C. 一般热爱 D. 不热爱 E. 讨厌

23. 您提供过以下哪几项社会服务

A. 横向课题 B. 科研成果转化 C. 咨询服务 D. 社会培训 E. 其他（请标明）_________

24. 在完成教学工作基础上，您对于提供社会服务的意愿如何

A. 非常愿意 B. 比较愿意 C. 一般愿意 D. 不太愿意 E. 不愿意

25. 您经常从事与您的专业或教学相关的社会服务或兼职

A. 一直 B. 经常 C. 一般 D. 偶尔 E. 从不

26. 您所在的学校鼓励支持教师社会服务的力度

A. 非常大 B. 比较大 C. 一般 D. 比较小 E. 没有鼓励支持

27. 您所在学校有关鼓励支持社会服务的相关政策对您产生的正向激励

情况

A. 作用非常大　B. 作用比较大　C. 作用一般　D. 作用比较小

E. 没有作用

28. 您是否经常和学生进行交流

A. 一直　B. 经常　C. 一般　D. 偶尔　E. 从不

29. 您是否经常和同事讨论、集体备课、共作课题

A. 一直　B. 经常　C. 一般　D. 偶尔　E. 从不

30. 您是否经常与相关行业企业进行沟通合作

A. 一直　B. 经常　C. 一般　D. 偶尔　E. 从不

31. 您认为工作中的团队精神的重要程度

A. 非常重要　B. 比较重要　C. 一般重要　D. 不重要　E. 没有必要

32. 您所在的学校组织教师进行教学能力培训情况

A. 一直组织　B. 经常组织　C. 一般　D. 偶尔组织　E. 从不组织

33. 您是否经常根据学生特点进行教学调整

A. 一直调整　B. 经常调整　C. 一般调整　D. 偶尔调整　E. 从不调整

34. 您所在学校对教师教学行为规范的要求情况

A. 非常明确　B. 比较明确　C. 一般　D. 不明确　E. 无要求

35. 您所在学校对教师课程设计的要求情况

A. 非常明确　B. 比较明确　C. 一般明确　D. 不明确　E. 无要求

36. 您有意识采取措施端正自己教态的情况

A. 一直采取　B. 经常采取　C. 一般　D. 偶尔采取　E. 从不采取

37. 您是否采取措施对学生学习效果评价方式进行改革

A. 一直　B. 经常　C. 一般　D. 偶尔　E. 从不

38. 您使用现代教育技术的熟练程度如何

A. 非常熟练　B. 比较熟练　C. 一般熟练　D. 不太熟练　E. 不会用

39. 您所在学校提供的现代教育技术设备对于您教学工作的满足情况

A. 非常满足　B. 比较满足　C. 一般　D. 不太满足　E. 没有

40. 您参与过的教材编写数量，您参与过的教改项目的数量，您获得的教学成果奖数量。

41. 您所在学校出台的鼓励支持教学改革与研究政策对您的正向激励情况

A. 作用非常大　B. 作用比较大　C. 作用一般　D. 作用比较小

E. 没有作用

42. 您所在学校鼓励支持教学改革与研究的力度

A. 非常大 B. 比较大 C. 一般 D. 比较小 E. 没有鼓励支持

43. 您认为教学改革对教学效果的影响程度

A. 非常大 B. 比较大 C. 一般 D. 比较小 E. 没有影响

44. 近三年您发表的期刊论文数量，其中核心期刊数量。

45. 近三年您参与科研课题数量，其中校级课题数量，横向课题数量。

46. 近三年您获得专利数量，其中被企业采取应用数量。

47. 您参与科研工作积极性的情况

A. 非常积极 B. 比较积极 C. 一般积极 D. 比较不积极

E. 非常不积极

48. 您所在的学校对教师科研的鼓励支持力度

A. 非常大 B. 比较大 C. 一般 D. 比较小 E. 没有鼓励支持

49. 您所在学校出台的支持鼓励科研政策对您的正向激励情况

A. 作用非常大 B. 作用比较大 C. 作用一般 D. 作用比较小

E. 没有作用

50. 您是否经常对教学过程进行总结和反思

A. 一直 B. 经常 C. 一般 D. 偶尔 E. 从不

51. 在您对教学过程进行总结和反思后，教学效果提升情况

A. 有极大提升 B. 有很大提升 C. 一般 D. 较少 E. 没有

52. 您是否经常和教学督导员沟通交流

A. 一直 B. 经常 C. 一般 D. 偶尔 E. 从不

53. 在您和教学督导员沟通交流后，教学效果提升情况

A. 有极大提升 B. 有很大提升 C. 一般 D. 较少 E. 没有

54. 您所在教学单位组织“传、帮、带”活动状况

A. 一直 B. 经常 C. 一般 D. 偶尔 E. 从不

55. “传、帮、带”活动对您的教学效果提升带来的影响

A. 有极大提升 B. 有较大提升 C. 一般 D. 较小 E. 没有

56. 学生评教活动对您的教学效果提升带来的影响

A. 有极大提升 B. 有较大提升 C. 一般 D. 较小 E. 没有

57. 您在企业从事专职工作经历有年，您在企业挂职锻炼的时间有月（请

填写数字）________

58. 您在企业任职时的岗位与您专业的相关程度如何

A. 非常相关 B. 比较相关 C. 一般相关 D. 比较不相关 E. 没有关系

59. 您所在学校出台的提升教师专业实践能力方面政策对您的正向激励情况

A. 作用非常大 B. 作用比较大 C. 作用一般 D. 作用比较小

E. 没有作用

60. 您自身的专业实践能力是否满足教学要求

A. 非常满足 B. 比较满足 C. 一般满足 D. 不满足 E. 没有

61. 在您授课的过程中，是否注重职业技能的传授

A. 非常注重 B. 比较注重 C. 一般注重 D. 不太注重 E. 从不注重

问卷结束，非常感谢！

参考文献

中文文献

1. ［美］爱德华·拉齐尔：《人事管理经济学》，刘昕译，生活·读书·新知三联书店出版社 2000 年版。

2. ［美］戴维·麦克利兰：《渴求成就》，转引自孙耀君主编《新房管理学名著提要》，江西人民出版社 1995 年版。

3. ［美］哈罗德·孔茨、海因茨·韦里克：《管理学》，马春光译，中国人民大学出版社 2014 年版。

4. ［法］亨利·法约尔：《工业管理与一般管理》，迟力耕、张璇译，机械工业出版社 2013 年版。

5. ［美］斯蒂芬·P. 罗宾斯等：《组织行为学》，清华大学出版社 2017 年版。

6. ［美］亚伯拉罕·马斯洛：《动机与人格》，许金声译，中国人民大学出版社 2012 年版。

7. 陈炳权、李波勇：《高校教师教学能力评价模型的构建及其哲学反思》，《吉首大学学报》2011 年第 6 期。

8. 陈欢：《“十三五”期间陕西民办高校教师能力提升路径——以青年教师队伍为例》，《现代商贸工业》2017 年第 4 期。

9. 陈娟、田凌云、马跃如：《高校教师能力模型构建研究——基于探索性因子分析和验证性因子分析》，《高等财经教育研究》2012 年第 3 期。

10. 陈武元、胡科：《“双一流”建设背景下的高校行政管理人员能力提升研究》，《现代大学教育》2018 年第 3 期。

11. 陈玉琨：《教育评价学》，人民教育出版社 1999 年版。

12. 崔建武、王重云、张海艳：《用数据透视高校管理人员现状及问题——以河南某高校为例》,《人力资源管理》2018 年第 5 期。

13. 邓雪琳:《我国高校管理队伍专业化研究》,硕士学位论文,湖南大学,2004 年。

14. 董思萱:《斯金纳强化理论思想探析》,《科教导刊》(上旬刊)2018 年第 3 期。

15. 顾明远:《教育大辞典》,上海出版社 1998 年版。

16. 郭立场:《转型期新生代农民工社会认同问题的分析与思考》,《农村经济》2013 年第 6 期。

17. 何书彩:《新时期民办高校青年教师教学能力提升的路径分析》,《中国成人教育》2018 年第 17 期。

18. 胡河宁:《组织传播早期研究中的人际关系学派》,《今传媒》2010 年第 12 期。

19. 黄涛:《高校管理队伍建设现状及发展对策研究》,《教书育人·高教论坛》2016 年第 7 期。

20. 蒋荣萍:《高校教学评价技术的发展研究——以广西民族大学为例》,广西民族大学硕士学位论文,2008 年。

21. 解志韬、李厚锐、田新民:《基于胜任力的高校干部培养管理体系研究》,《国家教育行政学院学报》2017 年第 4 期。

22. 李慧湘、王桂书:《高等学校管理干部队伍建设的现状分析与对策》,《中国高教研究》1996 年第 5 期。

23. 李田伟、李福源:《高校教师能力素质模型》,《中国健康心理学杂志》2013 年第 3 期。

24. 李燕、李佳:《职业教育背景下民办高校青年教师能力提升的研究》,《太原城市职业技术学院学报》2017 年第 11 期。

25. 林日团、莫雷、王瑞明、李锦萍:《高校中层管理干部胜任力模型的初步建构》,《心理科学》2007 年第 6 期。

26. 刘翠兰、征艳珂、张婷婷:《现代职业教育背景下山东民办高校教师能力结构研究》,《中国职业技术教育》2014 年第 24 期。

27. 刘翠兰、征艳珂:《职业教育背景下民办高校教师能力评价模型构建及评价要素分析》,《中国职业技术教育》2015 年第 19 期。

28. 刘鸿渊、熊志坚:《论现行高校教师教学活动管理模式的有效性》，《江苏高教》2010 年第 2 期。

29. 刘延东：《深入学习贯彻党的十九大精神　全面开创教育改革发展新局面》，《求是》2018 年第 3 期。

30. 柳青：《高等学校成人教育管理干部素质及队伍建设探析》，《中国成人教育》2009 年第 4 期。

31. 卢彦君：《着力破解领导干部队伍建设难题》，《新长征》2018 年第 1 期。

32. 马跃如：《高等学校教师激励研究》，《中南大学管理科学与工程》2006 年第 26 期。

33. 缪锌：《地方高校教师教学能力提升的研究与实践》，《教育理论与实践》2015 年第 33 期。

34. 牛芳芳、吕刚：《论民办高校教学管理队伍建设的困境与对策》，《赤峰学院学报》（自然科学版）2017 年第 11 期（下）。

35. 彭聃龄：《普通心理学》，北京师范大学出版社 2012 年版。

36. 其木格、峻峰：《高校教师综合能力评价指标体系的研究》，《内蒙古师范大学学报》（哲学社会科学版）1998 年第 2 期。

37. 乔忠：《管理学》，机械工业出版社 2012 年版。

38. 任伟宁、王颖：《试论地方高校教师能力素质发展体系的构建》，《广东外语外贸大学学报》2012 年第 1 期。

39. 芮明杰：《管理学：现代的观点》，上海人民出版社 2002 年版。

40. 邵冲：《管理学概论》，中山大学出版社 2002 年版。

41. 沈政：《生理心理学的历史发展趋势》，《心理学动态》1989 年第 2 期。

42. 孙敏：《高校人力资源能力建设的思考》，《决策探索》2006 年第 11 期。

43. 唐棒：《地方高校教师社会服务能力提升研究》，硕士学位论文，湖南农业大学，2017 年。

44. 陶祥亚、江卫东、杨成：《高校教师教育技术能力评价体系研究》，《中国大学教学》2010 年第 11 期。

45. 田贞涵：《浅谈高校教学管理人员需具备的素质》，《教育教学论坛》2018 年第 28 期。

46. 童婧：《高校青年教师教学能力培养研究》，硕士学位论文，中南大学，2007 年。

47. 童毅华：《西方管理激励理论述评》，《理论观察》2004 年第 4 期。

48. 王春红、张弘强、齐吉泰：《主成分分析在教师能力评估中的应用》，《佳木斯大学学报》2007 年第 3 期。

49. 王京文、胡忠望、肖建华：《基于多元评价模型构建高校教师综合素质评估指标体系》，《科技信息》（科学教研）2007 年第 22 期。

50. 王景英：《教育评价理论与实践》，东北师范大学出版社 2011 年版。

51. 王谱声：《以江西教育出版社为例浅谈出版社人才队伍建设》，《出版广角》2018 年第 22 期。

52. 王为民：《美国高校管理队伍建设的经验与借鉴》，《江西科技师范大学学报》2016 年第 3 期。

53. 王喜梅：《新形势下地方高校教务管理人员素质与能力探析》，《卫生职业教育》2018 年第 9 期。

54. 王雅楠：《激励理论综述及启示》，《科技情报开发与经济》2007 年第 17 卷第 3 期。

55. 王重鸣、陈民科：《管理胜任力特征分析：结构方程模型检验》，《心理科学》2002 年第 5 期。

56. 韦雪艳、纪志成、周萍、陆文君：《高校青年教师教学能力影响因素与提高措施实证研究》，《现代教育管理》2011 年第 7 期。

57. 习近平：《决胜全面建成小康社会　夺取新时代中国特色社会主义伟大胜利》，人民出版社 2017 年版。

58. 徐继红：《高校教师教学能力结构模型研究》，博士学位论文，东北师范大学，2013 年。

59. 薛云奎、齐大庆、韦华宁：《中国企业战略执行现状及执行力决定因素分析》，《管理世界》2005 年第 9 期。

60. 杨成欢：《“双一流”大学建设时期高校管理人员队伍素质提升途径》，《吉林省教育学院学报》2018 年第 9 期。

61. 杨国伟：《人事管理经济学》，中国人民大学出版社 2012 年版。

62. 尹慧平：《民办高校教师科研能力提升对策研究》，《科教导刊》2017 年第 23 期。

63. 樱子：《ERG 需要理论的创始人——克雷顿 · 奥尔德弗》，《现代班组》2009 年第 12 期。

64. 余承海、姚本先：《高校教师教学能力形成及发展的影响因素探析》，《高等农业教育》2006 年第 3 期。

65. 岳夕茜：《论高校教师教学能力的基础》，《教育与职业》2011 年第 17 期。

66. 翟小宁：《基于粗糙集的高校教师能力评价研究》，《北京交通大学学报》2011 年第 1 期。

67. 张波：《论教师能力结构的建构》，《教育探索》2007 年第 1 期。

68. 张大良、纪志成、周萍：《高校青年教师教学能力的评价体系与影响因素研究》，《贵州社会科学》2009 年第 9 期。

69. 张剑平：《高校教师科研能力评价指标体系设计研究》，《黑龙江高教研究》2006 年第 5 期。

70. 张立：《对高校管理干部队伍建设的思考》，《中国高教研究》2005 年第 4 期。

71. 张玲：《对加强高等学校管理干部队伍建设的对策与建议》，《中国高教研究》2004 年第 8 期。

72. 张敏：《高等院校新教师教学能力发展研究》，硕士学位论文，哈尔滨工业大学，2007 年。

73. 张文俐：《加强管理干部队伍建设促进高等学校改革发展》，《河北农业大学学报》（农林教育版）2004 年第 4 期。

74. 章宪：《人的全面而自由发展理念下高校管理人员专业化建设研究》，硕士学位论文，苏州大学，2013 年。

75. 赵立涛：《探析高校教学管理队伍建设》，《黑龙江高教研究》2006 年第 4 期。

76. 赵茹：《对提高基层组织和领导干部执行力的研究》，《现代经济信息》2019 年第 3 期。

77. 赵子夜、杨庆、陈坚波：《通才还是专才：CEO 的能力结构和公司创新》，《管理世界》2018 年第 2 期。

78. 郑延福：《本科高校教师教学质量评价研究》，博士学位论文，中国矿业大学，2012 年。

79. 曾红燕：《组织公正理论的研究与应用》，《科技情报开发与经济》2005 年第 13 期。

80. 曾宜：《教学研究型大学教师能力评价研究》，湖南农业大学硕士学位论文，2009 年。

81. 智安然：《我国高校青年教师教学能力发展研究》，硕士学位论文，南京理工大学，2013 年。

82. 周巍、安少华、何秀青：《民办学校发展面临的问题及对策研究》，《湖南财经高等专科学校学报》2008 年第 1 期。

83. 周雪光：《组织社会学十讲》，社会科学文献出版社 2003 年版。

84. 周媛媛、詹旺：《高校教师教学能力结构与优化浅析》，《中国成人教育》2011 年第 7 期。

英文文献

1. Clayton P. Alderfer, "An Empirical Test of A New Theory of Human Needs", *Organizational Behavior*, Vol. 4, No. 2, 1969.

2. David C. McClelland, "Testing Competence Rather Than Intelligence", *American Psychologist*, Vol. 28, 1973.

3. David Warren Piper, "Staff Development in Universities: Should There be a Staff College?", *Higher Education Quarterly*, Volume 42, Issue 3, June 1988.

4. Douglas R. Miller, Gary S. Bilkin & Jerry L. Gray, "Educational Psychology - an Introduction", *Wm. C. Brown Company Publisher*, 1982.

5. Edwin. A. Locke, "Toward a theory of task motivation and incentives", *Organizational Behavior and Human Performance*, Vol. 3, No. 2, 1969.

6. Eisenberger R., Huntington R., Hutchison S., Sowa D., "Perceived organizational support", *Journal of Applied Psychology*, Vol. 71, 1986.

7. George Smith, "A Categorisation of Models of Staff Development in Higher Education", *British Journal of Educational Technology*, Volume 23, Issue 1, January 1992.

8. Harold Harding Kelley, "Attribution Theory in Social Psychology", *Nebraska Symposium on Motivation*, Vol. 15, 1967.

9. Harold. Harding. Kelley. "The Processes of Causal Attribution", *American psychologist*, Vol. 28, No. 2, 1973.

10. Helen Brown, "Staff Development in Higher Education – Towards the Learning Organisation?", *Higher Education Quarterly*, Volume 46, Issue 2, April 1992.

11. Herzberg, Frederick, "One More Time: How Do You Motivate Employees?" *Harvard Business Review*, Vol. 65, No. 5, 1987.

12. Katz R. L., "Skills of an Effective Administrator", *Harvard Business Review*, 1993.

13. Manning, Renfro C., "Teacher Evaluation Handbook: Step – by – tsep Techniques & Forms for Improving Instruction Engle Wood Cliffs", *J. Prentice Hall*, 1988.

14. Peter Cave, "Education reform in Japan in the 1990s: Individuality and other uncertainties", *Comparative Education*, Vol. 37, No. 02, 2001.

15. Thibaut, John W & Walker, Laurens, "Procedural Justice : A Psychological Analysis", *The Journal of Criminal Law and Criminology*, 1975.

后　记

2008年山东英才学院顺利通过升本评估，升格为本科院校，开启了崭新的发展阶段。如何办好本科院校，是培养学术型人才还是技术技能型人才、如何培养，是学校定位、专业定位需要解决的方向性问题，同时，人才发展工作如何适应学校转型发展和特色发展，也是亟待探索的问题。

2009年伊始，山东英才学院成立了专项工作组，开始了新一轮的人事制度改革创新工作。这一工作无异于一项浩大系统的工程，而且似乎是一项永不落幕的工程。建设高素质专业化创新型的人才队伍，建立充满活力的人才发展工作体制机制，是改革工作持之以恒努力的方向，如何平衡和处理好以下四对关系，是改革过程中一直萦绕在我们心头的问题。“两个规律”之间的关系：既要遵守教育规律，学习借鉴公办高校人才发展工作经验，也要遵守市场规律，充分发挥民办高校用人体制机制优势；“两个中心”之间的关系：人才培养要以学生为中心，学校办学要以教师为中心；“两个服务”之间的关系：既要服务学校发展，又要服务人才发展；“过去与未来”之间的关系：既要对人才在学校发展过程中所付出的努力和所作出的贡献予以评价认可，又要将人才发展引向新的目标。

在工作的过程中，我们一方面加强理论学习，进行立项研究；一方面推动学校人才发展实践创新，并不断总结和持续改进。其间曾经得到厦门大学廖泉文教授、山东财经大学原书记张体勤教授、中国人民大学刘昕教授等我国人力资源管理专业著名专家学者的帮助，也得到了山东省委高校工委前书记齐秀生、中国海洋大学薛永武教授、北京大学阎凤桥教授等专家学者的指导。特别值得一提的是，改革工作得到了山东英才学院董事长杨文教授、校长夏季亭教授等领导的大力支持，他们为人才发展改革创新提供了沃土，我们对此深表感谢。

总结十几年来走过的风雨路程，进行系统的理论梳理和经验总结，结成此书，期待对同行有所裨益。